KB150165

# 베트남 경제 리포트

# 베트남 경제 리포트

**초판인쇄**   2019년 9월 27일
**초판발행**   2019년 10월 2일

**집필진**   경제광 · 최진호 · 윤항진 · 김태원 · 송현우 · 김유호 · 김석운
         최지웅 · 김지현 · 오기환 · 조범곤 · 김일중 · 김범구 · 원 일
         이천주 · Ms. Ly Vu-Uyen Nguyen · 임범상 · 이윤영 · 변상현

**기획**   베트남 중 · 남부한인상공인연합회(KOCHAM)
**총괄**   김흥수
**편집**   최흥연
**디자인**   양혜진
**제작지원**   토픽코리아(TOPIK KOREA)

**펴낸곳**   (주)도서출판 참
**펴낸이**   오세형
**등록일**   2014.10.20. 제319 - 2014 - 52호
**주소**   서울시 동작구 사당로 188
**전화**   02-6294-5742
**팩스**   02-595-5747
**홈페이지**   www.chamkorean.com
**블로그**   blog.naver.com/cham_books
**이메일**   cham_books @ naver.com

**ISBN**   979 - 11 - 88572 - 15 - 1 03320

# 베트남 경제 리포트

## 제1편 베트남 경제 현황과 전망

베트남 중 · 남부한인상공인연합회(KOCHAM) 기획

경제광 · 최진호 · 윤항진 · 김태원 · 송현우 · 김유호 · 김석운
최지웅 · 김지현 · 오기환 · 조범곤 · 김일중 · 김범구 · 원　일
이천주 · Ms. Ly Vu-Uyen Nguyen · 임범상 · 이윤영 · 변상현

도서출판 참

**KOCHAM**
Korean Chamber of Commerce & Industry
Ho Chi Minh City, Vietnam

우리나라는 2018년 말 기준으로 7,000여 개의 한국기업이
베트남에 진출하여 활동하고 있으며, 누적투자액 622억
달러 그리고 교역 규모 682억 달러로 베트남의 최대
투자국이자, 제2위 교역국의 자리를 굳건히 유지해 오고
있다. 베트남은 우리나라 정부의 신남방정책 추진의
핵심국가로서, 양국의 교역과 투자는 그 어느 때보다
활발하게 전개되고 있다. 특히 2018년 3월에는 우리나라와
베트남 양국 정상이 합의한, '2020년까지 양국 교역액
1,000억 달러 달성'이라는 공동의 목표 설정을 통해 경제적
동반자 관계를 더욱 확고히 하고 있다.
한편으로는 '미·중 양국의 무역분쟁'이 장기화되면서 주변
국가와 세계경제의 불확실성이 확대되고 있다. 이는 베트남
경제와 베트남에 진출한 우리나라 기업들에게도 많은
위협이 되고 있으며, 또한 도전의 기회로 다가서게 하고
있다.
이러한 변화와 혼란의 시기를 맞이하여, 베트남
중·남부한인상공인연합회(KOCHAM)가 기획·편집한
『베트남 경제 리포트』는 베트남에 진출한 우리나라
기업들에게 많은 사랑을 받은『베트남 경제백서 2019』를
국내본으로 최초로 발간한 책으로서, 베트남에서의
성공적인 비즈니스를 위한 세밀한 분석과 장기적인
방향성을 제시하고 있다.

특히, 경제와 금융부터 M&A, 세무, 노무와 특허법 등, 베트남
비즈니스에 필수적인 주제들을 관련 전문가들이 집필하여, 독자들이
최신 베트남 경제이슈와 폭넓고 심도 있는 전문지식을 습득하실 수
있도록 하였다.
끝으로, 혼신을 다해 집필에 참여해 주신 각 분야 전문가들과 책을
발간할 수 있도록 도와주신 우리 KOCHAM의 회원사 모두에게 감사의
말씀을 전하며, 독자들의 건승을 기원한다.

베트남 호치민시

베트남 중·남부한인상공인연합회(KOCHAM)

제12대 회장 **김홍수** 배상

# CONTENTS

## 228 | 제12장 | 인사 및 노무

# VIETNAM ECONOMIC REPORT

# 베트남 경제 리포트

# VIETNAM ECONOMIC REPORT

# 01

베트남 경제 리포트

\>\>

| 제01장 |

# 2019년 베트남 경제 및 금융시장 전망

| 제01장 | 2019년 베트남 경제 및 금융시장 전망

신한은행 투자자산전략부 / 경제광 연구원
nasunjang@shinhan.com

## 1. 개요

**베트남의 주요 경제지표** '18.12월 기준

| 주요 지표 | 2015 | 2016 | 2017 | 2018 | 2019(F) |
|---|---|---|---|---|---|
| 실질 GDP | 6.7 | 6.2 | 6.8 | 7.08 | 6.7 |
| CPI(YoY%) | 0.6 | 4.7 | 2.6 | 3.54 | 4.0 |
| 실업률(%) | 2.5 | 2.4 | 2.3 | 2.2(E) | 2.3 |
| 경상수지(GDP대비%) | -0.1 | 2.9 | 2.5 | 3.4(E) | 3.1 |
| 주1)달러-동 환율 | 22,485 | 22,761 | 22,698 | 23,210 | 23,500 |

주1: 기간 말 시장환율 기준                                                자료: Bllomberg '18년, '19년 → 당행 전망

## 2. 2018년 베트남 경제 리뷰

2018년 상반기 베트남 경제는 7%대의 고성장을 기록하였습니다. 이는 작년 상반기 5%대 성장의 기저효과와 이를 극복하기 위한 기준금리 인하, 신용 증가율 쿼터 확대 등 부양정책의 효과가 지속되는 가운데, 제조 가공업 중심의 2차 산업이 호조를 보였고 농림수산업도 개선세가 지속되었기 때문입니다. 美·中 무역분쟁으로 인해 우려를 낳았던 수출도 예상보다 양호한 실적을 나타냈습니다.

다만, 美·中 무역분쟁 장기화와 美 금리 인상 가속화 우려로 인한 대외 불안이 점차 증가하였고, 베트남 국내에서도 일부 부동산 섹터의 과열과 물가 급등 우려가 커지면서 금리와 환율이 급등하는 등 금융시장의 변동성이 확대되었습니다.

### 1·2차 산업이 베트남의 高성장을 견인

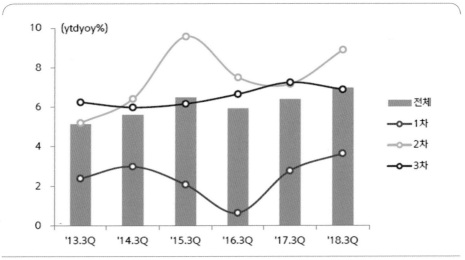

자료: GSO, 신한은행 투자자산전략부

### 美·中 무역분쟁에도 견조했던 수출

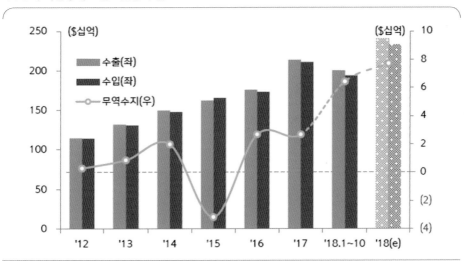

자료: GSO, 신한은행 투자자산전략부

이에 베트남 당국은 2018년 하반기 경제와 금융시장 안정을 위해 그간 고수해왔던 '성장'보다는 '안정'에 방점을 두고 정책을 전개하였습니다. 특히, 베트남중앙은행(State Bank of Vietnam)은 대출 규제, 선별적 유동성 공급 등 이전의 완화적인 통화정책보다 중립적인 통화정책을 유지하였고, 정부는 경제 구조개혁을 통해 '지속 가능한 성장'으로 점차 초점을 이동시켰습니다. 결국 상반기보다 다소 감속하는 정책 운용에도 불구하고 2018년 정부의 성장률 목표치 6.7%는 무난히 달성되었습니다.

## 3. 2019년 베트남 경제 전망

2019년 베트남 경제는 美·中 무역분쟁 장기화와 주요국 통화정책 정상화가 이어지는 등 엄혹한 대외 환경 속에서 그간 추구해왔던 수출 주도의 성장 모델이 도전에 직면하고 금융시장의 변동성도 지속되면서 고성장에 대한 불안이 점차 커질 것으로 예상됩니다.

2018년 말 발효될 예정인 CPTPP와 2019년에 발효될 예정인 EU와의 FTA, 내수 활성화 유도 정책은 새로운 시장과 수요를 적극적으로 모색하는 노력의 일환이며, 특히, 美·中 무역분쟁 장기화에 따른 脫중국 생산기지 유치와 美 시장 점유 확대 전망은 베트남 경제에 악재 속 기회요인이 될 것으로 예상합니다.

EU·베트남 FTA와 CPTPP는 성장을 위한 새로운 돌파구

| 구분 | EU·베트남 FTA(EVFTA) | CPTPP |
|---|---|---|
| 대상국 | EU 28개 회원국, 베트남 | 일본, 호주, 캐나다, 멕시코, 칠레, 싱가포르, 브루나이, 말레이시아, 뉴질랜드, 페루, 베트남 |
| 인구 | 약 6.0억 명 (약 8.1%) | 약 5.0억 명 (약 6.7%) |
| GOP (PPP기준) | $21.3조 (약 16.7%) | 약 $14.1조 (약 11.1%) |
| 진행상황 | 내년 초 발효 예상 | 2019.1.14. 발효(베트남) … 美, 中 가입 검토 중 |

자료: CIA('17), 신한은행 투자자산전략부

향후 6% 중반대 성장 유지 예상

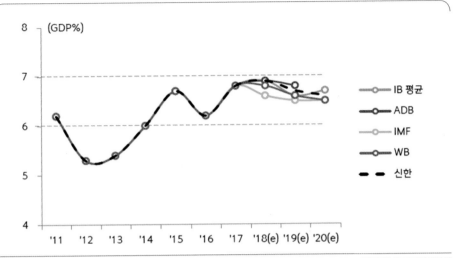

자료: Bloomberg, 신한은행 투자자산전략부

그러나, 상기 불확실성 요인들은 2018년보다 2019년에 본격적으로 글로벌 및 베트남 경제에 부정적인 영향을 미치기 시작할 것으로 전망됩니다. 베트남 경제의 견조한 펀더멘탈과 정책 노력 지속, 투자 매력 차별화로 6%대 중반의 성장은 내년에도 이어지겠지만, 점차 글로벌 성장 둔화와 동조화되며 그 눈높이는 다소 낮아질 것으로 예상합니다.

## 4. 외부로부터의 도전에 대처

美·中 무역분쟁 장기화로 인한 위안화 가치 급락은 미국과 중국, 양국과 긴밀한 교역관계를 가지고 있는 베트남 경제에 동화 가치 절하 압력을 가중시켰고, 이는 결국 금리와 환율 상승 등 베트남 금융시장의 변동성 확대를 야기하였습니다. 또한, 베트남 경제의 고질적인 對中 무역적자를 더욱 악화시킬 것으로 우려되었습니다(2017년 U$228억, 2019년 U$246억 적자 예상).

이와 같이 美·中 무역분쟁 장기화는 분명히 베트남 경제에 부정적인 요인이나, 이 와중에도 장단기 측면에서 기회요인을 찾을 수 있습니다. 미국의 중국産 제품에 대한 관세율 인상은 단기적으로 최대 수출시장인 미국에서 중국과 경합 중인 베트남産 제품의 경쟁력 을 제고하며 시장 점유 확대도 기대하게 합니다(특히 섬유, 의류, 전자제품).

베트남의 對中 무역적자 추이

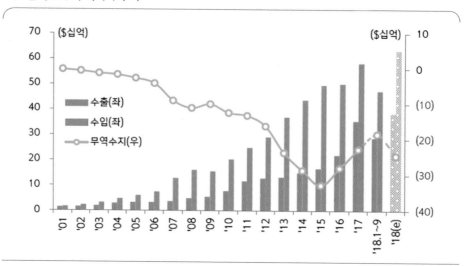

자료: GSO, 신한은행 투자자산전략부

베트남과 중국의 최혜국 가중평균 관세율(MFN) 비교

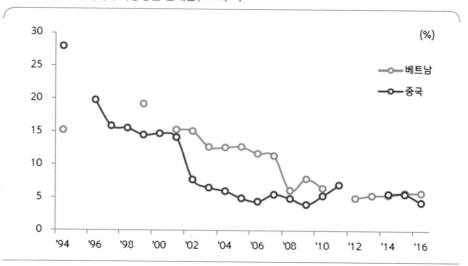

자료: WTO, 신한은행 투자자산전략부

또한, 중장기적으로 미국의 관세율 인상을 피하기 위해 중국을 포함한 다국적 기업들이 중국에 위치한 생산 공장을 베트남 등 동남아시아로 이전하기 위한 움직임이 본격화될 것으로 예상됩니다. 특히, 최근 구성된 각종 경제 블록과 FTA가 관세 면제 대상의 원산지 규정을 강화하면서 이러한 수요는 앞으로도 더욱 증가할 것으로 기대됩니다.

美 금리 인상은 지난 글로벌 금융위기 이후 연준의 3차례에 걸친 양적완화(QE) 시행을 통해 초저금리로 전세계에 공급된 달러화 자금의 회귀를 촉발할 수 있습니다. 특히, 터키, 아르헨티나, 브라질, 러시아 등 취약한 신흥국 시장부터 자국의 통화가치가 급락하고 금리와 물가가 급등하는 등 금융시장의 변동성이 확대되었습니다.

이에 반해, 베트남 경제는 사상 최고치의 외환보유고(2018년 상반기 기준 $635억)와 지속적인 경상수지 흑자(2017년 $64억, 2018년 $126억 예상)로 대외 변동성 확대에 대응할 버퍼를 구축하고 있으며, 6% 중반 대의 고성장 전망에도 4% 이하의 물가 상승률을 유지함으로써 예측 가능한 실질 수익률을 보장하여 차별적인 투자 매력도를 보여주고 있습니다.

**여타 쪼 신흥국 대비 베트남의 견조한 외국계 증시 자금 흐름**

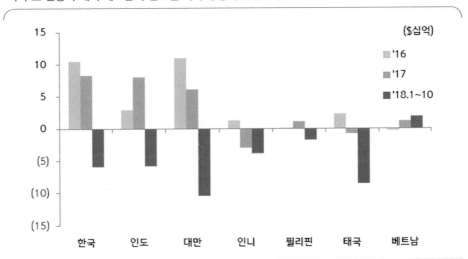

자료: Bloomberg, 신한은행 투자자산전략부

물가 안정은 실질 수익률을 보장… 투자 매력도 유지

**<피셔 방정식>**

$$R \approx r + \pi$$

명목 금리      실질 금리      인플레이션율
(명목 수익률)    (실질 수익률)    (인플레이션 기대)

 **명목 금리가 오르더라도
물가가 상대적으로 안정된다면
실질 수익률 보장이 가능함**

자료: 신한은행 투자자산전략부

앞서 두 가지 이슈보다 베트남 경제가 더 주의해야 할 것은 바로 글로벌 경기 둔화, 성장 둔화 전망입니다. 경기와 성장 둔화 전망은 수요 감소를 야기하고, 이는 생산 감소, 고용 감소, 투자 감소, 소득 감소, 다시 수요 감소로 이어지는 등 경제의 축소 균형으로 귀결될 수 있습니다.

베트남은 이를 타개하기 위해 기존 시장 외 새로운 시장을 모색하고 새로운 수요를 창출하기 위해 적극적으로 나서고 있습니다. 발효가 임박한 CPTPP와 EVFTA, 2019년 타결이 기대되는 RCEP은 베트남에게 새로운 시장을 열어줄 것으로 기대되며, 메콩강 개발(CLMV: Cambodia, Laos, Myanmar, Vietnam), 양랑일권(2개의 회랑: 중국 난닝·베트남 랑선·하노이/중국 쿤밍·베트남 라오까이·하노이, 1개의 권역: 베트남 통킹만을 중심으로 둘러싼 거대한 하나의 권역)은 베트남을 중심으로 하는 역내 수요 창출에 핵심이 될 것으로 예상됩니다.

특히, 미국과 중국, 소위 G2가 경제 분야뿐만 아니라, 정치, 외교, 안보 등 전방위에 걸친 대결을 벌이고 있는 이때에, 베트남은 중국이 추진하고 있는 일대일로정책과 미국(일본·호주·인도)이 추진하고 있는 인도·태평양 전략의 한복판에 위치하고 있어 그 지정학적 중요성이 더욱 강조되고 있습니다. 이는 역내 수요 창출을 위해 필요한 재원을 조달할 때 베트남의 협상력을 강화할 요인으로 평가합니다.

글로벌 교역량과 성장률 추이

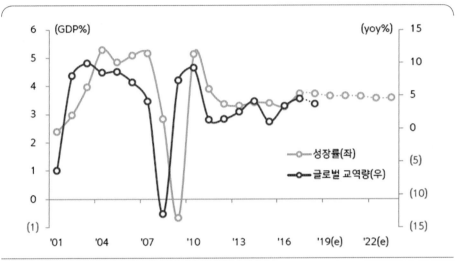

자료: IMF, Bloomberg, 신한은행 투자자산전략부

베트남을 둘러싼 거대한 수요 창출과 글로벌 전략의 충돌

자료: Google Map, 신한은행 투자자산전략부

# 5. 경제 구조개혁과 역량 강화

베트남의 국가 경쟁력과 기업 환경이 많이 개선되었다고는 하지만, 외부에서 바라보는 객관적인 시각은 냉정합니다. 세계경제포럼(WEF)에서 평가한 국가 경쟁력은 선진국인 싱가포르를 제외하더라도 역내 7위에 불과하며(말레이시아·태국·인도네시아·필리핀·인도·브루나이·베트남·방글라데시·라오스), 세계은행(WB)이 평가한 기업환경도 ASEAN-5(말레이시아, 태국, 인도네시아, 필리핀, 베트남)의 평균에도 미치지 못하고 있습니다.

이에, 베트남 정부는 비즈니스 환경 개선을 위해 각종 불필요한 규제를 폐지하거나 삭감하고 있고, 법인세율 인하를 추진하며, 민간의 대출 접근성을 개선하기 위해 노력하고 있습니다. 특히, 베트남 경제에 기여도가 큰 FDI 분야에서 기존의 무조건적인 유치에서 향후 기술 이전, 환경 보호, 고부가가치 산업으로 이행, 낙후 산업 육성을 위한 선별적인 유치로 전환을 예고하였습니다.

역내 경제권 중 베트남의 국가 경쟁력 수준

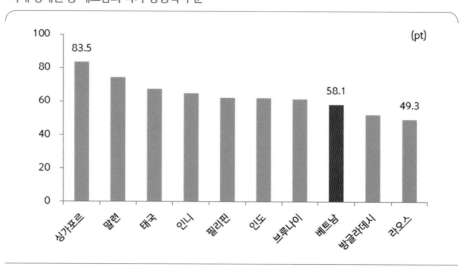

자료: WEF The Global Competitiveness Report 2018, 신한은행 투자자산전략부

기업환경 개선을 위한 추가 노력 필요

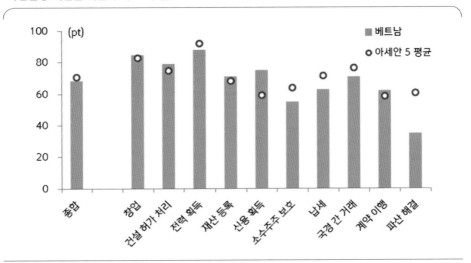

자료: WB Doing Business 2019, 신한은행 투자자산전략부

　그 동안 베트남 경제의 발목을 잡았던 부실여신(NPL: Non-Profit Loan) 문제는 대출 증가에 따른 수익성 개선으로 일부 은행들의 경우 베트남자산관리공사(VAMC: Vietnam Asset Management Corporation)에 매각했던 NPL까지 모두 처리하는 등 크게 상황이 나아졌습니다. 또한, 은행들은 2020년 바젤 2(BASEL II) 시행을 앞두고 증자를 위해서 외국인 투자를 유치하기 위해 전력을 다하고 있습니다. 중립적인 통화정책으로 전환한 이후 대출 규제에 직면한 은행들은 새로운 성장 기회를 찾아 캄보디아, 라오스 등 이웃 국가와 핀테크, 재생 에너지 등 정책적으로 육성하는 사업 분야에도 적극적인 관심을 나타내고 있습니다.

　주식과 채권 등 기업이 은행에 의존하지 않고 직접 자금을 조달할 수 있는 직접금융시장은 베트남 경제의 성장과 함께 하루가 다르게 발전하고 있습니다(GDP 대비 주식시장 시가총액 80%, 채권시장 30%, 2018년 9월 말 기준). 리스크 헤지를 위한 파생상품시장도 2017년 8월 출범 이후 성공적으로 안착했습니다. 앞으로 외국인 투자자를 위한 제도 개선과 더 다양한 상품 출시, 2020년 IFRS 도입, 글로벌 시장 지수 업그레이드가 이뤄진다면 베트남 시장의 매력도는 더욱 커질 것입니다.

NPL 비율 감소 중… 은행의 수익성 및 건전성 개선

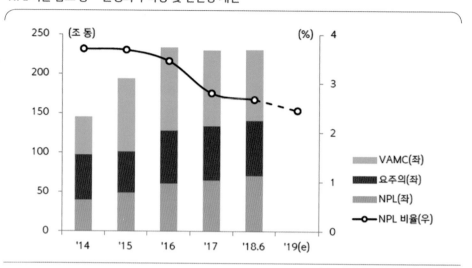

자료: Moody's *VAMC: 자산관리공사

베트남 파생상품시장의 활성화

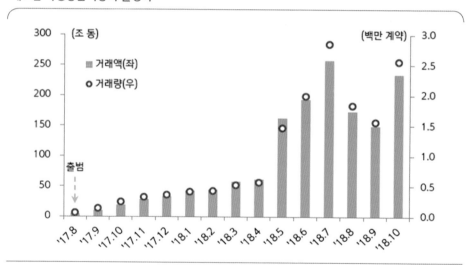

자료: HNX, 신한은행 투자자산전략부

글로벌 신용평가사들이 국가 신용등급 산정 시 눈여겨 보는 지표 중 하나인 재정 건전성은 부가가치세(VAT)와 환경보호세 인상 추진, 전자세금신고납부시스템(e-Tax) 완비 등으로 세수 확충, 탈세 방지가 기대되어 더욱 개선될 것입니다. 특히, 현재 약 65%를 차지하고 있는 현금 결제의 비중을 2020년까지 10%로 축소하고 非현금 결제를 늘리겠다는 정책 목표는 전 국민의 금융서비스 접근성 제고뿐만 아니라, 稅源 투명성 확보에도 크게 기여할 것으로 예상합니다.

가장 중요한 구조개혁 과제 중 하나인 국영기업(SOE)의 민영화와 국가 지분의 매각은 올해 9월 말 현재 이행률이 당초 계획의 10%에도 미치지 못하는 부진을 보이고 있습니다. 이는 문어발식 사업 분야 확장으로 인한 외국인 투자 제한, 불투명한 지배구조, 증시 부진 등 때문인데, 가장 큰 이유는 리더들의 방관 또는 저항입니다. 이를 개선하기 위해 지난 9월 말 정부는 수퍼위원회라고 불리는 CSCM(2018.9월 말 베트남 정부가 출범시킨 국가자본관리위원회: The Committee for State Capital Management)을 출범시키고 19개 SOE, 총 3.2천조 동에 이르는 국가 자본을 통합 관리하게 했습니다. 또한, 국가 주석직을 겸하는 당 서기장이 反부패 드라이브를 강하게 걸며 기득권층을 겨냥하고 있다는 점도 향후 SOE 개혁 가속화에 기대를 걸게 합니다.

과거 대비 재정건전성 개선 움직임

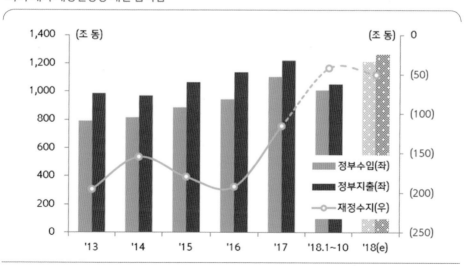

자료: GSO, 신한은행 투자자산전략부

SOE 민영화와 국가 지분 매각 계획 대비 성과 부진

| 연도 | 계획 | 이행 |
|---|---|---|
| '17년 | 135건 | 17건 |
| '18년 | 181건 | 14건 |
| '19년 | 62건 | |
| '20년 | 28건 | |
| 계 | 406건 | 이행률 : 9.8% |

자료: MPI('18.9 현재), 신한은행 투자자산전략부

# 6. 새로운 성장 기회 모색

베트남 경제의 높은 수출 의존도는 보호무역주의 심화와 글로벌 금융시장 변동성 확대 속에서 이제 새로운 성장 모델로의 전환을 요구 받고 있습니다. 수출 주도형 성장 경제는 독자 정책에 한계를 보이며, 끊임 없이 새로운 시장을 찾아나서야 한다는 부담을 갖고 있습니다. 베트남은 여러 경제권과 FTA를 체결하였는데, 이는 역으로 관세의 철폐로 인한 수출 증가 외에도 수입 증가라는 양면의 칼로 다가올 수 있으며, 여러 나라들이 FTA를 추진하면서 점차 차별화 효과가 줄어들고 있습니다. 또한, FDI 기업을 유치하려는 노력도 과도한 세제 혜택으로 인한 재정 수입 감소와 국내 기업 역차별 논란, FDI 기업들의 소극적인 기술 이전에 따른 저부가가치 노동집약적 산업 고착화라는 부작용도 간과할 수 없습니다.

이에, 베트남 경제는 현재 수출에 과도하게 집중된 기형적인 경제 구조를 개혁하고 내수로의 역할 분담이 필요한 시점입니다. 베트남은 오는 2025년이면 총 인구 1억 명을

돌파하여 내수 시장으로서의 기본 요건을 갖추게 되고, 이들의 소득이 역내에서 가장 가파르게 상승하고 있어 소비 여력도 크게 증가할 것으로 예상됩니다. 여기에 더불어 소비 성향이 강한 젊은 층이 다수의 비중을 차지하여 내수 경제로의 성장 잠재력이 높습니다.

베트남의 총 인구와 생산연령인구(15~64세) 비중 전망

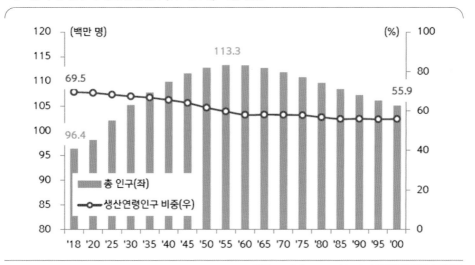

자료: poulationpyramid.net, 신한은행 투자자산전략부

'18년 역내 임금 상승률 비교… 가장 높은 베트남

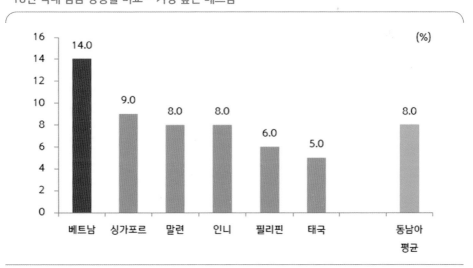

자료: Jobstreet.com

현재 베트남 인구의 절반 이상이 스마트폰을 보유하고(약 55%) 일상 생활에 활용하고 있는데, 페이스북 등 SNS를 활용한 모바일 커머스도 약 U$50억에 달할 정도로 활성화되어 있습니다. 이 시장은 2020년까지 인구의 약 30%, U$100억 수준으로 가파르게 성장할 것으로 예상됩니다. 다만, 결제 방식은 아직도 현금 결제(COD)가 다수를 차지하고 있는데, 금융 시스템에 대한 不信이 가장 큰 원인으로 꼽힙니다.

베트남 정부는 결제 편의성 증가와 화폐발행 비용 절감 외에도 국민들의 금융 서비스 접근성 및 자금 흐름 투명성 제고, 세원 투명성 개선을 위해 디지털 결제를 적극 장려하고 있습니다. 신기술에 대한 거부감이 덜한 젊은 층이 다수 존재하고 보안 및 안정성에 대한 신뢰가 더 축적된다면 디지털 결제는 내수와 경제 활성화, 재정 개선에 큰 역할을 할 것으로 예상됩니다.

디지털 커머스와 아날로그 결제의 공존

자료: DHL

베트남의 전자지갑 업체들

상품과 서비스는 생산자에서 소비자에게 최종 전달되어야 하는데, 베트남의 열악한 인프라는 베트남 내 운송 비용이 베트남에서 미국으로의 운송 비용보다 많이 드는 아이러니한 상황을 만들고 있습니다(호치민에서 랑선(Lang Son)까지 U$250, 호치민에서 미국까지 U$200 소요). 이는 생산자와 소비자 모두의 손실이며 이를 개선하기 위해 도로, 철도, 공항, 항만 등 인프라 쭉 분야에 대한 개발이 절실합니다.

다만, 현재 공공부채 한도 제한(GDP의 65% 내)과 중진국으로 지위 상향에 따른 해외 무상원조 축소 등은 그간 이뤄졌던 국가 주도의 개발에 어려움을 낳고 있습니다. 향후 베트남의 인프라 개발은 국가보다는 민간과 해외 투자자들의 역할이 더 강조되면서 투자 조건 완화, 일정 수익 보장, 세제 인센티브 제공 등을 통해 PPP(민관협력사업) 형태의 프로젝트가 더욱 확대 추진될 예정입니다.

## 아시아 주요국의 물류 성과 지수(LPI) 비교

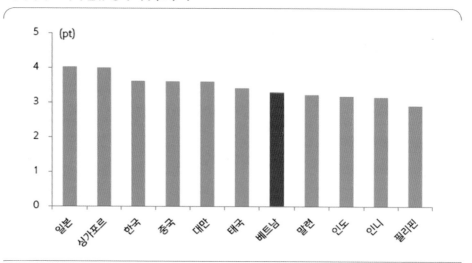

자료: WB, 신한은행 투자자산전략부 *물류성과지수: 0~5점

## 개발 투자: 국가 대비 민간, FDI의 역할 확대 중

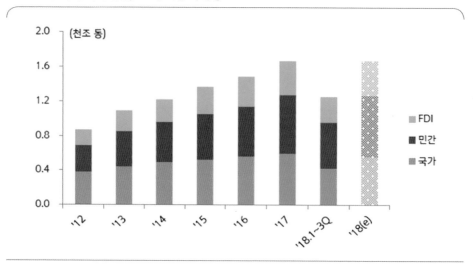

자료: MPI, 신한은행 투자자산전략부

# 7. 금리 전망

  2018년 하반기 시장금리는 美 금리 인상 행진과 달러화 강세 속에서 자본 이탈과 물가 상승 우려에 직면한 취약 신흥국들 중심으로 금리 상승 압력이 크게 나타났습니다. 베트남도 예외는 아니어서 연준(FRB)의 금리 인상이 2~3회로 예상되었던 상반기보다 4회로 예상된 하반기에 본격적으로 금리가 상승했습니다. 이러한 대외 요인 외에도 2018. 6월 인플레이션 목표치 상회 이후 위험자산에 대한 대출 억제와 신용 증가율 쿼타 확대 불허 등 중립적인 통화정책으로의 전환, 내년으로 예정된 중장기 대출에 대한 단기 자금의 비중 축소, 바젤 2 도입을 앞두고 증자를 위해 채권 발행에 나선 은행들도 금리 상승에 부채질을 하였습니다.

美 금리 상승은 예년 대비 높은 시장금리 변동성 야기

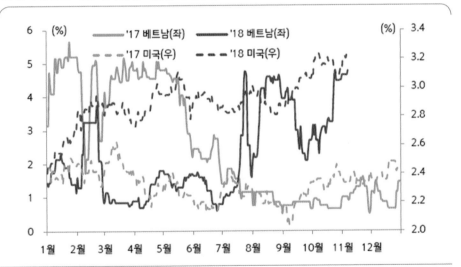

자료: Bloomberg, 신한은행 투자자산전략부 *베트남: O/N 금리, 美: 국채 10년물 금리

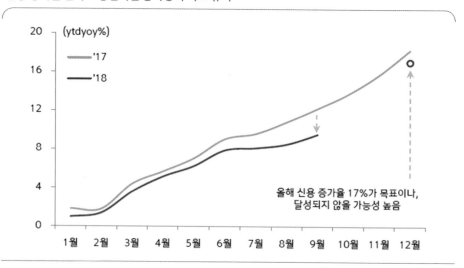

신용 증가율 둔화··· 중립적인 통화정책 기조 유지

자료: SBV, 신한은행 투자자산전략부

　　2019년에도 2018년 하반기와 같은 높은 금리 변동성이 이어질 것으로 예상됩니다. 5대 우대 부문(농업, 수출, 하이테크, 지원산업, 중소기업)에 대한 선별적 유동성 지원, 은행들의 수익성 및 건전성 개선, 안정적인 물가 수준, 경상수지 흑자 지속과 같은 금리 안정 요인이 있습니다. 그러나, 미국(연준)뿐만 아니라, 유럽(ECB)도 올해 자산매입을 종료하고 2019년 하반기 경 첫 금리 인상에 나설 가능성이 있어 글로벌 유동성 공급은 본격적인 축소 사이클에 들어설 것으로 예상되며, 동화 가치의 지속적인 절하와 유가의 변동성 확대, 국내 부동산 대출 규제 등도 SBV가 중립적인 통화정책을 유지하게 하여 금리 상승 압력을 높일 것입니다. 앞으로 경제 성장과 비즈니스 환경 개선, 내수 활성화를 위한 베트남 정부의 금리 안정 정책이 더욱 기대됩니다.

**글로벌 중앙은행들 자산 축소 시작**

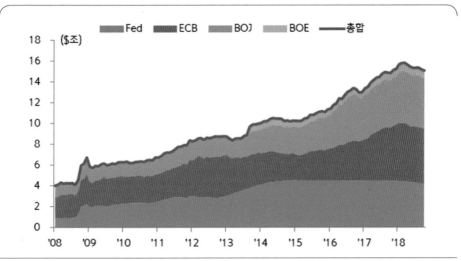

자료: Bloomberg, 신한은행 투자자산전략부

**정부의 통제 범위 내에 있는 물가**

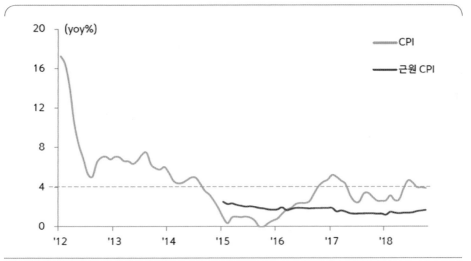

자료: GSO, 신한은행 투자자산전략부

# 8. 환율 전망

2018년 주요 경제권 대비 호조를 보인 미국의 경제 성장률과 이에 따른 연준의 통화정책 정상화 진전은 글로벌 달러화 강세를 야기하였습니다. 이와 함께 미국의 對中 관세율 인상과 위안화 가치 급락, 그리고 신흥국 통화 가치 동반 하락은 베트남 동화 가치에 하락 압력을 가중시켰습니다.

이러한 상황 하에서도 베트남 당국은 사상 최고치에 달하는 외환보유고를 활용해 적절한 시기에 시장에 개입하였고, 배트남중앙은행(SBV)은 시장 안정을 위해 중립적인 통화정책으로 전환했으며, 선별적으로 유동성을 공급하는 등 미세조정에 집중했습니다. 이에 따라, 동화 가치는 달러화 강세 속에서도 여타 신흥국 통화 대비 상대적으로 낮은 절하 폭을 기록하며 안정적인 환율 움직임을 보였습니다(달러화 가치 +4.4% vs. 위안화 -6.6%, 원화 -5.3%, 동화 -2.6%).

하반기 들어 동화 가치 절하 폭 확대… 시장과의 괴리도 확대

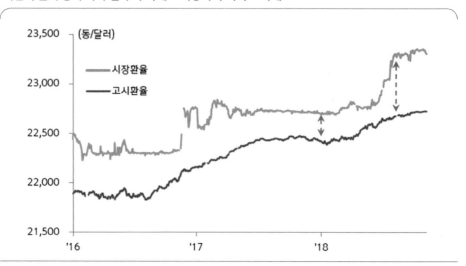

자료: Bloomberg, 투자자산전략부

그러나, 여타 역내 신흥국 대비 견조한 편

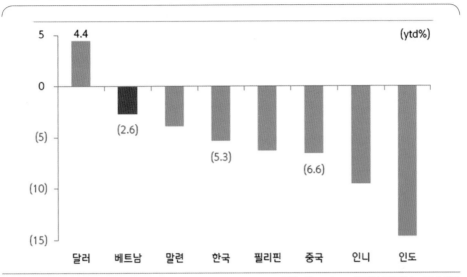

자료: Bloomberg, 투자자산전략부 * 11.6 기준

    2019년에는 美 통화정책 정상화, 美·中 무역분쟁 장기화로 인해 달러화 강세, 위안화 약세가 이어지고 FDI 유입도 점차 둔화되면서 당분간 동화 가치에도 하방 압력을 가중시킬 것으로 예상되나, 경상흑자와 무역흑자 지속으로 인한 외환보유고 증가는 대외 충격에 대한 버퍼 역할을 충실히 할 것입니다. 이에 따라, 동화 환율은 주요 이머징 국가 대비 완만한 1% 내외 상승하여 연말 23,500~23,600동/U$ 범위에 머물고 원-동 환율은 21.5~22.0동/원으로 예상합니다.

## 베트남의 경상수지 흑자 지속

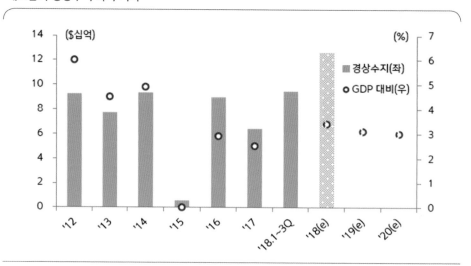

자료: 톰슨로이터, Bloomberg, 신한은행 투자자산전략부

## 베트남으로의 FDI 유입액 증가는 점차 둔화될 것으로 예상

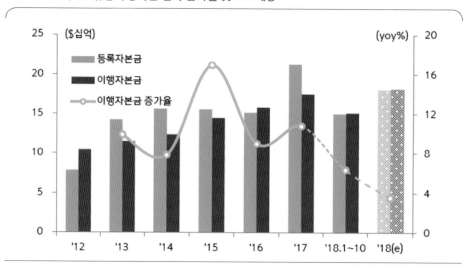

자료: GSO, 신한은행 투자자산전략부

**연준의 긴축 속도 조절 가능성과 달러화 가치**

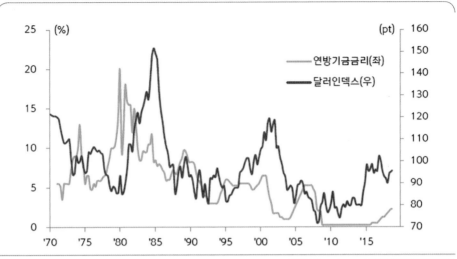

범례:
- 연방기금금리(좌)
- 달러인덱스(우)

자료: Bloomberg, 신한은행 투자자산전략부

**동화 대비 원화 가치의 상대적 절상 예상… 21.5~22.0동/원**

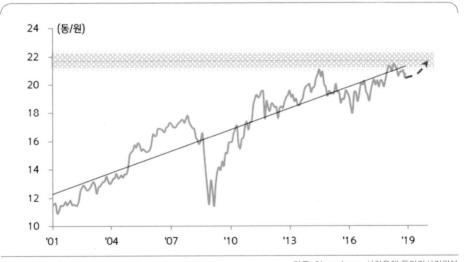

자료: Bloomberg, 신한은행 투자자산전략부

# 9. 주식 전망

　2018년 4월 중 VN지수 기준으로 1,200pt를 돌파하며 사상 최고치를 기록했던 베트남 증시는 가파른 급락에 따른 차익실현 압력에 큰 조정을 받은 이후 다시 반등하는 듯 했으니, 10월 중 금융, 부동산, 에너지 등 주요 대형주들이 약세로 전환되며 글로벌 증시의 동반 하락에서 역시 벗어나지 못했습니다.

　대외 불확실성 증가에 시장의 투자심리는 약해졌지만, 해외 투자자들의 관심은 이어지고 있습니다. 베트남 정부는 국내 신용 자금의 증시 유입을 규제하는 동시에 원활한 SOE 민영화를 위해 소유권 한도 폐지, 수종의 주식 발행 추진 등 외국인 투자자 유치를 위한 노력을 지속하고 있습니다.

주식시장의 시가총액은 베트남의 高성장을 반영

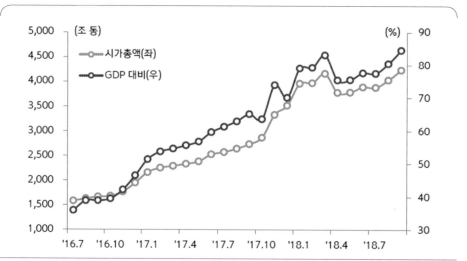

자료: SSC, 신한은행 투자자산전략부

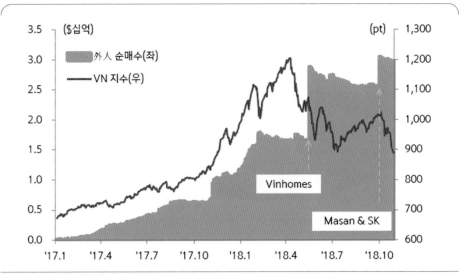

고전하는 증시 vs. 대형 IPO와 전략적 투자자 참여

자료: Bloomberg, 신한은행 투자자산전략부

2019년 주식시장은 외인 자금 이탈 및 유입 둔화 우려, 신흥국 불안에 따른 위험자산 회피 강화로 상승 동력이 2018년 상반기보다 미약하나, 양호한 경제 성장과 기업 실적 전망, 정책 노력 지속 등은 투자자들의 관심을 이어가게 하는 요인으로 작용할 것입니다. 특히, 글로벌 시장 지수의 재편으로 베트남 증시의 위상에 변화가 생길 것으로 예상되는 가운데, 프런티어 시장 내 잔류 시 쿠웨이트와 아르헨티나 이탈로 인한 비중 확대 외에도 향후 이머징 시장으로의 지위 상향(2020년 예상)에 따른 기관 및 해외 자금 유입 증가는 개인 투자자가 절대적인 비중을 차지(약 70%)하고 있는 증시에 안전판이 되어 높은 변동성을 잠재울 것으로 기대됩니다. 2019년 전반적인 경로는 상저하고를 예상합니다.

## 글로벌 프런티어 마켓 지수 내 베트남의 비중

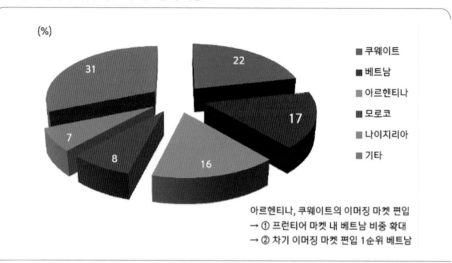

(%)

- 쿠웨이트
- 베트남
- 아르헨티나
- 모로코
- 나이지리아
- 기타

아르헨티나, 쿠웨이트의 이머징 마켓 편입
→ ① 프런티어 마켓 내 베트남 비중 확대
→ ② 차기 이머징 마켓 편입 1순위 베트남

자료: 신한은행 투자자산전략부

## 기업 이익 증가세 유지, 밸류에이션 매력 증가

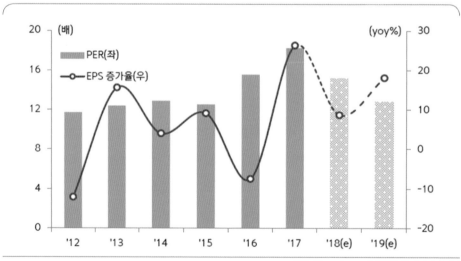

자료: Bloomberg, 신한은행 투자자산전략부

# 10. 부동산시장 전망

2018년 하반기 베트남 부동산 시장은 호치민, 하노이 등 대도시를 중심으로 인근 지역까지 주택 및 토지 가격이 급등하는 등 개발 재료에 따라 과열 양상을 보였습니다. 부동산에 대한 외국인들의 투자도 2018. 10월까지 U$58억이 유입되며 크게 증가하였고, 15백만 명을 돌파할 것으로 예상되는 외국인 방문객들과 소득 증가에 따라 관광, 휴양에 대한 수요가 크게 증가한 국내 여행객들로 다낭(Da Nang), 냐짱(Nha Trang) 등 주요 관광도시의 호텔, 콘도, 리조트에 대한 투자도 이어졌습니다.

다만, 과거 부동산 버블 붕괴 시절의 악몽을 되풀이하지 않기 위해 베트남 당국은 신속히 움직였습니다. 베트남중앙은행(SBV)은 부동산 관련 대출에 대해 엄격한 심사를 은행들에게 요구했고, 신용 증가율 한도 증가 요청도 거부했습니다. 중앙정부와 지방정부는 일부 과열 지역에 대해 거래 중단 조치를 시행했고, 부동산 관련 세금 신설 및 개정 계획을 밝히면서 적극적인 대응에 나섰습니다.

부동산 부문으로의 FDI 유입액 증가

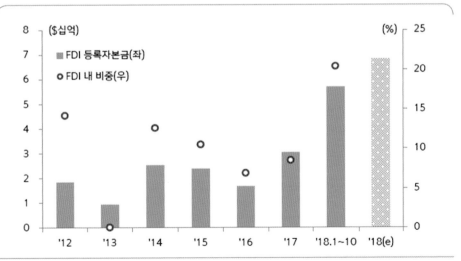

자료: MPI, 신한은행 투자자산전략부

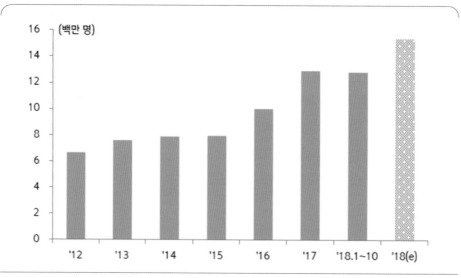

베트남을 찾는 국제 방문객 증가세 지속

자료: GSO, 신한은행 투자자산전략부

　베트남 부동산 시장은 내년 상반기 정점에 다다를 가능성이 있습니다. 신용 증가율 억제, 중장기 대출에 대한 단기 자금 비중 축소(45%에서 40%로), 바젤 2 도입을 앞두고 위험자산에 대한 가중치 상향(100~150%에서 200~250%로)은 부동산 부문으로의 자금 유입을 어렵게 할 것으로 예상됩니다. 시장의 급락을 막기 위해 외국인 투자자 유치에 도움이 되는 부동산 투자 프로세스 개선(정보 취득, 법규 정비)이 지속되겠지만, 美 금리 인상 진전은 투자 위축 요인으로 작용할 것입니다.

　그러나, 스타트업(Start-Up)에 대한 정책 지원과 관심 증가로 공유 오피스 시장이 주목받고 있으며, 도시로 꾸준히 유입되는 근로자, 저소득층의 수요 증가로 실수요, 실거주 목적의 중저가 주택은 계속 유망할 것으로 예상됩니다.

랜드마크 81 vs. 마천루의 저주

| 엠파이어스테이트 빌딩 | 세계 대공황('29~'30) |
| 시어스 타워 | 스태그플레이션 발발('73) |
| 페트로나스 트윈 타워 | 亞 외환위기('97~'98) |
| 타이베이 101 | IT 버블 붕괴('00~'03) |
| 부르즈 할리파 | 두바이 정부 디폴트('10) |

자료: atkinsglobal.com, 신한은행 투자자산전략부

스타트업 증가… 공유 오피스 시장 성장 잠재력 확인

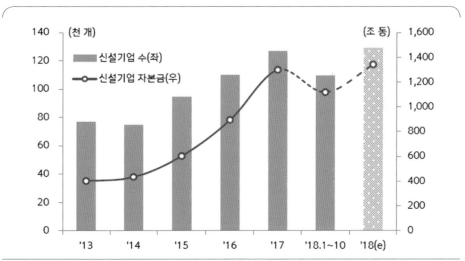

자료: GSO, 신한은행 투자자산전략부

# VIETNAM ECONOMIC REPORT

# 02

| 제02장 |

# 베트남
# 외환 시장 전망

# |제02장| 베트남 외환 시장 전망

# |제02장| 베트남 외환 시장 전망

신한은행 금융공학센터 / 최진호 Economist
jh.choi@shinhan.com

|핵심 요약|

• 2018년 강달러와 신흥국 위기론 대두되며 신흥국 전반의 환율 상승. 다만, 베트남 동화의 환율 상승폭은 여타 신흥국 대비 안정적 수준 유지. 베트남의 펀더멘탈은 신흥국들 중 여전히 안정적이나, 금융시장의 불안이 동화 환율의 상승요인으로 작용했음. 이는 美·中 무역분쟁으로 인한 위안화 약세의 영향이 반영되었기 때문임.

• 2019년에는 적어도 미국의 금리 인상이 2018년보다 가속화되지는 않을 것이며, 무역전쟁 우려는 지속되더라도 2018년만큼 악화일로가 지속되지 않을 전망. 이에, 2019년에도 달러의 강세 기조는 이어질 가능성이 높지만, 그 강도가 2018년보다는 세지 않을 것이며, 아울러, 특히 하반기에는 유럽중앙은행(ECB)의 금리 인상 가시화로 달러의 의미 있는 하락이 예상됨.

• 베트남 내부적으로 동화 가치에 영향을 미치는 쌍둥이 수지(경상수지 + 재정수지)는 적자 반전이 유력할 것으로 예상되어, 동화의 절하 압력으로 이어질 공산이 높음. 따라서, 2019년 동화 시장 환율의 흐름은 상반기까지 상승 압력이 이어지겠으나, 하반기에는 달러 하락의 영향으로 동화 시장 환율의 상승압력이 상쇄되면서 안정이 나타날 것으로 전망함.

# 1. 2018년 글로벌 금융시장 동향

2018년 글로벌 금융시장에서 발생한 특징들을 키워드로 정리하자면, 미국의 긴축, 미국 시장 금리 상승, 강(强) 달러, 무역 전쟁, 신흥국 위기론 등으로 요약할 수 있다. 그중에서도 2018년 글로벌 금융시장에 가장 큰 영향을 미친 근원(根源)을 하나 선별해보면, 미국의 시장금리 상승으로 판단된다. 특히, 시장금리는 장기금리와 단기금리로 나눌 수 있는데, 그것 중 장기금리의 상승이 2018년 글로벌 금융시장에서 가장 큰 영향을 미친 원인으로 판단된다.

일반적으로 채권시장 금리는 중앙은행의 정책금리에 강하게 연동되어 움직인다는 점을 감안하면, 2018년 미국 시장금리의 상승이 크게 놀라운 일은 아니다. 미국 연준의 정책금리 인상이 2018년 들어 처음 나타난 현상은 아니기 때문이다. 연준은 2015년 말부터 금리 인상을 꾸준히 단행해 왔다. 그럼에도 불구하고, 미국 시장 금리는 기간물에 따라 차별화되는 모습을 보였는데, 단기물에 속하는 2년물의 경우에는 연준의 정책금리 인상에 맞추어 지속적인 상승세를 보여 왔으나, 장기물인 10년물의 경우에는 2017년까지도 박스권에 머물다가 2018년에 들어서야 박스권을 뚫고 급등하는 흐름을 보이게 되었다.

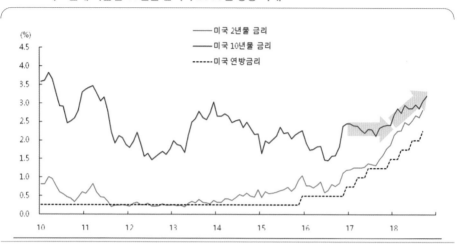

<그림1> 2017년 미국의 적극적인 금리 인상에도
박스권에 머물던 10년물 금리가 2018년 상승 확대

자료: Bloomberg, 신한은행 금융공학센터

이는 단기금리가 정책금리에 민감하게 연동되어 움직이는 반면, 장기금리는 국가의 장기 성장성이나 물가와 같은 거시경제적 변수에 영향을 받는 경향이 있기 때문이다. 그리고 실제로 미국의 인플레이션 지표는 2017년까지는 연준의 목표치를 하회하다가 2018년 들어서야 기대인플레이션이 급등하면서 장기 금리를 밀어 올리는 현상이 나타났다. 그리고 기대인플레이션의 기저(基底)에는 공급 측면의 이슈에 기인한 유가 상승과 예상보다 견조했던 미국의 노동시장이 자리 잡고 있었다.

결과적으로 2018년에는 미국의 장기 금리가 상승하면서 달러가 동반 상승하는 흐름을 보였다고 볼 수 있다. 여기에 트럼프 대통령이 강하게 추진한 무역전쟁의 칼끝이 중국을 겨냥하면서, 글로벌 무역전쟁을 야기하였다. 이는 안전 통화인 달러의 수요를 높이면서 강달러를 더욱 심화시키는 현상으로 표출되었다. 이에 달러대비 통화가치로 표시되는 대부분의 신흥국들의 환율은 큰 폭으로 상승(= 해당 국가의 통화 가치가 절하)했다. 특히 기초 펀더멘탈이 취약한 일부 신흥국들 가운데 아르헨티나와 파키스탄 같은 국가는 국가 디폴트를 선언하면서 IMF 사태를 맞이하였고, 그밖에 대다수 신흥국들의 금융위기설이 대두되는 한 해였다.

<그림2> 달러 상승에 대한 베팅이 증가

자료: Bloomberg, CEIC, 신한은행 금융공학센터

<그림3> 주요 신흥국들의 통화가치는 대부분 하락

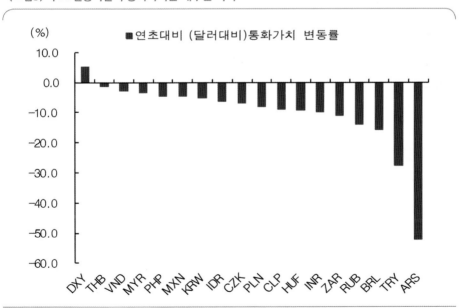

주) 2018년초대비 11/26까지의 달러대비 통화가치 변동률    자료: Bloomberg, CEIC, 신한은행 금융공학센터

동 과정에서 베트남도 신흥국 전반의 흐름에서 자유로울 수 없었기 때문에 동화의 고시환율(central rate)과 시장환율(market rate)이 동반 상승하는 모습을 보였다. 다만, 동화의 시장 환율 상승폭은 연초대비 2.7%정도(연초~11/26기준)에 그치면서 여타 신흥국 대비 안정적인 수준을 유지했다. 이처럼 도전적이었던 2018년 글로벌 금융시장 환경에서 동화의 변동폭이 안정적이었던 이유는 무엇이었으며, 동화 역시 신흥국 환율 상승이라는 큰 흐름에서 벗어나지 못했던 이유는 무엇이었을까? 그리고 2019년 동화의 환율 방향성은 어떻게 전개될 것인가?

이후 2절에서는 동화 환율의 상승폭은 안정적이었으나, 상승 흐름에서 자유로울 수 없었던 원인에 대해서 베트남 경제와 금융시장에 대해 점검해 보고 3절에서는 2019년 베트남 외환시장을 둘러싼 대외이슈에 대해 살펴보도록 하겠다. 그리고 4절에서는 상기의 논의를 바탕으로 2019년 베트남 외환시장의 흐름을 전망해 보도록 하겠다.


# 2. 베트남 경제 및 금융시장 점검

## 2.1. 베트남 경제 펀더멘탈 점검

2018년 강달러와 신흥국 위기설로 대표되는 글로벌 금융환경 속에서도 베트남 동화의 환율이 비록 상승을 면하지는 못했으나 상승폭이 안정적이었던 이유는, 베트남의 경제 펀더멘탈이 신흥국들 가운데 상대적으로 안정적이기 때문이다. 먼저 국가 경제의 종합 성적표라고 볼 수 있는 대표적인 지표인 실질 GDP 성장률을 살펴보면, 베트남은 2018년 2분기를 기준으로 전년동기비 6.8%를 기록하며 안정적인 중장기 성장 추세에 부합하는 흐름을 보이고 있다. 내용 면에서도 소매판매는 2018년 10%를 상회하는 두 자릿수의 성장세를 유지하고 있어, 안정적인 베트남의 내수시장 성장이 유지되고 있음을 알 수 있다.

물가 측면을 살펴보게 되면, 경제가 양호했기 때문에 상반기 베트남의 소비자물가 상승률은 일시적으로 4%를 상회하며 중앙은행(SBV)의 목표치를 벗어나는 상승 압력이 나타나기도 했다. 하지만, 하반기 들어 물가는 다시 안정세를 보이기 시작했고, 이에 중앙은행(SBV)의 정책금리(refinancing rate)도 6.25%로 동결을 유지하고 있는 것으로 나타났다. 2018년 미국 금리 인상의 영향으로 내외금리차 확대를 우려한 대부분의 신흥국들의 중앙은행이 금리 인상으로 대응했다는 점을 감안하면, 베트남의 정책금리 동결은 신흥국들 가운데 상대적으로 양호한 베트남의 성장성이 자리 잡고 있었기 때문이라고 볼 수 있다.

〈그림4〉 베트남의 경제성장률은 중장기 성장 추세 유지

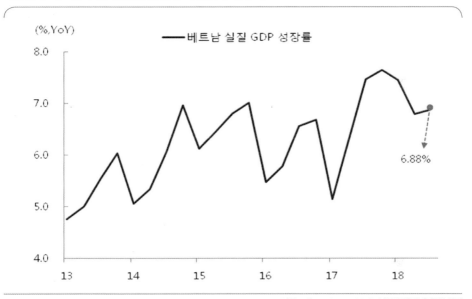

자료: Bloomberg, CEIC, 신한은행 금융공학센터

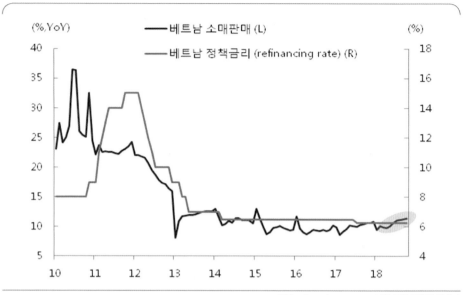

자료: Bloomberg, CEIC, 신한은행 금융공학센터

## 2.2. 베트남 금융 시장 점검

양호했던 베트남의 경제 성적에도 불구하고 금융시장은 다소 불안했던 한 해였다. 외국인의 對베트남 금융시장(주식, 채권, ETF 등) 투자 금액은 2018년에도 전반적으로 순유입(유입-유출)을 유지하기는 했으나, 순유입으로 나타나는 금액의 규모는 큰 폭으로 둔화되어 현상 유지하는 정도에 머물렀던 것으로 나타났다. 특히, 베트남 주식 시장에서는 2018년 2~3분기 동안에 외국인 자금이 빠르게 이탈했는데, 이는 동 기간 동화의 시장 환율 상승이 나타났던 주요 원인이었다. 여기서 동 기간은 시기적으로 美·中 무역분쟁이 심화되던 시기였다는 점을 상기할 필요가 있다.

이는 구조적으로 베트남에서 對중국 수출이 차지하는 비중이 장기간에 걸쳐 높아지면서 중국에 대한 경제 의존도가 증대(베트남의 對중국 수출 비중은 2005년도 7~8%에 불과했었지만 2017년에는 15%대까지 평균적으로 상승한 것으로 나타났다)되었기 때문이다. 2018년 美·中 무역분쟁이 악화일로를 지속하는 과정에서 중국의 상해종합 주가지수가 큰 폭으로 하락했고, 중국 금융시장에서 외국인의 자금 이탈이 나타나면서 위안화 절하로 이어졌다. 그리고 이는 베트남의 수출 둔화와 기업 이익의 감소 우려로 이어지면서 베트남 주식시장에서도 외국인 자금이 빠르게 이탈하고 동화의 절하 압력으로 연결되었던 것으로 풀이된다.

결국 2018년 베트남 동화 시장환율의 상승은 미국의 금리 인상 가속화로 강달러가 나타나는 과정에서 美·中 무역 분쟁으로 인한 중국 위안화 약세의 영향이 반영되어, 베트남 금융시장에서 외국인 자금이 이탈한 결과로 정리할 수 있다. 따라서, 다음 장에서는 2019년 베트남 외환시장을 둘러쌀 것으로 예상되는 주요 대외 이슈를 글로벌 통화정책 속도와 무역분쟁의 지속성 관점에서 점검해 보도록 하겠다.

〈그림6〉 중국 위안화와 유사한 방향을 보이는 동화 환율

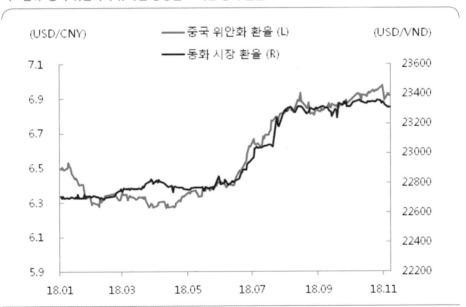

자료: Bloomberg, CEIC, 신한은행 금융공학센터

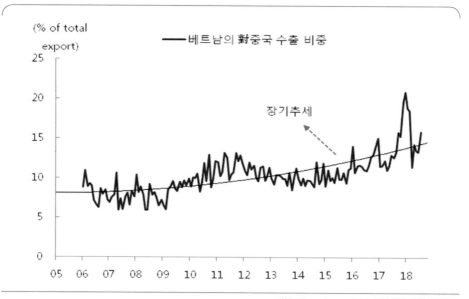

자료: Bloomberg, CEIC, 신한은행 금융공학센터

# 3. 2019년 베트남 외환시장을 둘러싼 대외 이슈

## 3.1. 글로벌 통화정책 정상화 이슈

글로벌 통화정책에 있어서 가장 중요한 미국의 금리인상 속도를 먼저 살펴보면 2019년에는 미국의 금리인상 속도가 2018년(4회, 각 +25bp)보다 빠르기는 힘들 것으로 전망된다. 연준이 제공하는 점도표(dot plot)에 의하면, 2018년 11월을 기준으로 2019년 예상 금리 인상은 3회(각 +25bp)를 예고하고 있는 상황이다. 다만, 일각에서는 최근의 미국 노동 시장이 임금 지표를 중심으로 매우 견조하기 때문에 2019년에도 인플레이션이 지속될 것이고, 이에 연준은 2018년만큼이나 빠른 금리인상(4회, 각 +25bp)을 이어갈 것이라는 전망도 상존하고 있다.

하지만, 대표적인 경기 선행요소인 미국의 장단기 금리차는 지속적으로 축소되며 이보다 보수적인 경기 전망을 반영하고 있다. 또한, 대표적 경기 심리지수인 미국의 ISM 제조업 지수를 살펴보면 그 방향성이 여전히 경기확장을 유지하고는 있으나, 경기 확장의 속도는 2017~2018년에 보여왔던 속도보다 확연히 둔화되어 현상 유지 정도에 그치고 있는 상황이다. 결국 이러한 지표는 미국의 경기 확장 모멘텀이 2018년보다 강해지기 어렵다는 점을 의미하며, 이는 연준의 금리 인상이 적어도 2018년보다 빠르기는 힘들 것이라는 점을 반증하는 근거로 판단된다.

<그림8> 미국 장단기 금리차는 지속적으로 축소

자료: Bloomberg, CEIC, 신한은행 금융공학센터

<그림9> 미국 ISM제조업 지수는 현상 유지에 머물러

자료: Bloomberg, CEIC, 신한은행 금융공학센터

　한편 유럽쪽의 통화정책을 살펴보면, ECB가 예고한 바와 같이 2019년 하반기에는 금리 인상이 예정되어 있다. 2018년 미국의 인플레이션이 강했던 만큼 독일의 물가도 목표치(2%)에 근접한 상황인데, 현재 독일의 장기물 금리는 미국에 비해 턱없이 낮은 0.5% 내외에서 유지되고 있는 상황이다. 이는 2018년 유로존에서 불거졌던 이탈리아 정치 문제, 스페인 은행권 부실 우려, 브렉시트 이슈 등이 유로존의 금융시장 불안요인으로 작용하면서 독일의 장기 금리 반등을 제한했기 때문이다. 따라서 2019년 이러한 요인들이 원만하게 해결되는 경우에는 독일의 장기 금리 상승이 나타날 전망이며, ECB의 금리 인상에 당위성이 더해질 전망이다. 이는 달러의 가장 큰 카운터 파트 통화인 유로화의 반등으로 이어지면서 하반기에는 달러의 유의미한 하락이 예상된다.

<그림10> 독일의 물가 대비 장기 채권 금리는 낮은 수준

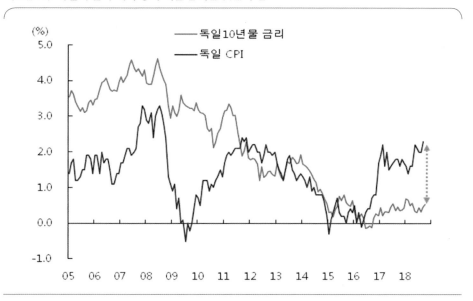

자료: Bloomberg, CEIC, 신한은행 금융공학센터

<그림11> 독일 금리 반등시 달러 상승은 제한될 전망

자료: Bloomberg, CEIC, 신한은행 금융공학센터

## 3.2. 무역분쟁의 지속 가능성 이슈

2018년 글로벌 금융시장에서 노이즈로 작용했던 무역분쟁 우려는 2019년에도 지속될 가능성이 높아 보인다. 트럼프 대통령이 중국과의 불공정 무역을 표면적인 이유로 들어 무역전쟁을 실시했지만, 2018년에도 미국의 무역수지는 개선되지 않았다. 그럼에도 불구하고 트럼프 주도의 무역분쟁이 지속되는 이유는 패권주의에 입각한 美·中 간의 정치적 견제가 주된 배경이라는 설명이 유력하다. 2018년 11월 미국의 중간선거 결과 상원에서는 공화당이, 하원에서는 민주당이 집권하면서 트럼프의 독단적인 정치를 견제할 제도적 보완이 나타났음에도 불구하고, 미국의 공화당과 민주당은 공통적으로 무역정책에 있어서 만큼은 다소 보수적이며 중국을 견제해야 한다는 시각만큼은 확고한 듯 보인다. 이는 어떠한 방식으로든 2019년에도 미국과 중국간의 무역을 둘러싼 잡음이 지속될 수 있음을 의미한다.

다만, 이러한 과정에서도 그나마 다행스러운 점은 무역분쟁 노이즈가 2018년처럼 악화일로를 지속해 나가기보다는 2018년보다 완화될 가능성이 있다는 점이다. 미국은 2018년 對중국 관세를 부과하면서 주로 자본재와 중간재에 걸쳐 실시했고, 향후 추가적인 관세부과를 시행한다면, 그 품목에는 소비재 품목이 대거 포함될 전망이다. 이는 제품의 소비자 가격이 인상되는 효과가 직접적이기 때문에 미국 가계의 저항을 유발할 수 있으며 미국의 인플레 압력을 높일 가능성도 있다. 현재도 중국으로부터 자본재와 중간재를 많이 수입하는 미국 자동차 기업과 같은 회사들을 중심으로 관세부과에 대한 반대 목소리가 상존하는 상황이라는 점을 감안할 때, 미국 소비자들의 저항까지 동반된다면 무역전쟁의 실익에 대한 정치적인 정당성은 약화될 것으로 예상된다.

<그림12> 무역전쟁에도 불구하고 미국 무역 개선은 없어

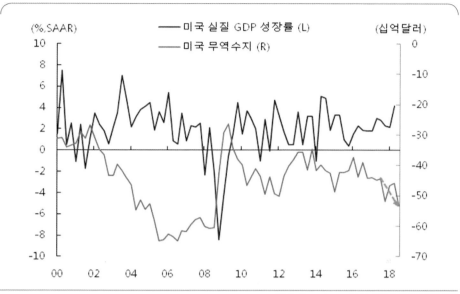

자료: Bloomberg, CEIC, 신한은행 금융공학센터

<그림13> 무역에 대해서는 양당이 모두 보수적 입장

|  | 공화당 | 민주당 |
|---|---|---|
| 무역 | 자유시장 원리에 충실한 다자 협정 강조, 미국 우선주의. 필요한 경우 기존 협정 폐기 및 TPP 표현 삭제. | 과도한 자유화를 중단하고 일자리를 창출하는 무역정책 개발, 무역협정 재검토 |
| 인프라 | 향후 10년간 1조 5천억 달러 이상의 인프라 투자 계획 | 인프라가 아닌 연방 예산 투입 규모를 1조 달러로 확대 요구 |
| 재정 | 재정적자 한해 1조 달러 이상 | 재정지출 확대 반대 |
| 감세 | 세제개편 2.0 추진으로 개인 소득세 감세 영구화. 연방정부 세수는 10년간 6,600억 달러 감소. | 세재개편 2.0 중 일부 수용 혹은 개편안 전체를 거부할 가능성 |

자료: Bloomberg, CEIC, 신한은행 금융공학센터

# 4. 2019년 베트남 외환시장 전망

## 4.1. 베트남 동화 가치에 영향을 미치는 주요 내부 요인

앞서 장에서는 2019년에는 적어도 미국의 금리 인상이 2018년보다 가속화되지는 않을 것이며, 무역전쟁 우려는 지속되더라도 2018년만큼 악화일로로는 아닐 것이라는 점을 언급했다. 이는 전반적으로 2019년에도 달러의 강세 기조는 연장될 가능성이 높지만, 그 강도가 2018년보다는 세지 않을 것을 의미하며, 아울러, 특히 하반기에는 ECB의 금리 인상 가시화로 달러의 유의미한 하락이 기대된다는 전망도 기술했다. 이러한 대외환경의 큰 흐름에서 베트남 동화에 영향을 미치는 주요 내부 요인은 경상수지와 재정수지를 들 수 있다. 경험적으로 동화의 절상(절하)율은 경상수지와 재정수지를 합산한 금액과 유사한 방향성을 보여왔기 때문이다.(일반적으로 경상수지와 재정수지를 합산한 금액을 쌍둥이 수지라고 부르는데, 이것이 해당 국가의 외환시장에 미치는 영향에 대한 이론적 배경은 『베트남 경제백서 2018』에 기고된 "베트남 외환시장의 이해와 전망"에 기술되어 있다.)

〈그림14〉 국민소득항등식에서 도출하는 실물시장과 외환시장의 흐름도

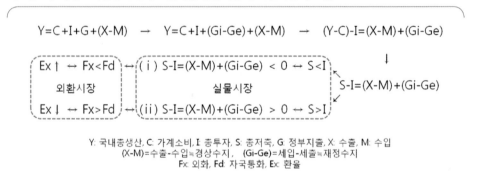

Y: 국내총생산, C: 가계소비, I: 총투자, S: 총저축, G: 정부지출, X: 수출, M: 수입
(X-M)=수출-수입≒경상수지, (Gi-Ge)=세입-세출≒재정수지
Fx: 외화, Fd: 자국통화, Ex: 환율

주) 상기 흐름도에 대한 세부적인 설명은 "2018년 베트남 경제백서"에      자료: 신한은행 금융공학센터
기술되어 있는 "베트남 외환시장의 이해와 전망"자 자료를 참고

## 4.2. 베트남 경상수지와 재정수지의 향방

먼저, 베트남의 2019년 경상수지는 흑자가 유지될 전망이며 이는 베트남 동화의 절상 압력으로 작용할 전망이다. IMF에서는 미·중 무역전쟁의 영향으로 2019년 글로벌 무역 증가율이 2018보다 다소 둔화된 4%에 머물 것으로 전망하고 있다. 따라서, 2019년에는 대외 수출경기에 민감한 베트남의 수출 증가율도 둔화될 가능성이 높다. 다만, 글로벌 무역 증가율과 베트남의 수출 증가율에 대한 민감도를 선형회귀분석으로 계산해보면, 글로벌 무역 증가율이 과거 금융위기(Crisis) 수준의 마이너스(-)증가율까지 하락하지만 않는다면, 2019년에도 베트남의 수출 연간 증가율은 10% 내외가 유지될 전망이며 동 수치는 베트남의 경상수지 흑자를 지지할 것으로 예상된다.

한편, 베트남의 재정수지는 만성적 적자에서 개선되는 흐름을 보이고 있으나, 2019년에는 글로벌 경기 둔화라는 환경에 대응하기 위한 정부의 재정 지출 확대가 예상되기 때문에 재정수지의 추가적인 개선은 힘들 것으로 전망된다. 재정수지의 적자는 동화의 절하 압력으로 이어질 것으로 예상된다. 특히, 2019년의 GDP대비 재정수지 적자 규모 (-4.7%)가 GDP대비 경상수지 흑자 규모(+1.9%)보다 클 것으로 예상되어, 내부적으로 동화 가치에 영향을 미치는 쌍둥이 수지(경상수지 + 재정수지)는 적자 반전이 유력할 것으로 예상된다. 이는 결국 동화의 절하 압력이 절상 압력보다 우세하며, 2019년에도 동화의 완만한 절하 압력이 이어질 공산이 높다는 것을 의미한다.

<그림15> 2019년 글로벌 교역은 소폭 둔화가 예상

자료: Bloomberg, CEIC, 신한은행 금융공학센터

<그림16> 베트남 수출은 10% 내외가 유지될 전망

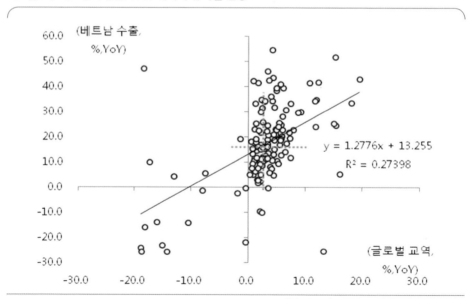

자료: Bloomberg, CEIC, 신한은행 금융공학센터

<그림17> 베트남의 만성적 재정적자의 개선 가능성

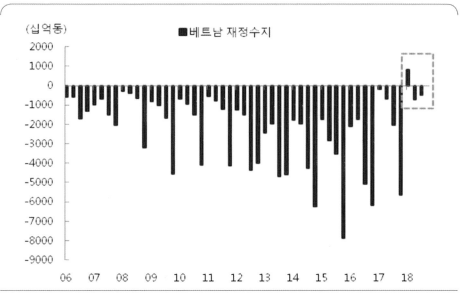

(십억동)

■베트남 재정수지

자료: Bloomberg, CEIC, 신한은행 금융공학센터

<그림18> 재정수지 완연한 개선은 당분간 힘들 전망

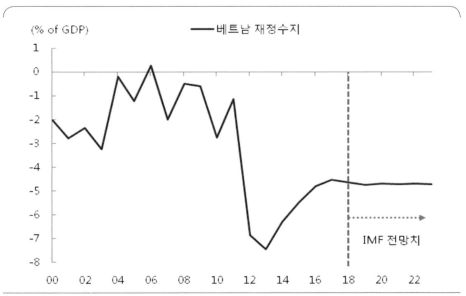

(% of GDP)

━베트남 재정수지

IMF 전망치

자료: Bloomberg, CEIC, 신한은행 금융공학센터

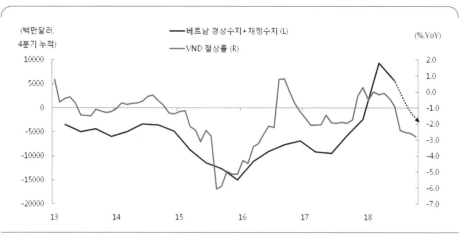

<그림19> 베트남 쌍둥이 수지(경상+재정)는 동화 가치의 변화 방향성과 유사
- 2019년 동화 절하 압력 지속될 전망

자료: Bloomberg, 신한은행 금융공학센터

# 5. 요약 및 결론

2018년 글로벌 금융시장은 미국 금리인상 가속화와 강달러의 영향으로 신흥국 위기론
이 대두되는 가운데 신흥국 전반의 환율 상승이 나타났다. 다만, 베트남 동화의 환율 상승
폭은 여타 신흥국 대비 안정적 수준을 유지했다. 연중 동화 환율의 흐름을 살펴보면 美·中
무역분쟁으로 인한 위안화 약세의 영향이 반영되면서 무역분쟁 우려가 악화되는 시기에
동화 환율이 주로 상승하는 패턴을 보였다

동 관점에서 2019년에는 적어도 미국의 금리 인상이 2018년보다 가속화되지는 않을
전망이며, 무역전쟁 우려는 지속되더라도 2018년만큼 악화일로가 지속되지 않을 것으
로 예상된다. 이에, 2019년에도 달러의 강세 기조는 이어질 가능성이 높지만 그 강도가
2018년보다는 세지 않을 전망이며, 아울러, 특히 하반기에는 ECB의 금리 인상 가시화로
달러의 의미 있는 하락이 가능할 전망이다.

하지만, 베트남 내부적으로 동화 가치에 영향을 미치는 쌍둥이 수지(경상수지 + 재정
수지)는 적자 반전이 유력할 것으로 예상되어, 동화의 절하 압력으로 이어질 공산이 높다.
따라서 2019년 동화 시장 환율의 흐름은 상반기까지 상승 압력이 이어지겠으나, 하반기
에는 달러 하락의 영향으로 동화 시장 환율의 상승압력이 상쇄되면서 안정이 나타날 것으
로 전망된다.

〈그림20〉 베트남 동화 환율의 예상 흐름도

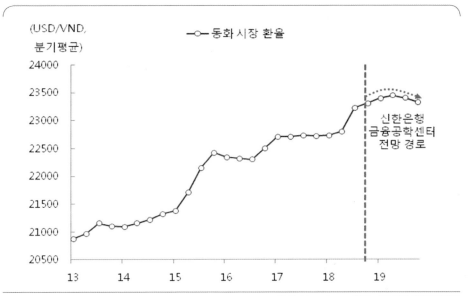

자료: Bloomberg, CEIC, 신한은행 금융공학센터

<그림21> 베트남 동화 환율의 당행 및 주요기관 전망치

| | 18.4Q(E) | 19.1Q(E) | 19.2Q(E) | 19.3Q(E) | 19.4Q(E) | 연평균 |
|---|---|---|---|---|---|---|
| 신한은행 금융공학센터 | 23,310 | **23,400** | **23,450** | **23,400** | **23,300** | **23,388** |
| 외부기관 | 18.4Q(E) | 19.1Q(E) | 19.2Q(E) | 19.3Q(E) | 19.4Q(E) | 연평균 |
| 블룸버그 서베이 중간값 | 23,400 | 23,350 | 23,234 | 23,250 | 23,500 | - |
| ANZ (11/2) | 23,600 | 23,700 | 23,800 | 23,850 | 23,900 | - |
| MUFG (11/1) | 23,400 | 23,300 | 23,300 | 23,300 | - | - |
| Mizuho Bank (11/2) | 23,550 | 23,400 | 23,350 | 23,200 | 23,000 | - |

자료: Bloomberg, CEIC, 신한은행 금융공학센터

| Compliance note |

- 본 자료는 자료 제공일 현재 시점에서 신한은행이 제공한 의견 및 추정 자료로서 오차가 있을 수 있으며, 고객의 거래 결과에 대한 어떠한 보장도 행하는 것은 아닙니다.
- 본 자료는 신한은행의 공식적인 의견을 대표하지 않으며 작성자의 개별의견임을 밝힙니다.
- 따라서 거래의 최종 결정은 고객님 자신의 판단으로 하시기 바라며, 본 자료는 어떠한 경우에도 당행의 허락 없이 복사, 대여, 재배포 될 수 없습니다.

| 신한은행 글로벌트레이딩센터(GTC) 베트남 |

- 베트남에서의 외환 관리에 대한 문의는 신한베트남은행 호치민/하노이에 위치하고 있는 신한은행 글로벌트레이딩센터(GTC)로 문의바랍니다.
  ▸ 김태희 부장(thkimkr72@shinhan.com)
  ▸ 김경석 부부장(kifrus@shinhan.com)

# VIETNAM ECONOMIC REPORT

# 03

베트남 경제 리포트

| 제03장 |

2019년 베트남 경제
및 증시 전망

| 제03장 | ## 2019년 베트남 경제 및 증시 전망

한국투자신탁운용 호치민사무소 / 윤항진 사무소장
hjyun@kim.co.kr

# 1. 베트남 경제 전망

## 1.1. 2018년 경제 동향: 경기 상승세 및 물가 안정 지속

2018년 베트남 경제는 고성장과 물가안정, 무역수지 흑자 확대라는 양호한 성과를 보였다. 미국·중국 무역전쟁, 미국 FRB의 금리인상과 주요 선진국의 통화정책 정상화, 지정학적 리스크와 국제원자재/상품가격 급변동 등 글로벌 경제환경의 악화가 베트남 경제에 미친 부정적 영향력은 제한적이다.

2018년 연간 실질 GDP 성장률은 전년보다 다소 높은 7.08%로 발표되었다. 2016년 6.2%의 부진에서 벗어나 2017년 6.8%에 이어 고성장세를 지속하며 정부가 연초에 설정했던 목표치 6.5~6.7%을 초과 달성하였다. 주변 국가와 비교해도 베트남의 1~3분기 GDP성장률은 6.9%로 인도를 제외하고 가장 높은 수준이다. 분기별로는 7.0% → 6.8% → 6.9% → 6.7%(F)였다. 2017년 3, 4분기의 7.5%, 7.7%의 고성장보다 성장률이 낮아졌지만, 2018년 3~4분기에는 삼성 갤럭시 휴대폰 출시의 일시적 현상이 있었음을 고려할 때, 상당히 높은 성장률로 평가할 수 있다.

세부적으로 보면, 수출 및 FDI 중심의 투자가 지속된 가운데 제조업종 GDP가 10% 이상의 고성장세를 지속했고 기후여건 개선, 투자집중 효과 가시화 등으로 농림 어업 분야도 성장률이 높아졌다. 도소매업 성장은 8%대로 견조했지만, 관광 및 금융부문이 기저효과와 정부의 과열억제정책 영향으로 성장이 둔화돼 전체 서비스업은 성장속도가 다소 둔화되었다.

2018년도 수출은 2,450억 달러를 기록해 연간단위로 13.8%의 증가율을 기록하였다. 국제상품 가격 하락으로 광물 및 원자재 수출이 부진했지만, 컴퓨터 및 전자부품, 의복, 기계, 신발 등 주력 품목의 수출이 증가세를 보였다. 2018년의 실적은 2017년 증가율 21.1%보다 낮지만, 2017년에 나타났던 기저효과와 일시적 요인, 정부 목표치 7~8%, 그리고 주변국의 실적 등을 고려할 때, 상당히 높은 증가율이라고 본다. 한편 수입은 2,370억 달러를 기록해 연간단위 11.5%로 증가되었으며, 무역수지(수출입차)는 같은 기간 동안 72억 달러 흑자를 기록해 전년 동기간의 30억 달러보다 크게 개선됐다.

외국인직접투자(FDI)는 등록액 기준으로 308억 달러를 기록해 2017년보다 약 17% 가량 줄었지만, 실행액 기준으로는 191억 달러로 9.1% 늘어나며 2013년 이후 6년째 증가세를 유지하였다. 전체 FDI 가운데서 제조 및 가공업이 46.7%, 부동산업 18.6%, 도소매업이 10.3%의 비중을 차지했다. FDI는 수출과 함께 2018년에도 베트남 경제의 견인차 역할을 했다.

내수 경기도 소득 증가에 힘입어 호조세를 보였다. 2018년 소매판매 증가율은 11.7%로 전년의 11.5%보다 소폭 상승했으며, 자동차 판매대수 증가율은 1~11월에 23.4%로 전년 동기의 -16.3%보다 크게 개선됐다.

한편, 소비자물가는 3.54% 상승해 2017년의 동기간과 비슷한 상승률을 기록했다. 기저 효과와 교육, 운송, 음식료 부문의 가격 상승으로 6~9월에는 월간 상승률이 4%를 넘기도 했으나, 정부의 경기과열 억제정책과 국제원자재가격 하락에 힘입어 안정세를 회복했다. 이에, 2018년 전체의 소비자물가 상승률은 정부의 물가안정 목표인 4.0%를 하회하였다.(베트남통계청 발표자료)

베트남 실질GDP성장률 추이

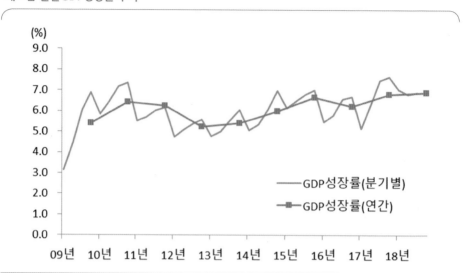

베트남의 주요 업종별 실질GDP성장률 추이

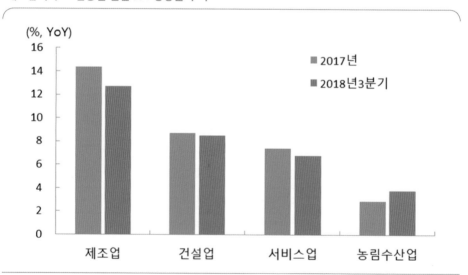

베트남 수출입 및 무역수지

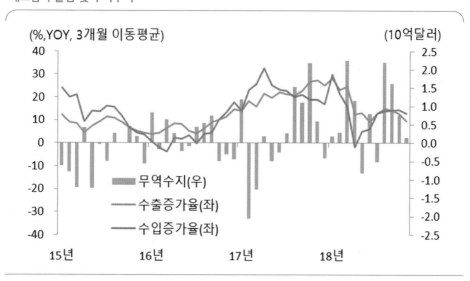

(%,YOY, 3개월 이동평균)　　　　　　　　(10억달러)

무역수지(우)
수출증가율(좌)
수입증가율(좌)

15년　　16년　　17년　　18년

베트남 외국인직접투자(FDI) 유입액 추이

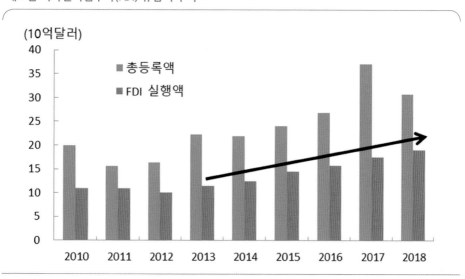

(10억달러)

■ 총등록액
■ FDI 실행액

2010　2011　2012　2013　2014　2015　2016　2017　2018

베트남 소매판매 및 자동차판매 증가율 추이

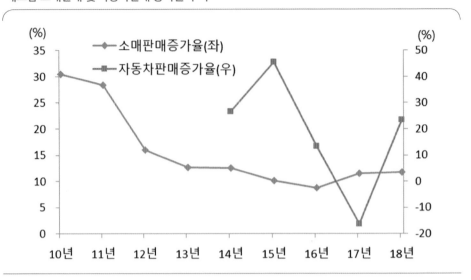

## 1.2. 2019년 전망: 글로벌 환경 악화 불구 수출 및 FDI 중심의 성장세 지속

최근 나타나고 있는 글로벌 경제지표는 세계경제가 중장기적으로 저성장 국면에 진입할 것임을 시사하고 있다. 4차 산업혁명이 아직 본격적인 효과를 내지 못하는 가운데, 미국 등 주요 국가의 통화정책 정상화가 금리인상과 신용축소를 초래해 투자활동을 위축시킬 것이며, 생산가능인구의 감소까지 겹치고 있다.

이런 가운데, 미국과 중국은 무역 분야뿐만 아니라, 전방위적으로 갈등을 빚을 위험이 커지고 있다. 중국은 커진 국력에 걸맞은 국제정치적 위상을 갖고 싶은 반면, 미국은 중국의 국력 신장을 억제하려 하기 때문에 두 강대국의 불협화음은 장기화될 가능성이 높다. 따라서, 2019년에는 세계 경제가 경제논리보다는 정치논리에 휘둘리며 글로벌 금융시장의 불확실성이 커질 것으로 보인다.

IMF는 2018년 9월 자료를 통해, 세계경제는 2018년 3.7%에서 2019년 3.6% 성장하고, 세계무역 증가율은 4.2%에서 4.0%로 하락할 것으로 예상했다. 그러나, 2018년 하반기에 진행된 일련의 상황들을 볼 때, 2019년 세계 경제 및 무역 증가율은 IMF의 전망치보다 더 낮아질 가능성이 높다. 실제로 OECD가 발표하는 선행지수를 보면, 미국을 비롯한 OECD국가들의 경기선행지수는 2018년 상반기에 정점을 통과해 하락국면에 접어들었다. 2018년 베트남 경제의 대외환경이 우호적이었던 것과 달리, 2019년 글로벌 경기의 하강과 금융시장의 불확실성 확대는 베트남 경제에 비우호적 영향을 미칠 것이다.

다만, 미국을 비롯한 선진국의 경기둔화가 이머징, 특히, 동남아에 미치는 부정적 영향은 제한적일 가능성이 높다. IMF의 전망치에 따르면, 2019년 선진국 GDP성장률은 2.1%, G7의 GDP성장률은 2.0%로 2018년의 2.3%, 2.2%보다 낮아질 것인 반면, 이머징 전체의 성장률은 4.6%로 전년과 동일할 전망이다. 이머징 GDP성장률 전망치는 중국 경제의 성장속도 하락에도 불구하고 인도, 브라질, 동남아의 성장세 유지가 가능함을 의미한다.

한편, 최근 대두되고 있는 미국 FRB의 통화긴축 및 금리인상 중단, 나아가 금리인하 가능성이 2019년에 현실화될 경우 미국 경기의 반등과 글로벌 금융시장의 안정이 예상된다. 이와 같은 미국발 호재가 실제로 나타날지 불확실하지만 이 경우 베트남에 대한 대외변수의 악영향은 상당히 희석될 수 있을 것이다.

세계 GDP 및 교역 증가율 전망

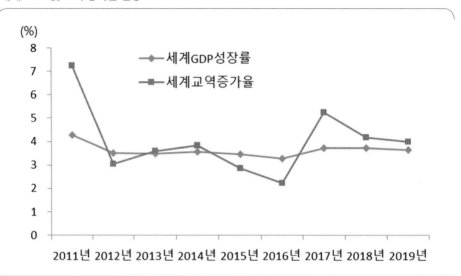

선진국(OECD) 전체 및 미국 경기선행지수

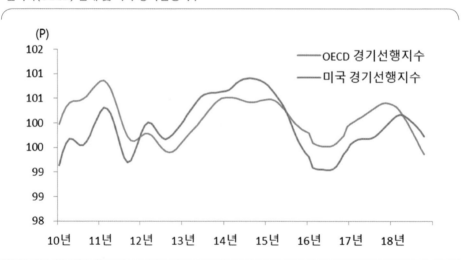

권역별 GDP성장률 추이 및 전망

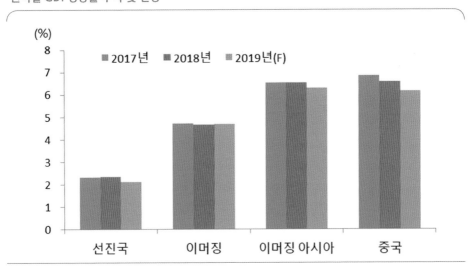

글로벌 경제환경의 악화에도 불구하고 2019년 베트남 실물경제는 높은 성장세를 유지할 것으로 예상된다. 최근 몇 년간의 자산가격 상승과 소득수준 향상으로 내수 경기가 양호한 흐름을 지속하는 가운데 정부의 정책적 지원, 수출 호조와 외국인직접투자(FDI) 유입 지속이 경제성장을 견인할 것이기 때문이다. 실제로 현재의 제조업 경기를 6개월 가량 선행하는 구매자관리지수(PMI)의 움직임도 2019년 베트남 경기의 호조세를 시사하고 있다. 2018년 11월 PMI는 56.5p로 36개월째 경기판단 기준선인 50을 상회하고 있으며 수치도 3개월째 상승했다. 2019년 베트남 GDP성장률이 6%대 후반을 기록하며 정부의 목표치를 달성할 가능성이 높다.

베트남 GDP성장률 및 PMI 추이

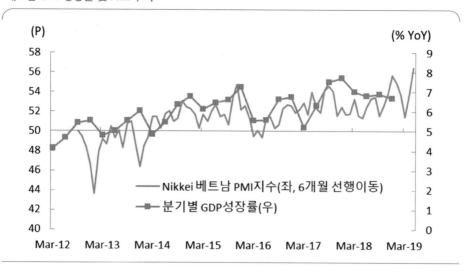

2019년 베트남 경제의 주요 동력을 살펴보면 다음과 같다. 첫째, 2018년 11월에 발표된 베트남 정부의 2019년 주요 경제지표 목표는 대체적으로 2018년과 비슷한 수준으로 설정됐다. GDP성장률은 6.6~6.8%로 2018년 목표보다 0.1%p 상향됐고, 소비자물가 상승률, 수출증가율, 투자/GDP비율은 각각 4.0%, 7.0~8.0%, 33~40%로 전년과 동일하다. 무역수지/수출비율은 -5.0%로 전년보다 적자규모가 확대되는 것으로 설정됐지만, 최근 수년간 무역수지 흑자기조가 유지되고 있음에도 불구하고 목표치는 마이너스로 설정됐던 사례를 고려할 때 큰 의미는 없어 보인다.

한편, 2019년 경제지표 목표 가운데 M2증가율, 신용증가율 목표가 아직 발표되지 않았지만 대체적으로 2018년보다 다소 낮은 수준으로 설정될 가능성이 있다. 즉, 다소 긴축에 가까운 통화정책 운용이 예상된다. 하지만, 2019년은 '2016~2020년 사회 경제 발전 5개년 계획'에 대한 평가와 제13차 전당대회를 2년여 앞둔 시점이고, 주요 투자프로젝트로 지연되고 있는 '북·남 고속도로'와 'Long Thanh 국제 공항'을 구체적으로 언급한 것을 볼 때 기존의 경기부양적 정책기조에 큰 변화는 없을 전망이다.

**베트남의 주요 경제지표 추이** (단위:%)

| 주요 지표 | | 2015 | 2016 | 2017 | 2018* | 2019 |
|---|---|---|---|---|---|---|
| GDP성장률 | 정부목표 | 6.2 | 6.5 | 6.7 | 6.5~6.7 | 6.6~6.8 |
| | 실제 | 6.7 | 6.3 | 6.8 | 7.08 | 6.8 |
| CPI상승률 | 정부목표 | 5.0 | 5.0 | 4.0 | 4.0 | 4.0 |
| | 실제 | 0.6 | 4.7 | 3.5 | 3.54 | n.a |
| 수출증가율 | 정부목표 | 10.0 | 10.0 | 6.0~7.0 | 7.0~8.0 | 7.0~8.0 |
| | 실제 | 8.1 | 9.0 | 21.1 | 13.8 | n.a |
| 무역수지/수출비율 | 정부목표 | -5.0 | -5.0 | -3.5 | -3.0 | -5.0 |
| | 실제 | -2.5 | 1.0 | 1.3 | 8.4E | n.a |
| 투자/GDP비율 | 정부목표 | 30~32 | 31.0 | 31.5 | 34.0 | 33~34 |
| | 실제 | 32.6 | 33.0 | 33.3 | 34.0E | n.a |
| M2증가율 | 정부목표 | 16~18 | 16~18 | 16~18 | 16.0E | - |
| | 실제 | 16.2 | 18.4 | 13.1 | 15.0E | n.a |
| 신용증가율 | 정부목표 | 13~15 | 18~20 | 18.0 | 17.0 | - |
| | 실제 | 17.3 | 18.2 | 15.5 | 15.0E | n.a |

주: 2018년 실제 수치, E는 추정치임    자료: 베트남정부, 블룸버그

둘째, 수출은 증가 속도가 다소 감속되겠지만 10%대 증가율을 기록할 수 있을 것이다. 앞에서 언급한 것처럼, 글로벌 경제환경의 악화는 당연히 베트남 수출에 부정적 영향을 줄 것이다. 특히, 미국·중국 무역전쟁과 글로벌 교역위축의 장기화는 최대 위험요인이 될 것이다. 미국·중국 무역갈등의 영향으로 2019년 중국 GDP성장률은 2018년의 6.6%보다 낮은 6.5% 이하로 떨어질 것이며 이는 베트남의 對중국 수출 둔화로 이어질 것이다. 2018년 1~11월 기준으로 베트남 전체수출에서 차지하는 對중국 수출 비중은 16.9%, 對중국 수출 증가율은 21.7%였다.

하지만, 중국과 무역갈등에 있는 미국이 對베트남 수입을 늘릴 가능성이 있다. 베트남의 對미국 수출품은 대부분 저부가가치 제품이어서 중국과 달리 미국의 무역규제 타겟이 되지 않을 것이다. 또 미국이 중국산 수입품에 대해 관세 적용품목 및 세율을 확대하게 되면 수산물, 의류, 신발, 목제품 등 중국과 경쟁관계에 있는 베트남산 수입품은 가격경쟁력이 높아지는 반사효과도 누릴 수 있다. 미국의 정치·군사적 對중국 압박은 베트남에 대한 전략적 지원으로 나타날 수도 있다.

또한, EU·베트남 FTA(EVFTA)가 비준/발효될 경우, 베트남 수출의 호재가 추가될 것이다. 현재 아시아에서 EU와 FTA 관계(발효)에 있는 국가는 한국이 유일하며, 협정을 맺고 비준절차에 있는 국가는 싱가포르와 베트남이다. EU·베트남 FTA(EVFTA)는 2015년에 체결됐지만, BREXIT(영국의 EU탈퇴) 돌발로 비준이 지연되고 있는데, 리스본 조약 50조에 따라 2019년 3월까지 BREXIT 절차가 마무리된다면, EU·베트남 FTA(EVFTA)의 2019년 내 비준/발효가 가능할 것이다. EU는 베트남의 제3위 수출대상지역으로 베트남 전체수출의 19.6% 비중을 차지하고 있어 EVFTA비준/발효 이후 수출 증가 효과가 나타날 것이다. 아울러, 2018년 3월 체결된 CPTPP(TPP를 대신해서 미국을 제외한 환태평양 11개국이 체결한 '포괄적·점진적 환태평양경제동반자 협정')가 2019년에 발효되는 것도 베트남 수출 부진 폭을 부분적으로 줄여줄 것이다. CPTPP는 기존 TPP의 상품 양허안을 거의 그대로 따르기 때문에 시장 개방 수준이 매우 높은데, 특히, 베트남의 스마트폰, 섬유/의류, 신발, 농수산물 수출 환경이 개선될 것이다. 피터슨 경제연구소나 Ciuriak컨설팅사의 CPTPP 발효에 따른 가입국가별 기대효과 분석 자료에 따르면, 베트남 수출 및 실질소득 상승 효과는 가입국 평균을 넘어 가장 큰 수혜가 예상된다.

베트남의 5대 수출대상국 비중 및 증가율

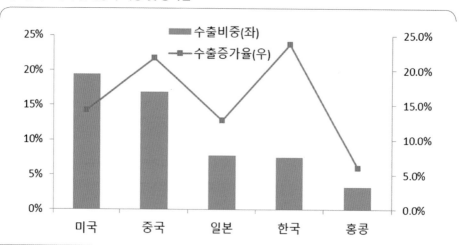

**베트남의 대 미국 수출 주요품목 현황**

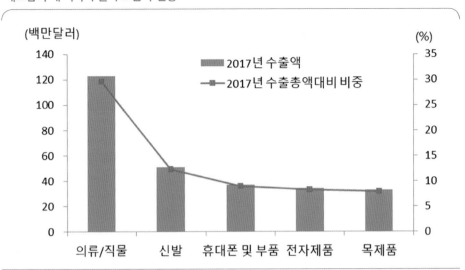

**CPTPP 발효에 따른 가입국별 기대효과 분석**  단위: %

| 가입국가 | '피더슨 경제연구소' 분석 (2030년까지 기대효과) | | 'Ciuriak컨설팅사' 분석 (2035년까지 기대효과) | |
|---|---|---|---|---|
| | 수출 | 실질소득 | 수출 | 실질소득 |
| Austrailia | 4.0 | 0.5 | 0.1 | 0.02 |
| Brunei | 3.5 | 2.6 | - | - |
| Cananda | 4.6 | 0.8 | 4.7 | 0.08 |
| Chile | 4.3 | 0.7 | -0.1 | 0.01 |
| Japan | 8.1 | 0.9 | 3.3 | 0.04 |
| Malaysia | 8.6 | 3.1 | 1.6 | 0.11 |
| Mexico | 3.5 | 0.7 | 3.1 | 0.16 |
| New Zealand | 5.8 | 1.1 | 6.5 | 0.36 |
| Peru | 9.0 | 2.2 | 0.3 | 0.02 |
| Singapore | 6.2 | 2.7 | 0.6 | 0.20 |
| Vietnam | 8.8 | 2.2 | 5.8 | 0.48 |
| Member Total | 6.2 | 1. 0 | 2.4 | 0.07 |

자료: 피터슨경제연구소, Ciuriak컨설팅사, HSBC 재인용

셋째, 2019년에도 해외투자자금의 유입은 지속될 전망이다. 기본적으로 낮은 임금과 상대적으로 높은 노동생산성, 역내 제조업 체인에서의 지리적 위치 등 해외투자자를 베트남으로 유인하는 요인들이 상존하고 있기 때문이다. 나아가 2019년에 FDI를 촉진할 수 있는 새로운 요인은 EU와의 FTA(EVFTA) 발효다. EVFTA로 이미 베트남에 진출한 OEM 업체들의 추가 두자와 향후 관세혜택을 노린 기업들의 신규투자가 늘어날 것이다.

또한, 미국·중국 무역전쟁의 반사효과로 베트남에 대한 글로벌 기업의 생산기지 이전이 촉진될 것으로 예상된다. 실제로 Yokowo(혼다 협력업체), 나이키, 아디다스, GoerTeck(애플 협력업체), 유니클로 등 주요 글로벌 기업들이 생산기지를 베트남으로 이전할 계획인 것으로 알려지고 있다. 2018년 8~9월에 미국상공회의소(AMCHAM) 중국법인이 실시한 설문조사에 따르면, 조사대상 430개 기업 가운데 약 1/3의 기업이 중국 밖으로 사업장 이전을 검토하거나 추진하고 있으며, 이전 대상지 가운데 동남아시아의 선호도가 18.5%로 가장 높은 것으로 나타났다.

최근 베트남 FDI에서 나타나고 있는 중요한 특징은 부동산에 대한 FDI의 급증이다. 2016년 15.2억 달러였던 부동산 FDI 신규투자액은 2017년 22.4억 달러, 2018년 1~11월 52.1억 달러로 급증 추세다. 따라서, 2019년에도 부동산 FDI는 전체 FDI의 규모를 결정하는 중요한 변수가 될 것이다. 베트남 정부가 과열억제를 위해 시중유동성 공급 목표를 2018년보다 다소 낮춰 잡으면서 부동산 경기의 호황이 다소 진정될 가능성이 있지만, 베트남 부동산경기에 대한 외국인투자자의 장기 낙관적 시각은 계속 유효할 것이기 때문에 부동산 FDI의 장기 증가추세는 유지될 가능성이 높다. 글로벌 금융환경이 악화되고 있던 2018년 중반에 국제신용평가사 Fitch와 Moody's가 베트남 국가신용등급을 'BB'와 'Ba1'으로 각각 상향 조정한 것은 베트남의 장기성장성에 대한 해외투자자의 시각을 대변하는 것으로 볼 수 있다.

중국소재 미국기업의 사업장 이전 대상지역 선호비율

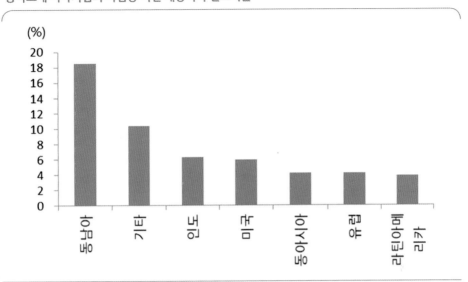

자료: 미국상공회의소(AMCHAM)

부동산 FDI 추이

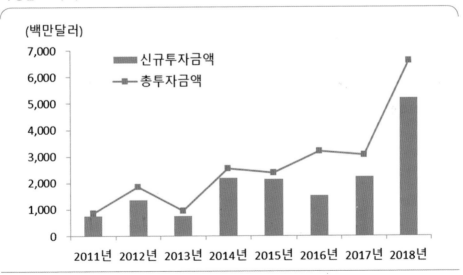

# 2. 베트남 금리 및 환율 전망

## 2.1. 시중유동성 및 금리: 유동성 증가세 감속, 금리 소폭 상승 전망

2018년에 미국과의 금리차 축소, 자국통화가치 방어 등의 필요성 때문에 동남아 주요 이머징 국가들에서 정책금리 인상 압력이 커졌고, 시중금리도 상승세를 보였다. 그러나, 베트남에서는 정책금리 및 시중금리 상승압력이 상대적으로 적었고, 결론적으로 정책금리도 이전 수준을 유지했다. VND환율의 상대적 안정으로 환율 방어를 위한 정책금리 인상 필요성이 낮았고, 해외에서 유입되는 유동성 규모도 이전과 비슷하게 유지됐기 때문이다.

2019년에도 대내외 환경을 고려할 때, 베트남 금리는 기본적으로 상승세를 보일 전망이다. 글러벌 달러강세와 무역갈등으로 국제금융시장이 위축될 것이며, 이머징 국가들의 자금조달 코스트가 계속 높아질 것인데, 베트남의 금융시장도 대외환경의 영향에서 벗어나지 못할 것으로 보인다. 또 내부적으로 시중유동성이 2018년에 비해 상대적으로 타이트할 가능성이 있다. 아직 베트남 정부의 2019년 목표수치가 확정되지 않았지만, 금융건전성 강화와 과열억제를 위해 M2 증가율과 신용증가율 목표를 2018년보다 낮게 설정될 가능성이 높다.

다만, 2019년 최저임금 인상률이 역대 최저치인 5.3%에 그치고 정부가 교육비와 의료비의 적절한 통제로 물가 관리에 나설 것이기 때문에 베트남 내부의 인플레이션 압력은 크지 않을 것이다. 국내경기가 급속히 위축되는 것을 막기위해 통화정책 조절강도 역시 크게 강하지 않을 전망이다. 따라서, 베트남 시중금리의 상승폭은 크지 않을 것이다.

베트남 CPI상승률 및 최저임금상승률 추이

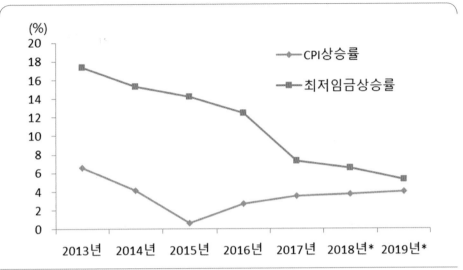

주: 2018년 CPI상승률은 1~10월 기준, 2019년은 전망치 기준　　　　자료: 베트남정부, 블룸버그, KOTRA 재인용

베트남 물가상승률 및 정책금리 추이

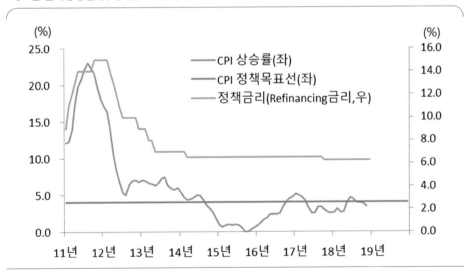

베트남 및 미국 주요 금리 추이

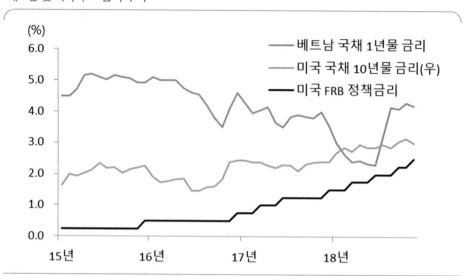

베트남 국내신용 및 M2 증가율 추이

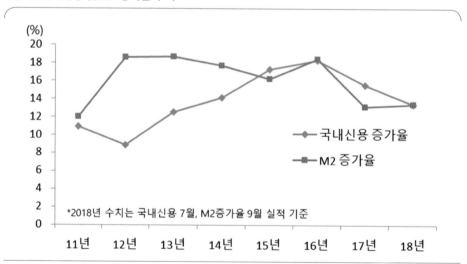

## 2.2. 환율: 완만한 상승 추세 연장 예상

2018년 VND/달러환율은 주로 22,700~23,300VND의 범위에서 상승세를 보였으며, 2018. 12월 말 23,210VND 수준으로 전년 말 대비 2.3% 상승했다. 2017년에 연말기준 0.3% 하락한 것에서 상승 반전했고, 연평균 환율은 23,044VND로 2017년 평균보다 1.4% 상승했다.

미·중 무역분쟁이 심화되면서 중국의 실물경기 둔화와 위안화 약세가 베트남 VND환율을 상승시켰다. 베트남 VND환율은 8개 통화로 구성된 외환바스켓에 의해 결정되는 데, 바스켓내에서 비중이 높은 위안 환율의 상승이 베트남중앙은행으로 하여금 VND환율 상승을 유도하게 만들었다.

그러나 2018년에 인도 루피화, 인도네시아 루피아화, 태국 바트화, 필리핀 페소화 등 주변 이머징 통화의 달러 대비 환율이 5~10%가량 큰 폭으로 상승한 것에 비해서는 VND/달러환율은 상대적으로 안정적이었다. 무역수지 흑자 및 FDI 유입세 지속, 베트남중앙은행(SBV)의 약 60억 달러 매도 시장개입 등이 VND/달러환율의 상대적 안정 배경이 됐다.

2019년에도 VND/달러환율은 상승세를 보일 전망이다. 기본적으로 상반기까지 미국·중국 무역전쟁 지속, 위험자산 회피심리 강화와 미국으로의 자금환류, BREXIT 및 여타 지정학적 리스크 등의 영향으로 미국 달러화의 강세가 이어질 전망이다. 또 미국·중국 무역전쟁은 중국 위안화의 추가적인 평가절하로 연결될 것이다. 중국 정부가 설정한 위안화 환율의 심리적 마지노선은 '1달러 = 7위안'인데 2019년에는 이 방어선이 깨질 위험이 있다. '포치(破七)'라고 일컬어지는 위안/달러환율의 7위안 상향돌파는 중국 위안화 환율의 급속한 상승과 중국에서의 자본이탈 가속을 초래할 것이다. 3조 달러로 추정되는 중국 기업들의 해외부채는 위안화의 평가절하로 원리금 상환부담이 크게 늘어날 것이며, 중국 외환시장에서 선제적인 달러수요를 부추길 것이기 때문이다.

하지만, 중국 위안화 환율의 '포치(破七)'가 더욱 우려되는 이유는 다른 이머징 환율로의 전염 가능성에 있다. 1997년, 2008년의 아시아 외환위기와 글로벌 금융위기를 경험한 외환시장 참가자들은 중국 위안화 환율의 '포치(破七)'가 태국 바트화, 인도네시아 루피아화 등의 아시아권 이머징 환율의 급상승과 외환위기로의 전이를 걱정할 것이다. 베트남 VND환율도 이런 소용돌이 속에서 자유로울 수 없을 것이다.

다만, 미국·중국 무역전쟁이 베트남 수출 및 무역수지에 반사적 혜택을 가져올 것이란 점, 베트남에 대한 해외투자가 지속될 것이란 점, 베트남 정부 및 금융기관/기업의 대외부채가 제한적이란 점 등을 고려할 때, 베트남 VND/달러환율의 상승 폭은 주변 이머징 환율에 비해 작을 것으로 예상한다. 아울러, 2019년 하반기에는 미국 금리인상 사이클 종료에 대한 기대가 커지면서 VND/달러환율의 상승 폭을 제한할 전망이다.

베트남 및 주변국 통화의 달러화 환율 추이

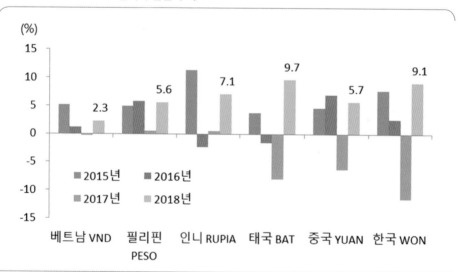

베트남 VND/달러환율 및 미국 금리 추이

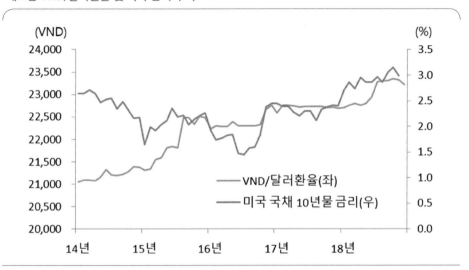

VND/위안환율 및 베트남 외환보유액 추이

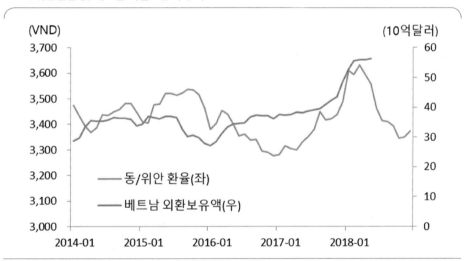

# 3. 베트남 증시 전망

## 3.1. 2018년 동향: 역사상 고점 경신 후 7년 만에 하락 마감

2018년 VN지수는 연말에 892p로 마감하며 선년말 대비 9.3% 하락했다. 2017년에 984p로 마감해 48.0% 상승한 것을 비롯해 2012년 이후 기록했던 연간단위(+) 상승률은 7년만에 마무리됐다. 글로벌 증시의 동반부진, 잇따른 대규모 IPO로 인한 매수 여력 축소, 밸류에이션 부담 등이 약세의 주된 원인이었다.

그러나, 글로벌 증시가 미국·중국 무역분쟁과 세계경기 둔화 우려, 미국의 금리인상 지속 등의 영향으로 전반적으로 부진했기 때문에, 주변 이머징 증시와 비교할 때, VN지수의 하락폭은 상대적으로 작았다. 이머징 전체증시를 대표하는 MSCI EM지수가 -10.4%를 기록한 가운데 중국 상해종합지수 -24.6%, 필리핀 PSE지수 -12.8%, 태국 SET지수 -10.8%, 인도네시아 JSC지수 -10.2% 등 대부분의 이머징 증시가 약세였다.

글로벌 주요 주가지수 연간 상승률(2015~2018년)

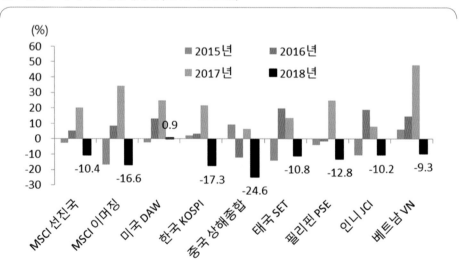

VN지수는 연간 흐름은 '상고·하저'였다. 2018. 4월에 VN지수는 1,200p선을 상향 돌파 하며 11년만에 역사상 고점을 갱신했다. 펀더멘털 개선, 베트남 증시에 대한 낙관적 기대와 재평가, 외국인 매수세 유입이 강세의 원동력이었다. 그러나, 2018년 상반기 중에 VHM(Vinhomes, 5월 17일 상장)과 TCB(Techcombank, 6월 4일 상장)이 잇달아 상장되며 매수여력과 거래량이 감소하는 결과를 초래했다. 7월에는 초기 증거금을 50% → 60%로 상향 조정하는 주식담보대출규제로 마진콜 물량이 출회됐고, 국내외 ETF의 정기 리밸런싱이 겹치며 지수가 하락했다. 대내외 수급 불균형이 VN지수의 추가 상승을 제한한 것이다.

하반기 들어 수급 불균형이 완화됐지만, 미국·중국 무역전쟁을 비롯한 글로벌 무역갈등 심화, 미국 FRB의 기준금리 인상, 국제유가 급락과 미국 경기 둔화 우려 등 대외 악재가 연달아 등장하며 VN지수의 발목을 잡았다. 글로벌 증시의 약세에 베트남 증시도 동조적 흐름을 보였다. 다만, 주변 이머징 증시와 달리, 외국인 매수자금이 꾸준히 유입돼 VN지수의 추가하락이 저지됐고 VN지수 900선에서 심리적 저항선이 형성됐다.

2018년 중 외국인은 18.8억 달러를 순매수해 2017년 순매수액 11.6억 달러를 넘어섰다. VN지수의 하락전환에도 불구하고 외국인의 순매수세는 지속됐다. 미국 및 유럽계 자금이탈이 둔화된 가운데 일본, 한국 등의 아시아권 투자자의 순매수가 늘어나 베트남 증시의 버팀목 역할을 한 것이다. 태국을 비롯해 거의 모든 주변 이머징 증시에서 외국인이 순매도를 기록한 것과 비교된다. 한편, 업종별로는 부동산 업종이 20% 이상 상승하며 2017년에 이어 2018년에도 선도업종으로서 역할을 했다.

주요 증시의 외국인 주식순매수액 추이

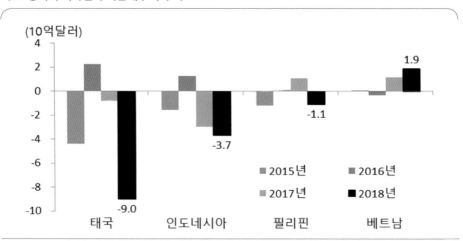

2018년 호치민거래소 주식거래액은 1,055조 VND로 2017년보다 22.4% 증가했으며, 하노이거래소 및 UpCOM의 주식거래액을 합친 베트남 주식 총거래액은 1,303조 VND로 전년보다 25.3%나 증가했다. 2018년말 호치민거래소 VN지수의 시가총액은 124.2억 달러로 작년 말의 115.2억 달러보다 7.8% 증가했다. VN지수의 하락에도 불구하고 VHM, TCB 등 대형주의 신규상장이 증시 규모를 확대시켰다.

베트남 거래소별 주식거래액 추이

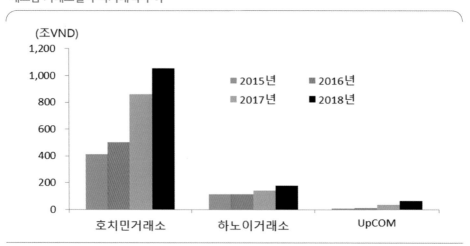

베트남 및 주요 이머징 증시 시가총액 추이

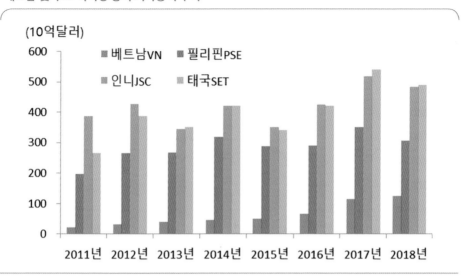

## 3.2. 2019년 전망: 대외변수 불확실성 지속, 상저·하고 예상

2019년 VN지수는 상저·하고의 흐름 속에서 주로 850~1,100p에서 움직일 전망이다. 상반기에는 대외 이벤트로 인해 VN지수의 횡보 또는 약세장이 예상된다. 미국·중국 무역 전쟁 지속, 미국 FRB의 금리인상기조 유지, 미국 및 중국의 경제성장 둔화 우려, 이런 글로벌 악재에 따른 이머징 증시 전반의 약세 등 대외여건 악화가 베트남 증시에 악재로 작용할 전망이다.

베트남 VN지수 및 외국인순매수 누적액 추이

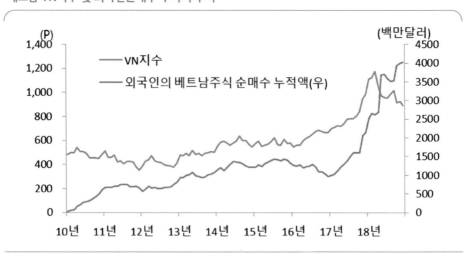

또한, 2019년에는 기업실적 개선 폭도 축소될 가능성이 있다. 2019년 베트남 EPS(주당 순이익)성장률은 약 15%으로 2018년 25%보다 낮아질 전망이다. 2019년 EPS성장률의 하락은 주로 은행, 부동산업종의 수익 증가세 둔화에서 기인할 것이다. 2019년에 시중유동성 및 신용증가율이 전년보다 다소 낮아질 것이며, 이는 베트남 주식시장 전체 시가총액의 25% 가량을 차지하는 은행업종의 성장세 둔화로 이어질 것이다. 2018년에 100%에 가까운 EPS성장률을 보였던 부동산업종은 대내외 금리상승과 매수심리 위축의 영향으로 EPS성장률이 10%대로 하락할 전망이다. 2018년 베트남 증시전체의 EPS성장률이 일회성 요인(글로벌 보험사와 베트남 은행 간의 은행보증협정 체결, 상장기업의 유가증권 투자수익 인식 등)으로 인해 높았던 것도 2019년 EPS성장률 수치를 낮게 보이도록 만들 것이다.

그러나, 2019년 상장기업의 실적 둔화는 베트남 증시만의 현상은 아니며, 글로벌 증시의 전반적 추세가 될 것이다. 글로벌 투자 기관들은 2018년 20% 이상이었던 미국 증시의 EPS성장률이 2019년 10% 이하로 떨어질 것으로 예상하고 있다. 베트남 상장기업의 2019년 EPS성장률 하락에도 불구하고 기업의 향후 이익 성장성을 측정하는 지표인 PEG

Ratio(주가수익성장비율 = PER/EPS성장률)를 기준으로 할 때 베트남 증시는 주변 이머징 증시에 비해 여전히 투자 매력도가 높은 편이다. 이는 해외투자자 입장에서 베트남 증시의 투자 매력도가 여전히 높음을 의미한다.

베트남 및 주변 증시의 2019년 가치평가 비교

| 구분 | PER | EPS성장률 | PEG Ratio |
|------|-----|-----------|-----------|
| 베트남 | 15.8 | 14.8% | 1.1 |
| 필리핀 | 17.6 | 21.2% | 0.8 |
| 태국 | 14.6 | 6.0% | 2.4 |
| 인도네시아 | 12.8 | 35.8% | 0.4 |
| 말레이시아 | 16.6 | 18.5% | 0.9 |

자료: Bloomberg, Vinacapital증권

2019년 동남아 주요 증시의 PE 및 PER Ratio 전망치 비교

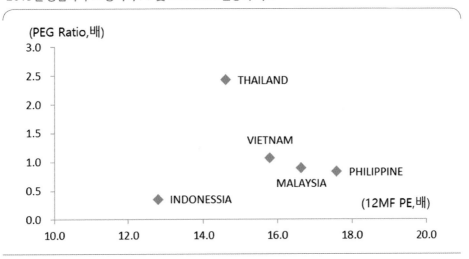

베트남 VN 지수 및 주변 이머징지수 PER 추이

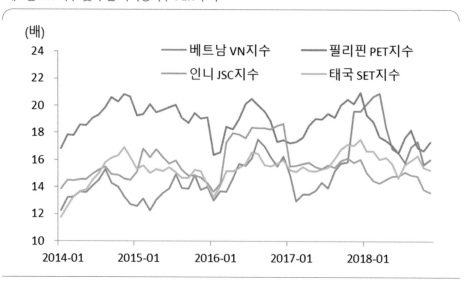

2019년 하반기에도 VN지수가 조정국면에서 뚜렷하게 탈피하지 못하겠지만, 반등을 시도할 것으로 보인다. 미국·중국 무역전쟁에 대한 심리적 위축 진정, 미국 기준금리 인상 기조의 종료 기대, 이머징 환율 안정 회복 및 증시의 밸류에이션 매력도 부각 등이 베트남 주변 여건을 개선시킬 것이다. 또 증권법 개정안에 대한 기대도 커질 가능성이 있다.

베트남 재무부(MoF)는 2018년 초 이후 증권법 개정안을 계속 검토하고 있으며, 2019년 4월에 개정된 증권법 초안을 발표하겠다고 밝히고 있다. 이 일정이 지켜진다면 2019년 10월에 개정안이 확정되고 2020년 중반에는 시행될 수 있을 것이다. 증권법 개정에 대해 증시 참가자들이 가장 관심을 갖는 이슈는 '외국인 보유지분 제한(Foreign Ownership Limits; FOL)'의 완화다. 사실 2015년에 베트남 정부는 FOL 규정 완화조치를 취한 바 있다. 외국인은 베트남 기업 지분을 최대 49%(은행 30%)까지만 보유할 수 있다는 기존 규정을 수정해 주주총회나 이사회의 의결을 거칠 경우, 외국인이 베트남 기업 지분을 100%까지 보유할 수 있도록 허용했다(은행 30%, 통신/항공/제약유통 등 특수업종 49% 제한은 그대로 유지). 그러나 주주총회나 이사회 의결을 거쳐야 한다는 조건은

FOL 규정의 실효성을 크게 떨어뜨렸고, 그 결과 700개가 넘는 하노이 및 호치민거래소 상장기업 가운데 실제로 FOL 규정을 없앤 기업은 30여개에 불과하다. 따라서, 시장 참가자들은 정부가 증권법을 개정해서 FOL의 상한선을 60%나 그 이상으로 상향 조정할 것으로 기대하고 있다. 즉, 법으로 FOL 상한선을 49% 이상으로 정하길 바라는 것이다. 만약, 증권법 개정을 통해 FOL이 실효적으로 완화될 경우, 글로벌 투자자들에게 대표지수로 취급되는 MSCI지수에서 베트남 증시는 'Frontier Market(FM)' 지수에서 'Emerging Market(EM)' 지수로 이동할 수 있을 것이다. 베트남 재무부가 증권법, 특히 FOL규정을 어떤 방향으로 개정할 지, 또 언제 개정안이 확정되고 실행될 지 명확하지는 않다. 그러나 시장참가자 들은 2019년에도 증권법 개정과 FOL 완화, 베트남 증시의 MSCI EM지수 편입에 대한 기대를 접지 않을 것이며, 이는, 결과적으로 베트남 증시의 하방경직성을 강화하고 반등을 촉진하는 요인이 될 것이다.

2019년에는 대형주보다는 중형주에 대한 관심이 높아질 전망이다. 대표적인 대형주인 은행 및 부동산 업종은 최근 수년간 주가 상승이 이뤄져 가격매력도가 상대적으로 낮아졌으며, 실적증가세도 둔화될 전망이다. 반면, 미국·중국 무역전쟁의 반사적 혜택이 예상되는 물류업종, 섬유업종 등과 내수비중이 높은 포장재업종, 내수소비업종, 의료/제약업종 등이 대표적 중형주로서 관심을 모을 전망이다. 대형주 가운데는 인프라 확대정책의 수혜가 있을 전력과 산업단지, 항만 개발 등이 유망할 것이다.

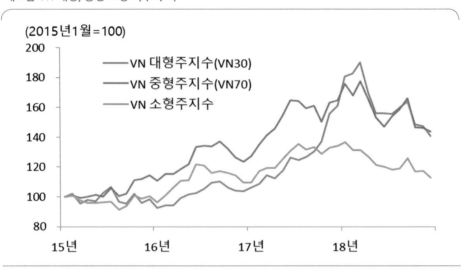

베트남 VN 대형, 중형 소형 지수 추이

(2015년1월=100)

- VN 대형주지수(VN30)
- VN 중형주지수(VN70)
- VN 소형주지수

한편, 최근 베트남 증시의 핫 이슈 중 하나인 IPO시장은, 속도조절은 있겠지만 2019년에도 성장 추세를 이어갈 전망이다. 사실 2018년에 베트남 정부가 세웠던 공기업(State Owned Enterprises; SOE) 민영화 및 지분매각 계획은 대상기업 개수 기준으로 20% 가량만 실행됐다. 2017년에는 공기업 민영화 및 지분매각에 대한 외국인 투자자의 공격적 참여가 있었고, 이에 힘입어 VN지수가 48%나 급상승 했으나, 2018년에는 대외 악재속에서 베트남 증시가 조정국면에 진입하면서 베트남 정부의 SOC 민영화 및 지분매각이 지연된 것이다.

그러나, 2019년에도 정부의 자본시장을 통한 공기업 개혁 기조는 지속될 것이다. 2018년 11월에 발표된 정부의 2019년 경제정책에 따르면, 정부는 2019년 주요 정책 과제로 인프라 건설과 지속적인 국영기업 매각 촉진을 들었고, 주요 정책목표 가운데 효율적 자본활용을 포함시켰다. 또 호치민시 지하철, Long Thanh 신공항, 북·남 고속도로 등과 같은 대형 인프라개발을 추진하겠다고 밝혔다. 베트남의 공공부채/GDP비율이 60%에 달해 법정 최대한도 65%에 근접한 상황에서 인프라투자를 지속 확대하기 위해서는 정부입장에서 공기업 민영화 및 지분매각이 필요할 것이다.

2016년말 SABECO(사이공맥주), 2018년 상반기의 Techcombank와 Vinhomes IPO 및 상장을 거치면서 불거진 신규상장 종목의 밸류에이션 고평가 논란도 최근의 가격조정과 투자경험 축적을 거치면서 완화될 것이다. 또 해외 투자자 입장에서도 장기적 성장 가능성이 높은 베트남 증시에서 신규 IPO 종목 투자는 선점효과를 올릴 수 있는 좋은 방법일 수 밖에 없기 때문에 IPO시장에 외국인투자자의 관심은 2019년에도 이어질 전망이다. 2019년 중 상장이 예상되는 비상장기업은 Genco 1(전력), Genco 2(전력), Vietnam Airline(항공), Ben Thanh Group(복합기업), Satra(유통), Agri Bank(은행) 등 이다.

베트남 정부의 공기업 IPO 및 지분매각 계획/실행

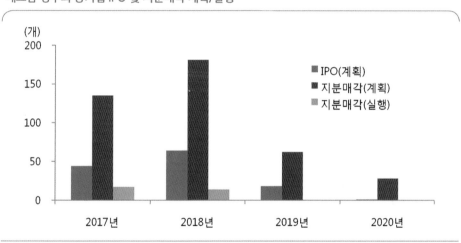

이상에서 언급한 베트남 증시를 2019년 연간보다 더 긴 관점에서 볼 때, 장기 상승 추세는 여전히 유효하다. 최근 수년간 베트남 증시에 대해 낙관적 전망을 가능케 했던 것은 구조적 펀더멘탈 개선과 선순환 사이클 형성, 정부의 자본시장 발전 정책, 해외 투자자의 관심 지속 등의 요인 때문인데 이런 요인들에 근본적 변화가 없다. 오히려 미국·중국 무역전쟁, 미국의 통화정책 정상화 과정 등은 베트남 증시의 장기적 성장 가능성을 높일 것이다.

## VN지수 월봉 및 호치민거래소 주식거래액 추이

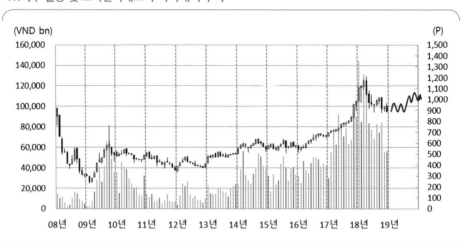

## 호치민거래소의 업종별 시가총액 상위 종목

| 업종 | 상장 코드 | 시가총액 (조원) | 주가 (VND) | EPS(VND) | | PER(배) | | 주가변동률(%) | | 외국인 매입가능 한도(%) |
|---|---|---|---|---|---|---|---|---|---|---|
| | | | | 2018(F) | 2019(F) | 2018(F) | 2019(F) | 3개월 | 연간 | |
| 부동산 | VIC | 14.70 | 95,300 | 2,178 | 3,053 | 43.8 | 32.6 | -3.1% | 49.2% | 31.6% |
| | VHM | 11.88 | 73,400 | 5,150 | 6,333 | 14.3 | 11.4 | -13.4% | -20.0% | 33.4% |
| | VRE | 3.14 | 27,900 | 1,242 | 1,650 | 22.5 | 17.1 | -18.4% | -27.5% | 17.5% |
| | NVL | 2.89 | 64,200 | 3,302 | 3,737 | 19.4 | 17.0 | -3.5% | 29.2% | 30.5% |
| | KDH | 0.66 | 33,000 | 1,798 | 1,952 | 18.4 | 15.9 | -2.9% | 28.3% | 1.7% |
| 금융 | VCB | 9.30 | 53,500 | 3,035 | 3,519 | 17.6 | 15.2 | -14.0% | -0.2% | 9.2% |
| | BID | 5.68 | 34,400 | 1,746 | 2,094 | 19.7 | 15.7 | -2.3% | 34.9% | 26.9% |
| | TCB | 4.37 | 25,850 | 2,541 | 2,776 | 10.2 | 9.2 | -11.3% | -39.4% | 0.0% |
| | CTG | 3.47 | 19,300 | 1,476 | 1,756 | 13.1 | 10.7 | -29.9% | -20.2% | 0.4% |
| | BVH | 3.01 | 89,000 | 1,788 | 2,703 | 49.8 | 32.8 | -9.2% | 38.1% | 24.2% |
| 필수 소비재 | VNM | 10.10 | 120,000 | 5,244 | 5,590 | 22.9 | 22.0 | -11.9% | -28.9% | 40.7% |
| | SAB | 8.29 | 267,500 | 6,941 | 8,464 | 38.5 | 29.4 | 22.0% | 10.4% | 90.3% |
| | MSN | 4.36 | 77,500 | 3,680 | 4,516 | 21.1 | 17.4 | -16.5% | 1.0% | 8.7% |
| | BHN | 0.91 | 81,000 | 2,620 | - | 30.9 | - | -5.8% | -36.5% | 31.4% |
| | HNG | 0.69 | 16,000 | 169 | - | 94.6 | - | -6.7% | 67.4% | 48.2% |

## 호치민거래소의 업종별 시가총액 상위 종목

| 업종 | 상장 코드 | 시가총액 (조원) | 주가 (VND) | EPS(VND) | | PER(배) | | 주가변동률(%) | | 외국인 매입가능 한도(%) |
|---|---|---|---|---|---|---|---|---|---|---|
| | | | | 2018(F) | 2019(F) | 2018(F) | 2019(F) | 3개월 | 연간 | |
| 산업재 | VJC | 3.14 | 120,000 | 9,884 | 12,453 | 12.1 | 9.3 | -20.8% | 0.6% | 6.6% |
| | ROS | 1.06 | 38,700 | 620 | - | 62.4 | - | -4.0% | -74.4% | 46.9% |
| | CTD | 0.60 | 160,000 | 18,967 | 19,637 | 8.4 | 8.1 | -3.6% | -27.0% | 3.1% |
| | GEX | 0.44 | 22,150 | 2,465 | 2,557 | 9.0 | 8.1 | -23.0% | 9.1% | 36.5% |
| 유틸 리티 | REE | 0.46 | 30,800 | 5,245 | 5,919 | 5.9 | 5.2 | -16.5% | -22.7% | 0.0% |
| | GAS | 8.01 | 86,600 | 5,874 | 6,155 | 14.7 | 14.0 | -25.2% | -7.2% | 45.6% |
| | NT2 | 0.34 | 24,600 | 2,727 | 2,860 | 9.0 | 8.7 | -3.2% | -5.2% | 27.2% |
| | PPC | 0.28 | 18,100 | 2,804 | 2,764 | 6.5 | 6.6 | -2.4% | -7.4% | 35.0% |
| | VSH | 0.17 | 16,750 | 1,699 | 1,594 | 9.9 | 10.4 | -4.8% | 3.0% | 35.5% |
| | PGD | 0.16 | 37,700 | 2,002 | - | 18.8 | - | 0.5% | 8.7% | 21.0% |
| 소재 | HPG | 3.18 | 30,950 | 4,161 | 5,038 | 7.4 | 6.0 | -26.8% | -7.5% | 9.9% |
| | DPM | 0.42 | 22,300 | 1,293 | 1,740 | 17.3 | 12.5 | 14.9% | 9.7% | 27.6% |
| | DCM | 0.26 | 10,300 | 1,226 | - | 8.4 | - | -6.4% | -17.6% | 45.0% |
| | HT1 | 0.25 | 13,650 | 1,345 | 1,570 | 10.1 | 8.7 | 0.5% | -3.0% | 43.3% |
| | HSG | 0.12 | 6,510 | 1,325 | 885 | 4.9 | 7.2 | -48.5% | -69.1% | 33.0% |
| 경기 소비재 | MWG | 1.81 | 87,000 | 6,599 | 7,814 | 13.2 | 10.9 | -8.8% | -10.2% | 0.0% |
| | PNJ | 0.75 | 93,200 | 5,820 | 7,377 | 16.0 | 12.5 | -10.9% | 4.2% | 0.0% |
| | FRT | 0.24 | 71,900 | 5,368 | 6,653 | 13.4 | 10.7 | -5.5% | -23.8% | 0.0% |
| | PHR | 0.22 | 33,450 | 3,087 | 3,075 | 10.8 | 10.8 | 32.0% | 42.3% | 41.2% |
| | DRC | 0.12 | 21,500 | 1,127 | 1,023 | 19.1 | 20.8 | -20.8% | -6.8% | 24.9% |
| 에너지 | PLX | 2.97 | 53,000 | 3,105 | 3,278 | 17.1 | 16.6 | -25.4% | -25.8% | 10.2% |
| | PVD | 0.27 | 14,600 | 0 | 0 | - | - | -29.5% | -37.5% | 30.4% |
| | PVT | 0.21 | 15,700 | 1,787 | 1,894 | 8.8 | 8.2 | -16.9% | -11.6% | 15.5% |
| | PGC | 0.04 | 14,500 | 3,149 | - | 4.6 | - | -1.7% | -0.6% | 38.4% |
| | CNG | 0.03 | 26,000 | 3,493 | - | 7.4 | - | -2.3% | -14.2% | 26.6% |
| 헬스 케어 | DHG | 0.50 | 79,000 | 4,372 | 4,779 | 18.1 | 15.8 | -21.0% | -30.3% | 51.0% |
| | PME | 0.23 | 63,500 | 4,211 | - | 15.1 | - | -12.8% | -10.9% | 38.0% |
| | TRA | 0.14 | 70,000 | 7,237 | - | 9.7 | - | -22.1% | -39.5% | 2.3% |
| | DMC | 0.13 | 75,500 | 0 | - | - | - | -9.7% | -33.9% | 36.5% |
| | IMP | 0.15 | 60,900 | 2,750 | 2,633 | 22.1 | 22.8 | 17.1% | 6.1% | 0.2% |
| IT | FPT | 1.25 | 42,200 | 3,755 | 4,288 | 11.2 | 9.6 | -8.9% | -10.8% | 0.0% |
| | CMG | 0.08 | 24,000 | 2,973 | - | 8.1 | - | 0.0% | -8.6% | 39.8% |
| 커뮤니 케이션 | YEG | 0.36 | 235,000 | 7,317 | 10,116 | 32.1 | 22.2 | 5.9% | -21.7% | 54.8% |
| | SGT | 0.02 | 5,700 | 1,905 | - | 3.0 | - | 5.6% | -18.6% | 35.7% |

주: 2018년 12월 21일 기준

자료: Bloomberg, KIS

# VIETNAM
# ECONOMIC
# REPORT

# 04

베트남 경제 리포트

## 베트남
## 은행권 주요 이슈

# 베트남 은행권 주요 이슈

신한베트남은행 재무기획부 / 김태원 부부장

best11player@shinhan.com

## 1. 요약

2018년 베트남의 7%에 달하는 높은 경제성장률과 4% 이내의 안정적 물가상승률이라는 우호적인 거시경제 환경 속에서 베트남 은행권은 뛰어난 실적향상을 보여주었다. 주요 은행들의 당기순이익이 전년 동기 대비 40% 이상 증가하였으며, 방카슈랑스 등 비이자수익 비중도 전년대비 증가하였다.

하지만, 2018년 4분기부터 중앙은행이 신용성장률 추가한도 부여를 제한하고 2019년 신용 성장률도 2018년보다 낮은 수준에서 관리할 것으로 예상되면서 일부 은행들은 당기순이익 목표를 축소하는 등 손익관리 전략을 다시 수립하고 있다.

2011년부터 이어져온 베트남중앙은행의 은행권 구조조정 계획이 2단계에 접어든 가운데 NPL 축소, 자본건전성 강화를 위한 노력은 2018년에도 계속되었다. 특히, 2020년 바젤Ⅱ 이행을 앞두고 각 은행들의 자본확충 시도가 이어졌으나, 각 은행별 상황에 따라 자본확충계획 이행률은 차이가 나고 있다. 향후 2년이내 자본확충에 성공한 은행과 그렇지 못한 은행 간의 성장률 차이는 크게 벌어질 것으로 예상된다.

2019년의 글로벌 경제환경은 2018년보다 더 어려울 것으로 예상된다. 미·중 무역분쟁의 여파가 이어질 것이고 미국 경기도 고점에 이르렀다는 시각이 우세하다. 이러한 글로벌 경기침체 속에서 2019년은 베트남 은행권의 리스크관리 능력이 본격적으로 시험대에 오르는 한 해가 될 것이다.

# 2. 2018년 베트남 은행권 주요 이슈

## 2.1. 2018년에도 은행권 구조조정은 진행 중

2008년 WTO 가입 이후 베트남 경제는 빠른 성장률을 이어갔으나, 2010년 이후 부동산 거품이 붕괴되면서 많은 베트남은행들의 부실대출이 늘어나기 시작했다. 여기에 은행들의 교차 지분소유, 비효율적인 운영방식 등의 문제들이 불거지면서 베트남 은행권에 대한 불안감이 커지기 시작하자 베트남중앙은행은 2011년 2단계에 걸치는 베트남 은행권 구조조정 계획을 발표하였다.

**베트남 은행권 구조조정 2단계 계획**

|  | 1단계 | 2단계 |
|---|---|---|
| 기간 | 2011~2015 | 2016~2020 |
| 근거규정 | Decision 254/QĐ-TTg | Decision 1058/QĐ-TTg |
| 주요 추진사항 | - 부실채권 처리<br>- 대출절차의 투명성 제고<br>- 은행간 교차소유 정리 | - 대출이자율 인하<br>- 부실은행 정리로 은행 수 축소<br>- 부실여신 감축 지속<br>- 리스크 관리 선진화 |

1단계 구조조정 과정에서 M&A를 통해 8개의 은행이 타 은행에 인수되었으며, 적정 M&A 파트너를 찾지 못한 3개 은행은 베트남중앙은행에 0(제로) VND의 가격으로 인수되기도 하였다. 또 Dong A 은행은 베트남중앙은행의 특별관리를 받게 되었다.

## 2012년 이후 은행권 인수 합병 현황

| 구조조정 방법 | | 년도 | 대상은행 | 합병 후 은행 |
|---|---|---|---|---|
| 시중은행간 M&A | 1 | 2012 | SCB<br>Ficombank<br>Tin Nghia bank | SCB |
| | 2 | 2012 | Habubank<br>SHB | SHB |
| | 3 | 2013 | Western Bank<br>PVFC | PVcombank |
| | 4 | 2013 | Dai A Bank<br>HD Bank | HD Bank |
| | 5 | 2015 | MD Bank<br>Maritime Bank | Maritime Bank |
| | 6 | 2015 | Mekong Housing Bank<br>BIDV | BIDV |
| | 7 | 2015 | Southern Bank<br>Sacombank | Sacombank |
| | 8 | 2018 | HD Bank<br>PG Bank | HD Bank |
| 베트남중앙은행이 0(제로)VND인수 | 1 | 2015 | Ocean Bank | |
| | 2 | 2015 | GP Bank | |
| | 3 | 2015 | VNCB | |
| 베트남중앙은행 특별관리 | 1 | 2015 | Dong A Bank | |

또한, 2013년 베트남중앙은행은 자산관리공사(Vietnam Assets Management Company, VAMC)를 설립한 뒤 시중은행의 부실채권을 사들였다. 이 결과, 베트남 은행권의 NPL 비율은 2012년 4.86%에서 2017년 1.99%로 낮아졌지만, VAMC로 매각된 부실채권을 포함할 경우, 2017년 기준 NPL은 4.99%로 여전히 2012년 대비 개선된 모습을 보여주지는 못하고 있다.

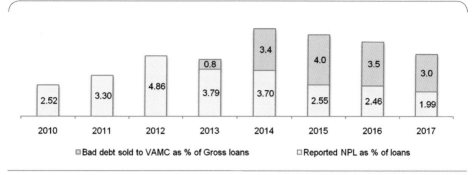

베트남 은행권 NPL 현황

| | 2010 | 2011 | 2012 | 2013 | 2014 | 2015 | 2016 | 2017 |
|---|---|---|---|---|---|---|---|---|
| Bad debt sold to VAMC as % of Gross loans | | | | 0.8 | 3.4 | 4.0 | 3.5 | 3.0 |
| Reported NPL as % of loans | 2.52 | 3.30 | 4.86 | 3.79 | 3.70 | 2.55 | 2.46 | 1.99 |

□Bad debt sold to VAMC as % of Gross loans    □Reported NPL as % of loans

Source: SBV website for bad debt and credit amount to economy, VAMC financial statement

2018년 1월에는 은행법(Law on Credit Institutions) 개정안이 발효되면서 부실은행에 대하여 경영관리계획 제출 등의 절차를 생략하고 정부의 결정에 따라 강제로 파산절차에 들어갈 수 있게 되었다. 수상 등 주요 정부관계자들도 은행의 수를 줄이겠다는 발언을 하고 있어 부실은행의 파산이 곧 현실화될 가능성이 커지고 있다.

## 2.2. 은행권 수익성은 지속 개선 중

2014년 이후 은행권 신용성장률이 상승하고 NPL비율이 하락함에 따라 베트남 은행들의 수익성은 지속적으로 개선되고 있다. 부실여신 정리에 따른 충당금 비용 감소로 2017년 기준 ROE 는 10% 수준까지 상승했으며, 또 중소기업 및 개인 대출 등 마진율이 높은 대출로 자산 포트폴리오를 다각화하면서 2017년 NIM(Net Interest Margin)도 전년대비 0.2% 상승한 2.9%를 기록했다.

## 신용성장률, ROE, ROA 현황

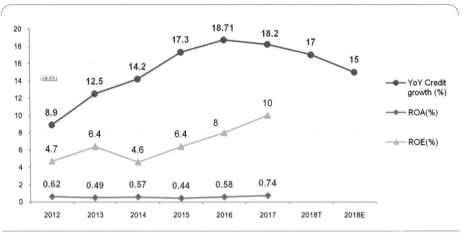

Source: SBV website, SSI Research

## 평균 여수신 이율 및 NIM 현황

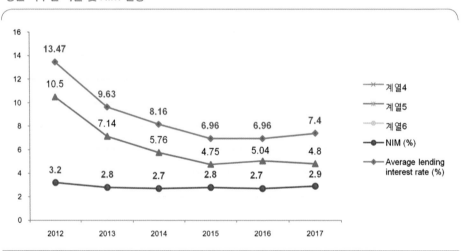

Source: SBV website, World bank

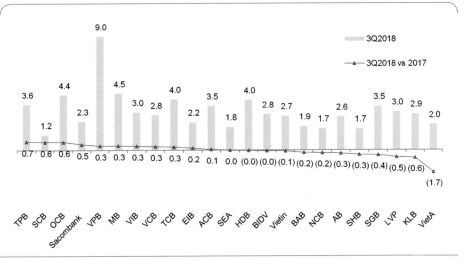

Source: Vietstock, Shinhan Bank's analysis

2018년도 3분기까지 베트남 은행권은 매우 양호한 수익을 올리고 있다. 은행권 평균 당기 순이익은 전년 동기대비 40% 증가하였으며, 각 은행들 2018년 손익 목표치의 76%를 달성하며 안정적인 진도율을 달성 중이다.

이처럼 은행들의 손익이 증가한 주요원인은 부실채권 관리로 인한 대손비용 감소, 디지털뱅킹 등을 활용한 효율적인 리테일 영업, 방카슈랑스 등 비이자수익의 확대 등이다.

각 은행별로 손익현황을 살펴보면 VCB(Vietcom Bank)가 3분기까지 403백만 불의 당기 순이익을 기록하며 리딩뱅크의 위치를 차지하고 있다. VCB는 리테일 대출과 온라인거래 수수료, 카드 및 방카슈랑스가 주요 수익원이며 리테일사업 전략을 강화하기 위해 관련된 시스템 및 플랫폼 투자를 지속하고 있다.

VIB(Vietnam International Bank)는 전년동기 대비 176%나 손익이 증가하였다. VIB의 이자수익은 크게 증가한 반면 비용은 전년과 비슷한 수준을 유지하면서 수익성이 크게 향상되었다. ACB(Aisa Commercial Bank)도 전년동기 대비 147% 손익 증가하였으나,

이는 전년도에 거액 부실채권 VAMC 매각관련 거액 대손비용을 인식한 것에 따른 기저효과가 크게 작용했다. OCB는 채권투자를 통하여 35백만 불의 손익을 증가시키면서 전년 동기 대비 155%의 손익 증가율을 기록하였다.

**베트남 상위 10개은행 손익현황**
(단위: 천만미불)

| 은행명 | 2017 | | 2018 | |
|---|---|---|---|---|
| | 9월 | 12월 | 9월 | 18년 목표 |
| VCB(Vietcom Bank) | 274 | 392 | 403 | 458 |
| TCB(Techcom Bank) | 167 | 277 | 267 | 344 |
| Vietinbank | 253 | 321 | 263 | 372 |
| BIDV(Bank for Investment & Development of Vietnam) | 180 | 299 | 253 | 320 |
| VPB(Vietnam Prosperity Bank) | 194 | 277 | 211 | 372 |
| MB(Military Bank) | 137 | 150 | 206 | 234 |
| ACB(Asia Commercial Bank) | 66 | 91 | 162 | 196 |
| HDB(Hochiminh city Development Bank) | 66 | 84 | 99 | 135 |
| OCB(Orient Commercial Bank) | 25 | 35 | 63 | 69 |
| VIB(Vietnam Int'l Bank) | 21 | 48 | 59 | 69 |

Source: Vietstock, Shinhan Bank's analysis

**베트남 주요 은행들 평균 당기순이익 현황, 2018년 3월 기준**

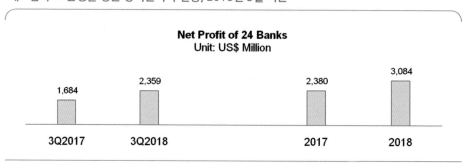

Net Profit of 24 Banks
Unit: US$ Million

| 3Q2017 | 3Q2018 | | 2017 | 2018 |
|---|---|---|---|---|
| 1,684 | 2,359 | | 2,380 | 3,084 |

Source: Vietstock, Shinhan Bank's analysis

여전히 이자수익이 베트남 은행권의 주된 수익원이지만, 리테일 부분의 영업이 확대되면서 방카슈랑스, 신용카드, 모바일뱅킹 등을 통한 수수료 수익도 확대되고 있다. 은행 총 수입에서 수수료 수입이 차지하는 비중은 2017년 3분기 21.7%에서 2018년 3분기 23.4%로 상승했다.

베트남 은행권 주요 항목별 수익 증가현황, 2018년 3분기기준, 전년동기 대비

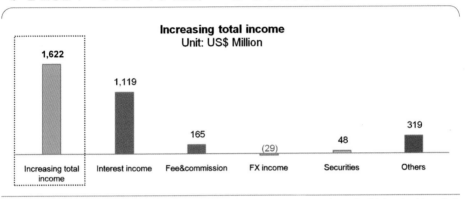

Source: Vietstock, Shinhan Bank's analysis

베트남 은행권 수수료 수익 비중

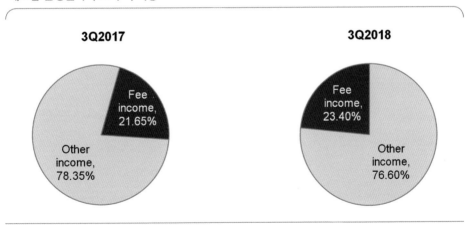

Source: Vietstock, Shinhan Bank's analysis

## 2.3. 바젤 II 대비한 각 은행들의 자본확충 노력

베트남중앙은행(SBV)은 베트남 은행권의 자본건전성 및 리스크관리의 선진화를 위하여 2020년까지 Basel II 이행을 추진 중이다. 또 Basel II로의 원활한 이행을 위해 10개의 시범은행을 선정 하였고 해당 은행들은 2019년 중 Basel II를 선제적으로 이행하여야 한다.(2018년 11월 이들 시범 은행 중 VietcomBank와 VIB가 최초로 중앙은행으로부터 Basel II 이행을 승인 받았다.)

**베트남 자본비율 규제 변화**

| 관련규정 | Cir 36/2014/TT-NHNN &<br>Cir 06/2016/TT-NHNN | Cir 41/2016/TT-NHNN |
|---|---|---|
| 최소자본비율 | 9% | 8% |
| 이행일 | 01 Feb 2015 | 01 Jan 2020 |
| 적용대상 | - 국내 금융기관<br>  * Banks<br>  : SOCBs, Coop banks, JOCBs, FOCBs, JVCBs<br>  * Non-banks: finance and leasing<br><br>- Foreign bank's branches | - 국내금융기관<br>  * Banks<br>  : SOCBs, JOCBs, FOCBs, JVCBs<br><br>- Foreign bank's branches<br><br>- 중앙은행 특별관리중인 은행은 적용 제외 |

**바젤 II 시범이행은행**

| | |
|---|---|
| Vietcombank | MBBank |
| Vietinbank | VPBank |
| BIDV | Maritime Bank |
| ACB(Asia Commercial Bank) | VIB(Vietnam Int'l Bank) |
| Techcombank | Sacombank |

Credit Suisse의 2017년 보고서에 따르면, 바젤 II 이행에 따른 새로운 자본비율 산정방법을 규정한 Circular 41 적용시 베트남 시중은행들의 자본비율(CaR)은 현재 대비 최대

3%까지 하락할 것으로 예상된다. 주요 국영은행 및 민간합작은행들의 2017년 말 평균 CaR이 각각 9.52%, 11.47%인 점을 고려 시 각 은행들이 자본확충에 나서지 않을 경우, 바젤 II가 규정한 최소자본비율인 8%를 충족하지 못할 것으로 예상된다.

주요 은행권 자본비율 현황

| Bank type | Total Assets | | Owned Capital | | Charter Capital | | CAR 05.2018 | CAR 12.2017 |
|---|---|---|---|---|---|---|---|---|
| | VNDmbil | grw | VNDmbil | grw | VNDmbil | grw | | |
| SOCBs(국영은행) | 4,654 | 1,84 | 252 | -0,86 | 148 | 0,00 | 9,39 | 9,52 |
| JSOBs(민영은행) | 4,197 | 4,17 | 32 | 8,50 | 218 | 1,55 | 11,34 | 11,47 |
| JVBs(합작은행), 100 FOCBs(100% 외국법인은행), FB's branches(외국은행지점) | 1,009 | 5,73 | 151 | 6,19 | 11 | -2,58 | 27,36 | 29,11 |
| Finance & Financial Leasing Co. | 144 | 1,29 | 27 | 17,02 | 23 | 2,68 | 19,77 | 17,81 |
| Co-op bank | 28 | -1,72 | 4 | 4,35 | 3 | 0,00 | 25,43 | 25,26 |
| Vietnam Bank for Social Policies | 190 | 8,11 | - | | 14 | 29,89 | | |
| People's Credit Funds | 108 | 4,94 | - | | 4 | 5,55 | | |
| Total | 10,329 | 3,27 | 750 | 4,96 | 517 | 0,88 | 12,14 | 12.23 |

Source: State Bank of Vietnam website

이러한 자본확충 이슈는 2017년부터 베트남 은행권의 주요 화두였으며 각 은행들은 2020년까지 자본확충계획을 세우고 이를 이행하는데 전력을 쏟고 있으며 베트남중앙은행 또한 각 은행들의 자본확충 이행상황을 면밀하게 모니터링 하고 있다.

Credit Suisse의 2017년 보고서에 따르면 베트남 주요 은행들은 바젤 II 최소자본비율 준수를 위하여는 현 자본금 대비 4%~18% 수준의 추가 자본금 확충이 필요하며 지속가능한 성장을 위해서는 현재 대비 24~67% 이상의 추가 자본금 확보가 필요하다. 이러한 자본확충을 위해 베트남 은행들은 기업공개(IPO), 해외 전략적 투자자 유치, 신규 주식 발행, 전환사채 발행, Tier2 채권 발행 등 다양한 수단을 활용하고 있다. 또 자본비율이 낮은 부실은행에 대한 M&A도 활발하게 추진 중이다. 2018년도 3분기까지의 주요은행 증자 추진 계획을 보면 VP bank, BIDV, AB Bank, Vietcombank, SeA Bank, Military Bank 등이 각 2억 불~5억 불 상당의 자본확충을 계획 중이며 타 은행들도 각 1억 불 내외의 자본확충 계획을 세우고 있다.

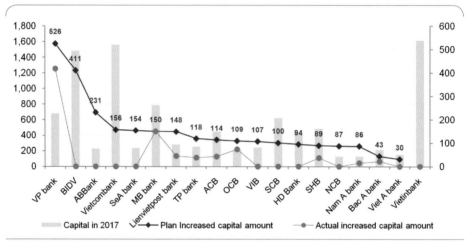

주요 은행들의 자본확충계획 및 이행 현황 (단위: 백만미불)

Source: Bank's annual reports, Shinhan Bank Vietnam's summary

그러나, 각 은행들의 자본확충 계획과는 달리 실제 자본확충 실적은 기대에 미치지 못하고 있는 상황이다. 2018년 5월 기준 베트남중앙은행 보고서에 따르면, 은행권 평균 자본비율은 오히려 전년대비 하락하고 있다(2017년말 12.23% → 2018년 5월 12.14%). Vietcombank와 BIDV 등 해외자본 유치에 성공하거나 추진 중인 은행, 그리고 VP Bank, MB bank 등 증자에 성공한 일부 은행을 제외하고는 타 은행들은 자본확충 목표 달성을 위해 아직 가야 할 길이 먼 상황이다.

이렇듯 베트남 은행들이 자본확충에 어려움을 겪는 이유는 해외투자자 지분율 제한, 낮은 외부신용등급, 낮은 자산건전성 등급 및 투명성 등으로 해외자본을 끌어들이지 못하고 있기 때문이다. 또 2018년 들어 미국 기준금리 인상 및 미·중 무역분쟁 여파로 이머징 마켓에 대한 외험회피 기조가 확산되고 있는 점도 주요 이유이다.

2019년에는 각 은행들이 Tier2 채권 발행을 통한 자본확충 시도가 확대될 것으로 보이며 복잡하게 얽혀있는 은행간 지분관계 정리, 부실은행간 M&A 등이 더욱 활발해질 것으로 보인다. 이러한 자본확충 노력은 결국 은행의 조달비용 증대, 자본비용 증대로 이어져 여수신 금리를 상승시킬 것으로 예상된다. 또 자본비율은 은행의 대출여력, 자산증대 여력과 직접적인 관계가 있는 만큼 향후 해당 은행의 성장 가능성을 판단 시 자본건전성 수준을 필히 확인해야 할 것이다.

## 2.4. 전년대비 신용성장률 하향

지난 5년간 매년 6% 이상의 GDP 성장을 이끈 두 가지 요인은 안정적인 FDI자금 유입과 함께 매년 15%를 상회하는 지속적인 신용확대 정책이었다.

베트남 GDP와 신용성장률 추이

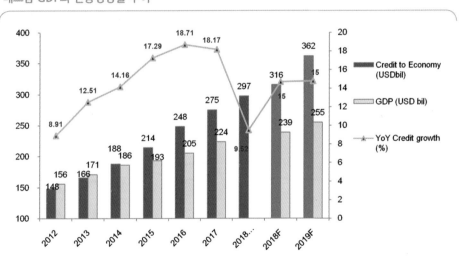

Source: Vietnambiz, VietnamFinance, Stockbiz, CafeF

베트남중앙은행은 2018년도 은행권 신용성장률 목표를 17%로 설정하고 자산규모 및 건전성 수준에 따라 각 은행별로 12~16% 수준까지 연간 신용성장률 한도를 할당했다. 그러나 2018년 9월 현재 10여개의 주요 시중은행들이 이미 연간 신용성장률 한도만큼

대출이 증가했다. 주요 은행별 신용성장률을 살펴보면 Vietcombank 15.6%, BIDV 11.9%, Vietinbank 12.8%, ACB 11.3% 등이다.

예년에는 각 은행들이 3분기쯤 연간 신용성장률 한도를 소진할 경우 베트남중앙은행에 한도 증액신청을 하면 베트남중앙은행이 거시경제 여건 등을 고려하여 추가 한도를 부여해주는 경우가 많았다. 그러나, 2018년에는 상황이 예년과 달라졌다. 2018년 하반기 들어 연간 GDP 성장률이 목표치인 6.7%를 상회할 것으로 예상되는 반면, 물가상승률은 관리목표인 4%를 위협할 수도 있다는 전망이 커졌다. 또 인도네시아·터키 등 신흥국들이 금융위기를 겪고 있는 가운데, GDP의 130% 수준에 육박하는 베트남 경제의 신용규모를 관리하지 않으면 글로벌 경기침체 시 베트남도 타격을 받을 수 있다는 위기감도 확산되었다. 이에 2018년 10월 베트남중앙은행은 예외적인 경우를 제외하고는 2018년 중에는 각 은행별 신용성장률 추가한도 부여는 없을 것이라고 발표했다.

베트남 주요 은행 신용성장률 현황, 2018년 3분기 기준

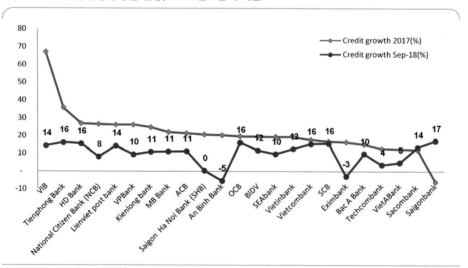

Source: Vietnambiz, VietnamFinance, Stockbiz, CafeF

이러한 베트남중앙은행의 신용성장률 추가승인 불가 방침으로 하반기 들어 신용성장률 한도에 이미 다다른 은행들은 대출중단 등의 조치를 취할 수밖에 없었다. 이는 4분기

은행권의 수익성에도 영향을 미쳤고 일부 은행의 경우, 연간 당기순이익 목표를 하향 조정하기도 하였다.

2019년도에는 2018년도보다 더 낮은 신용성장률 한도가 부여될 것으로 전망된다. 베트남중앙 은행은 2019년 GDP 성장률 목표를 6.7%로 설정하고 GDP 대비 신용비중을 140% 이내에서 관리하는 정책을 펼칠 예정이다. 이에 따라, 2019년도 신용성장률은 2018년도 17%보다 낮은 15% 수준에서 관리될 것으로 보이며, 각 은행들은 대출영업 확대보다는 비이자수익을 증대하는 데 집중할 것으로 예상된다.

# VIETNAM ECONOMIC REPORT

## 05

베트남 경제 리포트

# 베트남
# 모바일 결제 시장

| 제05장 | **베트남
모바일 결제 시장**

신한베트남은행 브랜드전략부 / 송현우 부장
songhw@shinhan.com

## 1. 베트남 결제수단 현황: 현금 결제 비중이 압도적

베트남은 여전히 현금이 주요 결제 수단이다. 대부분의 일상 생활 소비가 현금 결제로 이뤄지고 있으며, 대다수 베트남 소비자들 역시 현금이 빠르고 간편한 결제 수단이라고 인식하고 있다.

베트남 정부 통계에 따르면, 전체 거래 금액 중 65% 이상이 현금 결제로 이뤄지고 있으며, 2016년 베트남 온라인 프라이데이 당시 79.1%의 결제가 COD(Cash On Delivery, 후불 현금결제) 방식으로 이루어 지고 있는 현실이다.(베트남 전자상거래 정보기술원(VECITA), KOTRA 해외시장뉴스)

## 2. 베트남 모바일 결제시장 현황

2018년 베트남의 모바일 결제 시장의 거래금액은 3,810만 달러를 상회할 것으로 전망되며, 사용자는 247만 명 가량으로 추산된다. 베트남의 모바일 결제 거래액은 2018년부터 2022년까지 연평균 57.9% 성장하여 2022년에는 2억 3,700만 달러에 달할 것으로 전망되며, 동 기간 모바일 결제 사용자는 연평균 21.6% 증가함으로써 2022년 540만 명으로 증가할 것으로 예상된다.(출처: Statista, 무역협회 호치민지부 보고서)

# 3. 베트남의 주요 모바일 결제 서비스 및 주요 운영사

▶**2017년 이후 모바일 결제시장이 주목받기 시작**

베트남의 높은 스마트폰 보급률, 온라인 쇼핑몰의 높은 성장세에 힘입어 최근 모바일 기기를 통한 지불·결제가 많은 주목을 받고 있다. 베트남의 주요 모바일 결제서비스는 ① QR코드를 찍고 개인 인증을 통해 결제하는 방법, ② 전자지갑 어플리케이션을 이용해서 결제하는 방법, ③ 삼성페이(SamsungPay)와 같이 NFC(근거리무선통신), MST(마그네틱 보안전송) 기술을 이용한 방법 등이 있다.

## 3.1. QR코드 결제

QR코드(Quick Response) 결제란 POS 단말기 혹은 스마트폰 등에서 생성된 코드를 휴대 전화로 스캔하여 결제하는 방식임. 스마트폰을 보유하고 있으면 누구나 이용할 수 있기 때문에 스마트폰 보급률이 높은 베트남에서 주요 모바일 결제 수단 중 하나로 부상하였다.

베트남중앙은행 지불결제국 팜띠엔융(Pham Tien Dung) 국장은 "소규모 상점에도 POS 시스템 보급과 동시에 QR Code 등의 전자결제 비중을 늘릴 것"이라고 언론 인터뷰를 통해 밝혔다.

▶**VN Pay: QR코드 결제방식의 선도 기업**

2017년 QR코드를 인식할 수 있는 최초의 자동판매기를 출시하였다. 또한 Lazada, Tiki, Adayroi 등 주요 전자 상거래 사이트에 QR코드 지불 시스템을 구축하였고 16개 이상의 은행과 파트너십을 체결하여 모바일 뱅킹 어플리케이션 상에서 QR코드 결제를 구현하고 있다. 또한, 2만개 이상의 상점 등과 협업을 진행 중이다.(출처: VN Pay)

## 3.2. 전자지갑(E-wallet)

전자지갑은 최근 베트남에서 가장 주목받고 있는 모바일 결제 수단 중 하나로, 송금·결제 등의 서비스를 주로 제공하고 있다. 최근에는 주요 업체들간 경쟁이 더욱 치열해 지면서 더 다양한 서비스와 상품을 위해 사업 영역을 확대하고 있으며, 기존의 상업 은행들 역시 전자지갑 업체들과 협력하여 모바일 결제시장 진출에 힘쓰고 있다.

베트남 전자상거래 협회 응웬탄흥(Nguyen Thanh Hung) 회장은 "지난 5년간 약 20여개의 전자지갑 서비스가 신규로 생겨났으며, 지금도 많은 관련 기업들이 베트남중앙은행의 라이선스 인허가를 기다리고 있다"고 밝혔다.

### ▶ 모모(MoMo): 베트남 전자지갑 서비스 선두주자

현지에서 가장 주목받는 모바일 전자지갑 서비스는 모모(MoMo)이다. 모모는 모바일 머니(Mobile Money)의 줄임말로 2014년 현지 핀테크 기업 M Service가 개발하였다.

특히, 2016년 글로벌 투자은행 골드막삭스와 영국계 스탠다드차타드 은행으로부터 2,800만 달러에 달하는 투자금을 유치하여 베트남 내외 언론들로부터 관심이 집중되었고, 베트남 전자결제시장 성장에 붐(boom)을 일으켜 단번에 베트남 전자지갑 서비스 선두 기업으로 부상하였다.

베트남 현지 은행들 역시 전자지갑 서비스 트렌드에 발맞추어 관련 서비스를 개발하거나 관련 기업과 협력을 확대하고 있다. 신한베트남은행 역시 M Service사와 제휴를 통해 모모를 통한 해외송금, 간편대출 서비스를 출시하여 운영하고 있다.

### 3.3. 삼성페이(Samsung Pay)

**▶베트남에서도 삼성페이 출시**

2017년 9월, 삼성 모바일 결제서비스인 '삼성페이'가 베트남에서 서비스를 개시하였다. 삼성페이는 현지 주요 은행들과 협력하여 해당 은행 계좌를 가지고 있을 경우 누구나 삼성페이 이용이 가능하며, 최근에는 계좌가 없는 고객도 삼성페이 카드 사용이 가능 하도록 서비스를 확장하였다(출처: 삼성전자). 삼성전자베트남은 현지 은행카드연합체 기관인 'NAPAS'와 협력을 통해 NAPAS 회원사 전체로 서비스 범위를 넓힐 계획이라고 밝혔다.


# 4. 베트남 각 은행의 모바일 결제 도입 현황

## 4.1. QR 코드 결제

다수의 결제 중개회사들과 베트남 각 은행들이 QR 코드 페이와 관련하여 협업을 확대하고 있다. 특히, VN Pay가 은행과의 협업을 적극적으로 진행하고 있다. Vietcom Bank, Vietin Bank, BIDV 등 베트남 대형은행들을 비롯한 16개 은행들이 VN Pay의 QR 코드 결제를 은행 모바일 뱅킹 어플리케이션 상에서 구현하고 있으며, 신한베트남은행 역시 VN Pay의 QR 코드 결제 도입을 진행하고 있다. VN Pay와 은행간의 협업은 모바일 뱅킹 상에 QR 코드 페이를 도입하는 것에 그치지 않고 은행들의 네트워크를 활용하여 QR 코드 페이를 도입하는 가맹점들을 늘리는 방법으로도 모바일 페이 생태계 확대를 위해 협업하고 있다.

또한 Sacom Bank, TP Bank, BIDV와 같은 은행들은 자체적으로 QR 코드를 개발하여 은행 업무에도 활용하고 나아가 자체적인 모바일 페이 구축을 위해 노력하고 있다.

## 4.2. 전자지갑

베트남에는 20개 이상의 전자 지갑 업체가 있지만, 대중적으로 많이 사용되는 MoMo가 가장 폭넓게 금융권과 협업을 진행하고 있다. Vietcom Bank, Vietin Bank, 신한베트남 은행 등 15개 베트남 주요 은행의 계좌와 직접 연결되어 MoMo 전자지갑 계정으로 실시간 충전하여 사용할 수 있다. 이렇게 충전한 전자지갑 계정 상의 금액으로 핸드폰 충전, 공과금 납부, 물품 결제, 대출 상환 등 다양한 용도로 사용할 수 있는 서비스를 제공한다.

MoMo는 충전 서비스 이외에도 전자지갑 어플리케이션 상에서 직접 대출 신청을 할 수 있는 서비스를 신한베트남은행과 구축하고 있으며, 은행 계좌 보유 비중이 높지 않은 베트남 특성을 반영하여 한국에서 베트남으로 송금시 MoMo 전자지갑으로 직접 받는 서비스 역시 신한은행, 우리은행에서 운영 중이다.

## 4.3. 삼성페이

베트남 삼성페이 역시 기존 카드 고객을 보유하고 있는 여러 은행들과 파트너십을 구축 하고 있다. 한국계 은행인 신한베트남은행 및 베트남우리은행 이외에도 Vietin Bank, Vietcom Bank, BIDV 등 베트남 현지 은행과의 협업을 지속적으로 넓히고 있으며, 2018년 12월 현재 22개의 베트남 은행 ATM 카드를 등록하여 현금인출 및 결제 수단으로 사용할 수 있다.

삼성페이는 ATM 카드뿐 아니라, Debit, Credit 카드 역시 각 금융사와 협업하여 11개의 금융사의 Debit 또는 Credit 카드를 삼성페이에 등록하여 상점에서 구입한 물건을 삼성페이를 통해 결제를 할 수 있도록 서비스 중이다

# 5. 베트남 정부의 주요 전자결제 정책

## 5.1. 2016~2020 비현금 지불시스템 구축 마스터플랜

베트남 정부는 전자 결제를 위한 인프라와 기술 도입이 베트남 경제 성장에 매우 효과적 인 것으로 판단하고, 2016년 12월 비현금 지불 시스템 구축을 위한 마스터플랜을 발표하 였다(Decision 2545/QD-TTg). 해당 계획에 따라 베트남은 2020년까지 비현금 결제시스템 발전과 현재의 현금 지불 습관 변화를 위해 관련 법·정책 수립, 유통점의 카드결제 서비스 강화, 공공부문 내 전자결제 강화, 국제 기준에 부합하는 결제시스템 적용, 소비자 보호, 관련 부처간 협력 강화 등을 실시할 계획이다.

특히, 베트남 정부는 2020년까지 수도, 전기 등과 같은 공공부문에서 비현금결제 비중을 80% 이상까지 늘릴 계획이다.(Decision No 241/QD-TTg, KOTRA 해외시장뉴스)

## 5.2. 2016~2020년 베트남 비현금 지불 시스템 구축 계획

▸**목표: 비현금 결제시스템 구축, 현금 지불 습관 변화 등**
▸**세부목표**

① 2020년까지 현금 결제 비중을 전체 대비 10% 이하로 낮춤
② POS 단말기를 300,000개까지 늘려 1년에 2억 건의 거래를 처리
③ 대형마트, 쇼핑몰 등 유통 센터의 POS 단말기 보유 및 비현금결제 100% 허용
④ 전기, 수도, 통신 서비스 공급자의 비현금결제 허용 비중 70%까지 확대
⑤ 대도시의 개인 및 가계의 비현금 지불방식 비중 50%까지 확대
⑥ 농촌 및 외딴 지역 내 최신 장비·시스템 보급을 통해 결제 서비스 접근성 향상
⑦ 15세 이상 연령의 은행 계좌 보유 비율 70%까지 확대

출처: Decision 2545/QD-TTg

2017년 1월, 베트남중앙은행은 현금 없는 사회로의 신속하고 효과적으로 이행하기 위한 시행 계획을 발표하였다(Decision No. 637/QD-NHNN). 동 계획에 베트남중앙은행은 관련 기관별 담당 업무와 로드맵, 목표 달성 기간 등을 명시화하는 등 비현금 지불 시스템 구축 가속화를 위한 내용들을 포함시켰다. 이외에도 베트남 정부와 관계 부처들은 보안강화 관련 규정, 중개 지불결제서비스 관련 규정 등을 발표하였다.

# 6. 베트남 모바일 결제 시장의 성장 요인과 방해 요인

## 6.1. 성장요인

베트남의 모바일 결제 산업의 성장 요인인 상대적으로 낮은 은행계좌 보유 인구, 인터넷 스마트폰의 보급 확산, 소매 및 전자 상거래의 확장, 경제성 및 편리성 등이 있다.(출처: 무역협회 호치민지부 보고서)

### ▶ 인터넷 및 스마트폰 이용자수

인터넷 및 스마트폰은 모바일 결제를 위한 가장 중요한 인프라로서 현재 보급률 및 향후 보급률의 증가는 모바일 결제 서비스에서 중요한 부분이다. 2017년 베트남의 인터넷 총 사용자는 5,380만 명으로 전체 인구의 56.4% 달하고 있으며, 동 기간 스마트폰 사용자는 2,857만 명으로서 스마트폰 사용률은 30.1% 수준으로 추산된다.(출처: Statista)

### ▶ 높은 전자상거래 매출액

베트남의 연 6%를 상회하는 GDP성장은 베트남 가계의 소득증가로 이어져 베트남 소매 시장의 활성화를 이끌고 있다. 베트남 통계청이 발표한 2017년 베트남 총 소매 판매액은 1,277억 달러로 전년 대비 9.7% 증가하였다. 또한, 최근 베트남 전자 상거래 매출의 급격한 성장은 베트남의 모바일 결제 시장의 전망을 밝게 하고 있다.

베트남 소매 시장의 규모 및 성장률

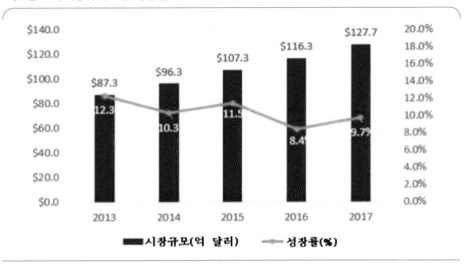

출처: 베트남 통계청

## 6.2. 성장 방해 요인

### ▶ 시장 경쟁 심화

베트남 모바일 결제시장이 포화상태에 이르러 대다수의 모바일 결제 업체들이 제한된 수 의 소비자를 두고 경쟁하고 있는 상황이다. 국제 펀드 및 투자 은행의 지원을 받는 모바일 결제 기업조차도 고객을 유지하기 어려운 상황이다.

### ▶ 규제의 불확실성 및 불공정 경쟁

베트남중앙은행은 정부규제기관이자, 동시에 베트남 국립결제회사인 NAPAS의 최대 주주 이다. 시행령 19/2016/TT-NHNN 등 베트남중앙은행(SBV)은 베트남의 국립결제회사(NAPAS) 에게 우호적인 규제 등으로 모바일 결제시장의 규제 불확실성 및 불공정경쟁 논란을 일으키며 시장 성장을 방해하고 있다.

# 7. 시사점

현재 베트남 주요 은행들과 핀테크 기업들의 협업이 확대되고 있고, 전자결제 시장에 참여자들이 많아지고 있는 베트남 금융업계 동향 등을 볼 때, 베트남 내 모바일 결제에 대한 관심 및 중요성은 높아지고 있다. 또한, 베트남 현지 기업뿐 아니라, 중국에서 성공적인 모바일 결제 시장을 이끌었던 알리페이(AliPay)와 위챗페이(WeChat Pay)가 베트남 모바일 결제시장에 도전하고 있어 베트남 모바일 시장의 활성화가 기대된다.

하지만, 베트남내 거래 중 현금거래가 현재까지도 압도적인 비중을 차지하고 있고 보안과 안정성, 신뢰 등의 이슈로 베트남 국민들의 현금결제를 선호하는 것을 고려한다면 모바일 결제가 대중화되는 데 많은 시간이 소요될 것으로 예상된다.

현재 베트남에 진출하고 있는 한국기업 역시 베트남의 모바일 결제시장의 동향을 지속적으로 살피면서 베트남 소비자와 시장의 니즈에 부합하는 선제적이며 유연한 정책을 사용하는 것이 요구된다.

# VIETNAM ECONOMIC REPORT

# 06

>>

| 제06장 |

베트남
M&A 관련 실무

# 베트남 M&A 관련 실무

베이커 맥킨지(Baker McKenzie) 로펌 / 김유호 변호사
Richard.Kim@bakermckenzie.com / yuho.richard.kim@gmail.com

## 1. 개요

수년 전만 하더라도 베트남에 신규 법인을 설립해 진출하는 직접투자 형태가 주를 이루었지만, 최근에는 이미 운영 중인 기업을 인수해 진출하는 M&A형 베트남 투자 진출이 증가하고 있다. 특히, 외국인의 시장 진입이 쉽지 않은 금융과 소비재 분야는 지분 매입을 통한 간접투자 방식이 신규 법인을 설립해 진출하는 직접투자 방식보다 유리한 면이 많아 M&A가 많이 이루어지는 것으로 보인다.

동일 업종의 타 기업을 M&A하는 '수평적(horizontal) M&A' 외에도 최근 베트남에서는 동일 업종의 다른 단계(예: 제조기업 + 판매기업) 소속기업을 M&A하는 '수직적(vertical) M&A'와 타 업종 기업을 인수하는 '다각적(conglomerate) M&A' 형태도 증가하고 있다.

## 2. 베트남 인수·합병(M&A) 관련 용어와 약자

- BRC: 사업자등록증 / Business Registration Certificate(Giấy chứng nhận đăng ký kinh doanh)
- IC: 투자허가서 / Investment Certificate(Giấy chứng nhận đầu tư)
- IRC: 투자등록증 / Investment Registration Certificate(Giấy chứng nhận đăng ký đầu tư)
- ERC: 기업등록증 / Enterprise Registration Certificate(Giấy chứng nhận đăng ký doanh nghiệp)
- LURC: 토지사용권증서 / Certificate of Land Use Right(Giấy chứng nhận quyền sử dụng đất)

- SPA: 주식/지분 매매계약서 / Share Purchase Agreement(Hợp đồng mua bán cổ phần)
- CTA: 자본이전 계약서 / Capital Transfer Agreement(Hợp đồng chuyển nhượng phần vốn góp)
- SOE: 국영기업 / State-Owned Enterprise(Doanh nghiệp nhà nước)
- SME: 중소기업 / Small or Medium-sized Enterprise(Doanh nghiệp vừa và nhỏ)
- MNC: 다국적기업 / Multi-National Corporation(Công ty đa quốc gia)
- PC: 인민위원회 / People's Committee(Ủy ban nhân dân)
- DPI: 지방 기획투자국 / Department of Planning and Investment(Sở Kế hoạch và Đầu tư)
- MPI: 기획투자부 / Ministry of Planning and Investment(Bộ Kế hoạch và Đầu tư)
- DOIT: 지방 산업무역국 / Department of Industry and Trade(Sở Công thương)
- MOIT: 산업무역부 / Ministry of Industry and Trade(Bộ Công thương)
- NOIP: 특허청 / National Office of Intellectual Property(Cục Sở hữu trí tuệ)
- DOLISA: 노동사회보훈국 / Department of Labour, Invalids and Social Affairs

  (Sở Lao động – Thương binh và Xã hội)


# 3. M&A의 목적

- 세제 혜택을 받은 기업을 인수해 그 세제 혜택을 누리기 위해
- 제조업의 경우, 적당한 공장부지 물색과 공장 건축 및 인력 채용에 필요한 시간과 비용 절감을 위해
- 현지 기업인수를 통해 신속한 시장개척을 하고 이미 갖추어진 유통망을 활용하기 위해
- 특허를 보유한 기업의 특허권 확보를 위해

인수 목적에 따라 인수의 구도나 방법이 달라진다. 인수하려는 베트남 기업이 100% 베트남인 명의의 법인인지, 외국인 단독투자 법인인지, 베트남인과 외국 투자자의 합작법인인지에 따라 고려해야 할 사안도 달라진다.

# 4. 베트남 M&A 종류 및 회사 분할

베트남 기업의 인수 방법으로는 크게 지분 인수, 자산 인수,(투자) 프로젝트 인수를 고려해볼 수 있다.

## 4.1. 지분 인수

지분 인수는 회사에 대한 지분을 거래 당사자 간에 매매하는 것이다.

## 4.2. 자산 인수

자산 인수는 회사가 보유한 건물과 기계설비 등의 자산만 매매하는 것이다. 자산 인수의 경우, 주요 자산의 일부나 전부에 대한 권리를 인수하므로 내용 면에서 사실상 합병과 비슷하다고 볼 수 있지만, 자산 인수와 합병은 법적인 권리와 의무의 승계에서 차이가 있으므로 주의해야 한다.

## 4.3. 프로젝트 인수

'투자 프로젝트'는 베트남 투자법에서 '특정 장소에서 명시된 기간 동안 투자활동을 하기 위한 중·장기 자본 집행계획의 모음'으로 정의하고 있다. 투자등록증(IRC)에는 'X 유한책임회사를 설립하고 운영하기 위한 프로젝트', 'Y 봉제공장을 설립하기 위한 프로젝트', '휴대전화의 카메라 모듈 제조 프로젝트' 등으로 표기된다. 한 법인에 여러 개의 프로젝트가 있을 수도 있고 한 프로젝트에(프로젝트 수행을 위한) 여러 개의 공장이 있을 수도 있다. 프로젝트 인수는 특정 프로젝트와 관련된 모든 자산과 부채를 인수하는 것이다.

## 4.4. 흡수합병

    일반적인 흡수합병의 경우, A회사가 B회사를 인수하면 B회사가 소멸되고 A회사만 남는다(forward merger). 반대로 A회사가 B회사를 인수했는데 오히려 A회사가 소멸되고 B회사가 남는 역합병(reverse merger)도 할 수 있다. 세금 절약이나 비상장 회사가 우회상장을 목적으로 상장회사를 합병할 때도 역합병을 이용하는데, 자회사를 설립해 여러 절차를 거치는 등 다양한 방법으로 역합병을 할 수 있다.

흡수합병

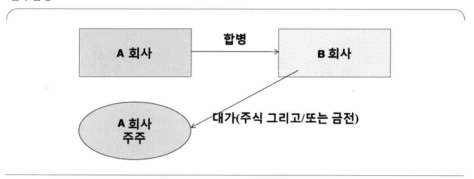

## 4.5. 신설합병

신설합병

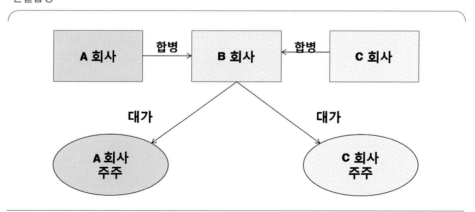

## 4.6. 삼각합병(triangular merger)

모회사인 A회사의 자회사인 B회사를 통해 다른 회사인 C회사와 합병하는 방법.

삼각합병

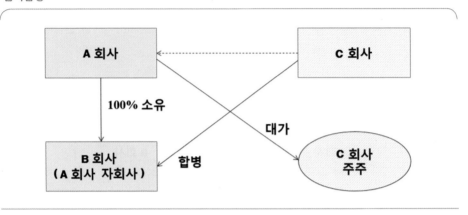

### 4.6.1. 정삼각합병(forward triangular merger)

모회사인 A회사의 자회사인 B회사가 다른 회사인 C회사와 합병. 이때, 자회사 B가 소멸됨.

### 4.6.2. 역삼각합병(reverse triangular merger)

모회사인 A회사의 자회사인 B회사가 다른 회사인 C회사와 합병. 이때, 다른 회사 C가 소멸됨.

역삼각합병-절차

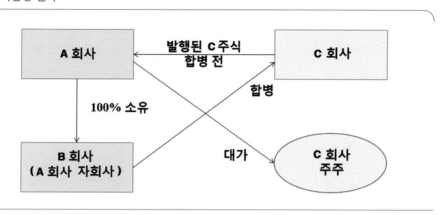

역삼각합병-결과

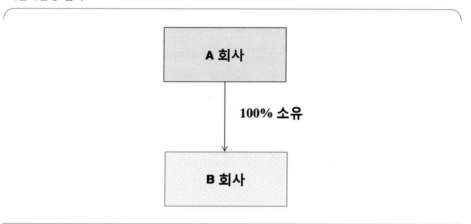

## 4.7. 회사 분할

회사 매각과 관련해 한 회사가 여러 사업 부분을 운영하는 경우, 일부 사업만 분리해 매각하거나 분리된 회사가 인수 주체가 되는 경우도 있다. 하나의 회사에서 사업을 나누어 2개 이상의 회사로 만드는 것을 회사 분할(分割)이라고 한다. 분할한 사업 부분만으로 독립된 회사를 만들 수도 있고, 분할한 사업 부분을 다른 회사나 다른 회사의 일부 사업

부분과 합병해 하나의 회사로 만들 수도 있다. 이 경우, 남은 사업 부분을 가진 원래의 회사를 법적으로 존속시킬 수도 있고, 분할된 사업 부분과 남은 사업 부분으로 2개 이상의 새로운 회사를 만들고 원래의 회사를 법적으로 소멸시킬 수도 있다. 이 과정에서도 다른 회사를 인수해 합병할 수도 있는 등 사업 목적에 맞게 다양한 방법으로 회사를 분할, 인수, 합병할 수 있다.

# 5. 베트남 M&A 시 유의점

## 5.1. 대금 지급

M&A 인수 대금 지급과 관련하여 유의할 것이 여러 가지가 있는데, 특히 한국 투자자에 의해 베트남에 설립된 회사(외국 투자법인)를 다른 한국 투자자가 인수할 경우, 모두 한국인이므로 당사자들이 한국에서 만나 관련계약을 체결하고 한국에서 대금을 주고 받으면 된다고 단순히 생각하는 경우가 많은데 그렇지 않다. 대금 지급 방법도 주식·지분을 인수하고 인수 대금을 현금으로 지급하는 방법부터 주식으로 교환하거나 합병기업의 회사채로 지급하는 등 다양하므로 대금 지급 방법에 따라 법적으로 유의할 점들이 달라진다.

## 5.2. 언어

M&A를 할 때, 베트남 정부기관에 제출해야 하는 정관과 지분 양수도 등은 반드시 베트남 법에 따라 베트남어로 작성되어야 한다. 그런데 한국 투자자들은 베트남어 서류의 영문 또는 국문 번역본만 검토하고 경영 판단을 내려야 하는 경우가 많다. 이때 법적 효력은 번역본이 아닌 정부기관에 제출하는 서류에만 있으므로 번역이 정확히 되었는지 확인하는 것도 중요하다. 또한, 정부 제출용 계약과 별도로 당사자들 간에 이면계약을 하는 경우도 있는데, 이때도 정부기관에 제출하는 베트남어 서류에만 법적 효력이 있으므로 주의해야 한다. 실제로 제출된 베트남어 본과 번역본의 내용이 달라 잘못된 경영 판단을 했거나,

베트남 정부기관에 제출해야 하는 베트남어 서류 준비는 베트남인 매도 자에게 일임하고 별도의 영문 이면계약에 합의했지만, 법적 효력이 없어 낭패를 겪는 경우도 적지 않으니 유의해야 한다.

## 5.3. 준거법

많은 분들이 베트남에서 작성되는 계약서는 베트남 법과 베트남 법원을 준거법과 재판 관할로 정해야 하는 것으로 생각한다. 그러나, 부동산 관련 계약을 제외하고 반드시 그런 것은 아니다. 한국인들 간의 계약이라고 무조건 한국 법을 준거법으로 정할 수 있다고 알 고 있는 경우도 적지 않은데 이는 맞지 않다. 베트남 회사 인수대금 지급도 관련법을 알고 진행해야만 향후에 큰 낭패를 보는 일이 없을 것이다.

## 5.4. 외국인 지분 제한

100% 베트남인이 설립한 회사를 인수하는 경우, 외국인 지분 제한은 없는지, 피인수 회사 업종에 외국인 투자 제한은 없는지 등 여러 사항을 추가로 확인해야 한다.

100% 베트남인이 설립한 회사를 인수하는 경우에는 본인이 하고자 하는 사업 분야를 포함해 인수할 수 있는 지부터 먼저 확인해야 한다. 외국인 지분 제한이 있거나 금지된 분 야의 사업을 하기 위해 법인을 새로 설립하는 대신 이런 사업 분야를 소유한 베트남인 명 의의 회사를 인수하면 될 것이라고 생각하는 한국 분들이 많은데 그렇지 않다. 한국인은 한국에서 별다른 제약 없이 업종·업태를 선택할 수 있지만, 한국에서 외국인은 여러 제한 이 있다. 마찬가지로 베트남인은 베트남에서 제한 없이 사업할 수 있지만, 한국인은 베트 남에서 외국인이므로 여러 제한이 있다. 따라서, 베트남에서 외국인 지분 제한이 있거나 금지된 사업 분야를 포함한 회사를 인수할 때도 신규 법인과 동일하게 지분 제한이 적용 되고 금지된 사업 분야는 포함할 수 없다.

예: 베트남인 명의의 회사

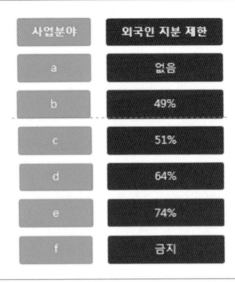

| 사업분야 | 외국인 지분 제한 |
|---|---|
| a | 없음 |
| b | 49% |
| c | 51% |
| d | 64% |
| e | 74% |
| f | 금지 |

예를 들어, a~f 사업 분야를 가진 베트남 회사를 외국인이 인수한다면, 외국인에게 금지된 f 사업은 삭제해야 하고, b 사업에 대한 외국인 지분은 최대 49%로 제한되어 있으므로 a, b, c, d, e 사업 분야를 보유한 회사를 인수한다면, 외국인 최대 지분은 49%가 된다. 만약, a와 b의 사업 분야가 주요 목적 사업이고 최소한 하나의 사업 분야에 대해서라도 단독법인을 원한다면, 우선 회사를 a 사업 분야와 b, c, d, e 사업 분야에 따라 2개 회사로 분할한다. 그 후 a 사업 분야를 보유한 분할된 회사는 외국인 100% 지분의 회사로 인수하고 b, c, d, e 사업 분야를 보유한 분할된 회사는 베트남인 투자자와 함께 외국인 투자자는 최대 49%까지 지분을 가지는 합작(合作; Joint Venture)회사로 인수할 수 있다.

# 6. 베트남 인수·합병(M&A) 절차와
## 절차별 사안 및 관련 계약서

M&A 절차를 간략히 살펴보면, 우선 시장조사를 통해 대상 회사(target company)를

물색한다. 대상 회사를 정해 협상하고 합의된 내용을 바탕으로 계약서를 작성하게 된다. M&A를 간단히 생각하면, 다른 사람 소유의 회사를 내 소유의 회사로 명의를 변경하는 것인데, 계약서 등 필요한 서류를 준비해 명의 변경과 관련된 행정 절차와 후속 절차를 마치면 M&A가 완료된다.

## M&A 절차

| 사전 준비 | • 시장조사<br>• 사업 가능성 검토<br>• 진출 구도 고려(단독, JV, 신규, M&A 등)<br>• 자금조달 방법 수립 |
| --- | --- |
| ▼ | |
| 협상 | • 주요 조건 요약지(Term Sheet)<br>• 의사록/회의록(Minutes)<br>• 의향서(LOI: Letter of Intention)<br>• 양해각서(MOU: Memorandum of Understanding)<br>• 합의 각서(MOA: Memorandum of Agreement)<br>• 비밀 유지 계약(NDA: Non-Disclosure Agreement )<br>• 위임장(POA) |
| ▼ | |
| 실사 | • 실사(Due Diligence)<br>- 법률 실사<br>  - 회계/세무 실사<br>  - 운영 실사<br>• 지적재산권<br>• 근로계약서와 노조<br>• 실사보고서 결과에 따라 M&A 구도 변경<br>• 재협상에 따른 LOI, MOU, MOA 등 수정 |
| ▼ | |
| 계약 | • 지분인수 계약서<br>• 자산인수 계약서<br>• 합작(Joint Venture) 계약서<br>• 라이선스(License) 계약서, 기술이전 계약서<br>• 공급/구매 계약서<br>• 중개업자 수수료 계약서 |

| | |
|---|---|
| **M&A 행정 절차** | • 사전(지분인수) 승인<br>• 인수대금 지급<br>• 투자자 변경, 회사명 변경, 사업 분야 추가/삭제 등<br>• 투자등록증(IRC), 기업등록증(ERC) 수정<br>• 투자허가서(IC) → IRC + ERC |
| **후속 절차** | • 변경사항 공고/통보<br>• 토지사용권 증서(LURC) 명의 변경<br>• 인감 변경<br>• 각종 라이선스 변경<br>• 은행통장 변경 |

# 7. M&A 법률 실사 및 베트남 회사 인수 시 고려사항

베트남의 경우, M&A 인·허가 과정(예: 인수자 명의로 투자등록증(IRC)과 기업등록증(ERC) 변경 - {2015년 7월 1일 이전은 투자허가서(IC)})에서 보완 요청이 많고 여러 변수 때문에 처음 예상보다 소요기간이 길어지는 경우가 다반사이므로 M&A를 계획 중이라면 시간적인 여유를 갖고 미리 준비할 필요가 있다.

자동차의 경우, 감가상각(減價償却)때문에 새 차보다 중고차의 가치가 항상 감소하지만 회사의 경우에는 설립 후 매각 시점까지의 운영결과에 따라 가치가 증가하거나 감소할 수 있다. 정확히 같진 않지만, 중고차를 구매하기 전 차량전문가가 차량의 상태를 검사하듯 이 법률 실사란 회사를 인수하기 전 법률전문가가 대상 회사의 법적 상태와 위험도를 파악하는 과정으로 이해하면 될 것 같다. 눈으로 살펴보았을 때 아무 문제가 없어 보이는 차도 정비업소에서 전문가들이 보닛을 열어 내부를 살펴보고 장비를 이용해 각종 벨트, 배선, 플러그 등을 검사해보면 육안으로 알 수 없는 심각한 문제점이 발견될 수도 있고 당장 시급한 정비가 필요 없더라도 조만간 소모품을 교체해야 할 부분이 있는지, 언제 어느 부분의 정비가 필요한지도 알 수 있다. 이렇게 중고차 구매 전 전문가의 검사 과정을 통해 차량운행에 심각한 지장을 주는 문제점을 발견하면 구매하지 않을 수도 있고 심각한 문제는 아니더라도 발생할 수 있는 작은 문제점들을 충분히 인지하고 추가로 발생할 수 있는 예상 정비 비용을 고려해 적절한 차량가격을 책정할 수 있게 된다. 나아가 예상하지 못한 잔 고장들 때문에 큰 수리비로 새 차를 구입하는 것보다 비용이 더 들어 배보다 배꼽이 커지는 경우도 방지할 수 있을 것이다. 회사를 인수하기 전의 법률 실사도 중고차 구매 전 검사 과정과 마찬가지로 대상 회사의 법률적 문제의 존부(存否) 등 회사의 실체를 파악하고 인수 후 발생할 수 있는 법률적 위험을 검토하는 과정이다.

중고차를 잘못 구매하면 구매가격 정도로 금전적 손해가 한정되지만 M&A를 잘못하면 금전적 손해뿐만 아니라, 각종 법률문제, 채무, 소송 때문에 M&A 대금보다 더 큰 손해를 볼 수 있으므로 M&A 전 법률 실사 과정은 선택이 아닌 필수다.

일례로, 한국 투자자 Y는 한국 투자자 X가 베트남의 공단 내에 설립하고 수년 동안 운영한 A봉제업체를 인수하면서 법률 실사 과정 없이 수박 겉핥기식으로 A회사의 규모와 영업이익만 대충 검토하고 아무 문제가 없다는 X의 말만 믿고 A회사를 인수했다. 그런데 막상 인수하고 얼마 지나지 않아 환경, 노무, 세금, 인·허가 등 각종 법률문제들뿐만 아니라, 인수 전 A회사가 사용한 공업용수와 전기세 계산 방법에 문제가 있어 추가요금을 소급 적용하겠다는 공단과 마찰을 빚게 되었고 인수기간 중 생산된 하자 제품에 대한 책임 문제로 소송을 제기하겠다는 구매자들과의 분쟁으로 회사 본래의 업무를 전혀 할 수 없는 상황이 되었다.

새 차의 경우에도 처음에는 문제가 거의 발생하지 않지만 차량을 상당 기간 사용하면서 이런저런 문제가 발생하듯이, 새로 설립한 회사의 운영 초기에는 통상 수입이 거의 발생하지 않으므로 세무조사 자체가 나오지 않아 세금 문제가 없어 보일 수도 있다. 또한 일정 기간 회사가 운영된 후 또는 퇴사자가 발생하는 시점부터 불만을 품은 직원들이 발생하므로 아직까진 회사에 앙심을 품은 직원으로 인한 법률문제가 없어 보일 수도 있다. 따라서 이런 보이지 않는 부분까지 세밀하게 검토해야 한다.

법률 실사는 대상 회사가 합법적으로 설립되었는지 확인하면서 각종 인·허가, 제3자와의 법적 관계, 채권·채무의 종류와 범위, 진행 중인 소송의 법적 위험도 등 다양한 사항들을 검토해 인수해도 큰 문제가 없는 회사인지 파악하고 인수 후 발생할 수 있는 법률적 위험도 예측해 충분한 정보에 입각한 정확한 경영 판단을 할 수 있도록 도와준다.

수년 동안 운영해온 회사가 주식회사인 줄로 알았는데, 법적으로 유한회사인 것을 매각할 때 M&A 법률 실사를 통해서야 알게 된 웃지 못할 경우도 있다. 대상 회사가 유한회사인지 주식회사인지 지점인지 자회사인지부터 정확히 파악해야 할 것이다. 또한 제휴 관계, 합작투자 관계, 동업 관계 등에 따라 일방적으로 대상 회사를 M&A할 수 없는 경우도 있으니 주의해야 한다.

## 7.1. 계약서

일반적으로 M&A 법률 실사는 본 계약 전 양해각서(MOU)를 체결하는 경우에는 양해각서 체결 후에 실시한다. 그렇지 않은 경우에는 지분 양수도 계약이나 자산 양수도 계약을 체결하기 전에 실시하게 된다. 적지 않은 거래 당사자들(매도자와 매수자)이 상당 기간 동안 협상하고 최종 단계에 와서야 법률전문가의 조언을 구하고 법률 실사를 한다. 사실 당사자들의 법적 권리와 의무를 정확히 파악하고 관련 협상과 계약에 유리하게 반영하기 위해서는 M&A 초기 단계(tapping)부터 법률전문가의 도움을 받을 것을 권한다.

일부 매도자의 경우, 법률 실사에 필요한 서류 제공을 거부하거나 지연하는 등 비협조적인 행위로 대상 회사에 대한 정밀 실사를 방해하는 경우도 있다. 따라서, 관련된 법적 분쟁을 사전에 방지하기 위해 당사자 간의 충분한 사전협의를 거쳐 매도자에게 실사 과정에서 협조할 의무를 부과하는 조항을 포함하는 양해각서 등 관련 계약서를 작성하는 것도 좋은 방법이다.

매도자의 경우, 매각대금을 제때 받는 것이 중요하지만, 매수자의 입장에서는 인수한 회사로 원하는 사업을 할 수 있는지, 우발채무는 없는지 등 매도자와 매수자의 관심사항이 다르고 그에 따라 다른 법적 안전장치를 마련해두어야 한다.

일반적으로, 매수자는 여러 대상 회사를 비교하면서 대상 회사의 재무 상황, 주요 기술, 인력, 영업 현황 등 상세 자료를 매도자에게 요청하게 된다. 하지만, M&A가 성사되지 않았을 때 이 자료들이 공개된다면 문제가 될 것이다. 따라서, 매도자는 정보 제공 전에 정보 제공 범위와 위반 시 처벌조항 등을 포함한 비밀유지계약서(Non-Disclosure Agreement)를 통한 법적 보호장치를 마련해두는 것이 바람직할 것이다.

매수자의 입장에서는 M&A 후 매도자가 M&A 이전에 기술한 내용과 다른 사항이 발견되거나 시장이 급변하는 경우 등 M&A를 무리하게 진행하면 큰 손해를 볼 경우에 대비한 조항을 포함해 계약서를 작성해야 유리할 것이다.

## 7.2. 서류 검토 시 확인 사항

경영 상태와 관련해 투자등록증(IRC)과 기업등록증(ERC)(2015년 7월 1일 이전은 투자허가서(IC))에 명시된 사업 이외에 회사가 수행하고 있거나 독자적으로 운영하고 있는 사업이 있는지, 정관 자본금의 증자나 신규 주식 발행에서 회사 또는 회사 주요 주주들에 대한 제한이나 의무가 있는지 등도 파악해야 한다. 그와 더불어 사원·주주들에 의한 자본 출자가 실제로 어느 정도 진행되었는지도 M&A 방법에 영향을 미칠 수 있으므로 반드시 확인해야 한다.

## 7.3. 환경

환경문제도 M&A에서 중요한 이슈다. 일례로, A회사를 인수하기 전 환경오염물질 처리시설을 갖추지 않은 것을 알았음에도 그 지역에서 많은 인력을 고용하고 담당 공무원과 좋은 관계를 맺고 있어 환경오염을 문제 삼지 않을 것이라는 매도자 X의 말만 맹신하고

M&A를 한 Y의 경우를 보자. X와 좋은 관계를 맺고 있다는 담당 공무원은 M&A가 완료되고 얼마 되지 않아 타 부서로 발령이 났고, Y의 경우, 인수 후 A회사에 환경오염 벌금이 부과되었을 뿐만 아니라, 오염 방지시설 설치 명령과 이런저런 법률문제 때문에 회사 인수비용보다 더 큰 손해를 볼 어려움에 처했다. 특히 X와 Y의 경우, 법률전문가의 도움 없이 당사자들끼리 대충 관련계약시를 직성하고 M&A를 했기 때문에 손해를 입게 된 Y를 보호할 법적 안전장치도 전혀 마련되지 않은 상태였다. 과거와 달리 베트남 정부도 이제 환경의 중요성에 대한 인식이 높아져 환경보호 법률을 지속적으로 제정하고 강력히 적용하는 추세임을 명심해야 한다.

## 7.4. 자산

자산 상태와 관련해 우선 자산 목록과 관련계약서를 확보해 기술된 자산이 회사 소유가 아니라면 소유권자가 누구인지, 대상 회사가 그 자산을 어떻게 이용할 수 있는지에 대한 법적 권리와 의무를 확인해야 한다. 특히, 특정 라이선스나 특허, 설비 사용을 목적으로 대상 회사를 인수하려고 했는데 그 라이선스나 특허에 제3자 인수 불가 조건이 있지는 않은지, 관련설비 사용권리계약도 인수할 수 있는지를 파악해 인수 후 인수한 목적으로 회사를 운영하지 못해 낭패를 겪는 경우를 사전에 방지해야 한다. 또한, 대상 회사의 금융계약, 대출, 저당관련 사항뿐만 아니라 타인의 은행보증이나 다른 보증을 선 사실이 있는지, 있다면 보증 상태와 상대방의 행사 가능 조건도 파악해야 한다.

## 7.5. 부동산

베트남의 토지와 건물의 소유권과 관련하여, 건물은 개인이 소유할 수 있지만 토지는 국가의 소유이다. 이때, 외국인과 외국 투자기업은 임차를 통해 토지사용권을 취득하고 임대받은 토지만 사용할 수 있다는 사실을 염두에 두어야 한다. 이때 임차료 완납 여부 에 따라 토지 재임대나 담보 가능 여부가 달라지는 점에 유의해야 한다. 각 임대 계약에 대해 임대업자가 주요 조건을 준수했는지, 권리 행사에 장애물은 없는지, 대상 회사가 사용하는 건물이나 부지의 허가사항, 환경 영향 평가 보고서나 약정 내용, 환경 규제 준수 여부 등도 함께 파악해야 한다.

## 7.6. 노동

고용 상태와 관련해 대상 회사가 사회보험, 의료보험, 실업보험 가입, 신고 및 납부에 관한 의무사항을 충실히 이행하고 있는지, 지금 일하고 있지는 않지만 다시 고용될 권리(예: 출산휴가, 병가, 산업재해로 인한 휴직)가 있는 직원은 없는지, 사업 양도로 인한 이익이나 대금을 받도록 되어 있는 직원은 없는지 등을 파악하고 노동법규 위반사항이 없는지도 잘 확인해야 할 것이다.

## 7.7. 소송

소송 진행 상황과 분쟁 가능성을 파악하고 세금 체납 여부 등 기타 사항들도 법률 실사를 통해 파악하고 인수 후의 법률적 위험도 충분히 인지해야 할 것이다.

# VIETNAM ECONOMIC REPORT

## 07

베트남 경제 리포트

>>

| 제07장 |

베트남의
유통 채널

# 베트남의
# 유통 채널

베트남경제연구소 / 김석운 소장

kswkso@hanmail.net

## 1. 개요

베트남은 2018년 국회가 설정한 12가지 사회경제적 목표를 모두 성공적으로 달성했으며 특히, 경제성장률은 7.08%로 매우 인상적인 성장률을 기록했다.

2018년 경제 실적 중에서 특히 주목할 것은, 소매 및 서비스 소비의 매출이 전년 대비 11.7% 증가한 4,400조 VND(1,913억 달러)으로 추산된다. 2017년의 증가분 10.9%를 넘어섰다. 높은 경제성장으로 베트남의 내수시장도 지속적으로 성장하고 있다.

편의점의 수는 2012년 대비 4배 이상으로 증가했고 건강과 미용(H&B) 점포의 수는 최근 2년간 2배 이상 늘어났으며, 재래식 유통 채널이 불과 1.6% 증가한 반면, 현대식 유통 채널은 11.3%로 큰 폭으로 증가했다.

일용소비재(FMCG)는 지속적으로 고급화 추세를 보이며, 재래식 wet market시장의 월간 이용건수는 2010년 25.17회에서 2018년 18.86회로 낮아지고 전자상거래 시장은 방문객이 연간 30% 증가하고 있다.

베트남 정부의 마스터플랜에 따르면, 2020년까지 베트남의 소매유통점 규모는 1,200~1,500개의 슈퍼마켓, 180개의 유통센터, 157개의 쇼핑센터에 달할 전망이다. 유통시장의 수요를 발굴하기 위한 소매업체의 새로운 전략이 다양하게 시도되고 있다.

# 2. 빠르게 성장하는 소비시장 및 유통 채널

## 2.1. 베트남 소매업체, 판매촉진 및 새로운 수요 발굴을 위해 변화 추구

베트남 소매시장은 빠르게 성장하고 있으며, 젊은 노동력, 빠른 속도의 도시화 및 산업 생산 및 서비스 개발로 인해 잠재력이 가장 높은 아시아의 소매 및 유통 시장 중 하나로 평가되고 있다. 치열한 경쟁 속에서 일부 소매 대기업들은 지난 몇 년 동안 베트남에서 부정적인 비즈니스 결과를 보이고 있다. 특히, 외국계 소매업체들 사이에서는 미래의 이익 증가를 도모하나, 단기 손실이 예상되는 경향이 있다.

Big C Thang Long의 매출은 2017년 2조 7,000억 VND(1억 1,950만 달러)이며 1,500억 VND(664만 달러)의 손실을 보고했다. 10년 전 베트남에 진출한 한국의 투자자 Lotte Vietnam Shopping JSC의 롯데마트도 연속적인 손실을 보고했다. 2017년 말 누적 손실은 8천억 VND(3,520만 달러)이었고 자산은 1조 6,000억 VND(7,040만 달러)에 달했다.

일본 AEON Vietnam Co., Ltd.는 작은 소매체인 Fivimart와 Citimart를 인수했다. Fivimart의 2016년 재무제표에서 매출은 1조 2,400억 VND(5,380만 달러)로 20% 증가했다. 그러나 손실은 960억 VND(416만 달러)로 2015년에 비해 2배로 늘었다. 결국 Fivimart는 2018년 10월 7일 Vingroup의 소매부문인 VinCommerce가 인수했다.

Parkson 쇼핑센터 베트남은 7분기 연속 적자로 잠재력을 상실했다. Parkson은 Parkson Le Thanh Ton(1군), CT Plaza(Tan Binh군) 및 Hung Vuong(5군)을 포함하여 호치민에 남은 매장이 3곳밖에 없으며, 하이퐁(Haiphong)에 1개, 다낭(Danang)에 1개 있고 하노이에서 완전히 철수했다.

롯데 베트남 쇼핑에 따르면, Lotte Vietnam Shopping이 인프라, 주요 토지구획, 13개 거래센터 및 대형 슈퍼마켓 현대 장비에 대해 8조 9,000억 VND(3억 9,300만 달러) 이상을 지출했으며, 사업 및 관리 비용도 충당하고 있다고 설명했다. 경쟁이 치열한 시장에서 고객의 관심을 끌기 위해 광고, 프로모션 및 기타 이니셔티브에 많은 시간을 투자했다. 띠라시, 일부 프로젝트는 초기 계획대로 아직 수익을 올리지 못하고 있다. 2020년부터 이익을 낼 것으로 기대하고 있다.

베트남에 진출한 외국기업 중에서 가장 활발하게 시장점유율을 늘려가고 있는 기업은 태국의 투자자들이다.

모회사가 태국인 Central Group Vietnam(CGV)은 설립 4년 만인 2015년 전자제품판매센터 Nguyen Kim의 지분 49%를 인수했다. 2016년 한 해에만 CGV는 Big C Vietnam과 Lan Chi Mart라는 2개의 큰 브랜드를 인수했다. CGV는 최근 베트남의 소매점 면적을 47만 평방미터로 증가시키기 위해 3,000만 달러의 투자를 발표했다. 그룹은 2022년까지 베트남에서 500개의 매장을 추가로 개장할 계획이다.

태국의 TCC Holdings의 자회사인 BJC도 베트남에서 사업을 확장하고 있다. BJC는 MM Mega Market 하나만 가지고도 19개의 쇼핑 센터, 3개의 화물 집중센터 Da Lat(신선한 야채 및 과일), Dong Nai(신선한 돼지 고기), Can Tho(해산물) 및 신선한 식품을 제공하는 2개의 일반 창고를 보유하고 있다. 또한, 대도시에서 운영되는 편의점인 B's Mart도 있다.

BJC는 Metro Cash & Carry를 인수하는 거래를 마무리한 2016년에 슈퍼마켓 체인을 MM Mega Market Vietnam으로 변경하고 그 후로 투자모드는 B2B(70%) 및 B2C(30%)를 통한 비즈니스 전략을 전개하고 있다. 최근에는 북부지방에 첫 돼지 집산지를 건설하고 있다. 2020년까지 북부지방에 1~3개의 물류센터를 개설할 계획이다.

베트남의 가장 대규모 휴대전화 및 액세서리 소매업체 중의 하나인 Mobile World

Investment Corporation(MWG)은 자사의 휴대전화 전자상거래 사이트 vuivui.com을 마감하고, 수요가 증가하고 있는 소비자상품(FMCG)에 집중하기 위해 vuivui.com으로 접속되는 트래픽을 2018년 11월 27일부터 bachhoaxanh.com사이트로 접속하여 통합 운영되도록 조치했다.

자회사인 식품 전문점 Bách Hoá Xanh에 대한 투자를 지속적으로 늘리고 있다. 2018년 4월 7,500억 VND, 11월 1조 2,500억 VND을 투입하고 2019년 2월 추가로 1조 VND (4,300만 달러)을 투자함으로써 모두 3조 VND을 투자하게 된다.

Bach Hoa Xanh의 총 매출은 크지 않았지만(Mobile World Investment의 전체 매출의 4%에 불과), 식품 및 소비재 산업은 높은 성장률을 달성할 것으로 예상하여 2019년 말까지 700개로 점포를 확장할 계획이다.

2014년 말에 유통시장 진출을 시작한 Vingroup의 VinMart+는 가장 공격적으로 편의점 매장의 수를 늘려 1,700개로 규모를 확대했다. 특히, 각 VinMart+는 인구밀도가 높은 지역에 위치하고 점포당 80~220평방미터의 면적을 가지고 있으며 전국의 17개 시 및 성의 주요 도시 및 지방의 교통이 편리한 위치에 자리잡고 있다.

FPT Retail(FRT)의 경우 휴대전화 시장이 둔화되고 있지만, 이 회사는 여전히 이 품목의 판매량을 늘리는 방법을 찾고 있다. FPT는 최근에 F.Friends and Subsidy라는 2가지 특별 할부 프로그램을 시작했다. 현재 이 두 가지 프로그램은 FPT의 매출에 거의 10%를 기여하고 있으며 2019년 회사 발전의 중점 사업이 되고 있다.

FPT Retail은 FPT Shop(기술제품 판매)과 F.Studio(Apple이 인증한 제품 및 액세서리 판매 허가를 받은)의 2개 소매체인을 가지고 있다. 2018년에 71개의 FPT Shop 매장을 개설했다.

FPT Retail은 새로운 사업으로 Long Chau 약국 체인 사업에 진출하여 지금까지 11개의 신규매장을 개점했다.

PNJ(Phu Nhuan Jewelry)는 2018년 첫 9개월 동안 매장 오픈 계획을 완료하여 총 44개 신규매장을 개점하여 총 매장 수를 308개로 늘렸다. 2018년 매출 및 세후이익은 전년 대비 각각 33%, 32% 증가했다. 2019년 PNJ는 사업을 도매 및 소매의 2개 부문으로 분리하고 도매전문 회사를 설립했다. 한편, 시계 판매 부문은 여전히 작지만 현재 호치민에 있는 온라인 웹 사이트와 14개의 소매점을 통해 약 1,000개의 시계 샘플을 판매하고 있다.

외국 유통업체의 베트남 진출도 활발하게 진행되고 있다. 일본의 대형 소매업체 Sumitomo는 중산층 소비자를 대상으로 하는 하노이의 마트 시장에 2018년 12월 진출했다. 2019년에 하노이에 두 개의 매장을 추가로 개설할 계획이다.

설립 후 100년이 넘는 일본의 무역, 투자, 부동산 회사인 Sumitomo는 1995년부터 베트남에서 비즈니스를 시작했다. 또한, 소매업을 50년 동안 운영해 왔다. 베트남에서는 자회사인 ACA Investment를 통해 엄마와 아기를 위한 소매 브랜드인 Bibomart의 지분을 보유하고 있다.

## 2.2. 높은 성장이 예상되는 프리미엄 시장 및 전문점

베트남의 경제성장은 향후 프리미엄 시장이 주목을 받을 것이며, 전문점의 높은 성장이 예상되고 있다.

미국의 Seaf Women's Opportunity Fund는 Organica의 지분 30%를 인수하며 베트남에 진출했다. 펀드회사는 '유기농 제품 시장은 여전히 아직은 작지만, 투자하기로 결정한 베트남 최초의 유기농 식품회사'라고 밝혔다. Organica는 2013년 호치민에 첫 매장을 설립한 유기농 식료품 체인이다. 호치민, 하노이 및 다낭에 5개의 상점이 있다. 현재 이 회사는 남부 및 중부고원 지대에 10곳의 농장을 가지고 있으며, 규모는 총 300 ha이다.

식품회사 비산(Vissan)이 2019년 1월 30일 호치민 1군 지역의 Lê Thánh Tôn 거리에서 첫 번째 비산 프리미엄 매장을 개설하고 허브를 먹은 돼지고기를 출시했다. Vissan사는 새로운 점포가 위생 및 식품 안전기준을 충족시키는 고품질의 신선하고 고급스러운 가공식품 외에도 허브 사료 돼지고기와 수입 쇠고기를 판매할 것이라고 말했다.

2년 전, 유명한 일본 쇠고기를 생산하기 위해 베트남 남부지방 Long An성의 Vo Quang Huy 회사는 와규(Wagyu) 소 수천 마리를 수입했다. 동사는 소고기를 호텔 및 레스토랑에 시범 판매하고 있으며, 생산량이 안정화되는 2019년에 시장에 선보일 예정이다. 와규(Wagyu) 소고기가 Kg당 700,000 VND(30달러)~100만 VND(42.84달러)에 팔릴 수 있다고 회사는 예상하고 있다.

베트남에서 가장 큰 규모 중 하나인 Biển Đông DHS는 가축 국제표준의 하이테크 돼지 도살장을 2018년 11월 3일 개장했다. 한국으로부터 설비를 도입하여 시간당 300마리의 돼지를 도살할 수 있는 자동화된 21ha의 돼지고기 가공 복합단지는 총 투자금액이 약 3천억 VND(약 1,280만 달러)이다. 돼지고기는 생산기술, 식품안전, 작업환경, 원산지 추적의 네 가지 표준에 기반하여 VietGAP을 충족한다. 베트남에서 유통되고 일본, 한국, 중국, 말레이시아 등 해외시장에 수출된다.

글로벌 프리미엄 상품 전문점이 베트남에 진출하고 있다. 2018년 4월 21일, Mothercare는 호치민의 크레센트 몰(Crescent Mall)에 첫 번째 아기 및 엄마를 위한 매장을 개장했다. Mothercare는 1961년 영국에서 설립되었다. Mothercare Plc.는 부모와 어린 자녀를 위한 글로벌 소매업체이다. 1974년에, 조기학습센터(Early Learning Centre)를 설립했으며, 두 브랜드 모두 전 세계 고객들에게 잘 알려져 있다. 현재 50개국에 1,300개의 매장이 있으며, Mothercare와 Early Learning Centre의 다양한 제품을 제공한다.

홍콩의 의료 및 미용 소매업체인 Watsons가 2019년 1월 17일 호치민 1군 지역에서 첫 매장을 열었다. Watsons는 아시아 및 유럽의 12개 시장에 약 6,800개의 매장을 보유한 세계에서 가장 크고 빠르게 성장하는 화장품 및 제약 소매 체인 중 하나이다.

캐주얼 의류 소매업체인 유니클로(Uniqlo)는 동남아시아에서 더욱 크게 성장하기 위해 2019년 가을에 베트남에서 첫 번째 매장을 개장할 계획이라고 2018년 8월 30일 발표했다.

일본의 가정용품 및 의류 소매유통 체인 Muji는 2020년 초 호치민에 첫 번째 매장을 개점할 계획이다. Muji는 가구에서부터 의상, 화장품까지 우수한 품질을 저렴한 가격에 공급하고 있다. 다양한 종류의 가정용품 및 소비재로 전세계적으로 유명하며 일본에 454개를 포함하여 전세계에 928개 매장이 있다.

## 2.3. 성장기반을 다진 전자상거래 시장

구글(Google) 및 테마섹(Temasek)의 보고서에 따르면, 동남아시아 지역의 2018년 전자상거래 부문의 성장률은 32%까지 증가했다. 특히, 베트남은 성장률에서 동남아시아에서 인도네시아에 이어 2위를 기록했다.

베트남은 인구의 53%가 인터넷을 사용하고 약 5,400만 명이 스마트폰을 사용하고 있다. 2020년까지 베트남 인구의 약 30%가 온라인쇼핑을 할 것으로 예상되며, 1인당 연간 평균 구매 예상금액은 350달러이다.

전 세계 58개국에서 1년에 12억명의 방문자를 보유하고 글로벌 1위 전자상거래 사업자인 아마존(Amazon)은 베트남 산업무역부 산하 무역진흥청(VIETRADE)과 파트너십 양해각서를 체결했다. 아마존을 통해 수출을 늘리도록 베트남 기업을 지원하며 베트남에 진출하기 시작했다.

아마존이 베트남에 진출하기 이전에 이미 알리바바(Alibaba)는 전자상거래 업체인 라자다(Lazada)에 20억 달러를 투자하여 지분 83%를 확보하며 베트남에 진출했다. 알리바바는 중국 및 동남아시아 등을 중심으로 15개 국가에서 10억 7,000명의 방문객을 보유한 전자상거래 글로벌 2위 사업자다.

베트남 전자상거래 시장은 선두 확보에 치열한 경쟁을 펼치고 있다. 2018년 4분기의 페이지뷰 통계에 따르면, Shopee는 2018년 1억 2,200만 명의 방문객을 확보했다. Tiki는 1억 790만 명의 방문객으로 Lazada를 추월하며 2위를 차지했다. Lazada는 9,760만 명의 방문객으로 3위를 차지했으며, Thegioididong(Mobile World, 8,830만 명)과 Sendo(7,620만 명)이 뒤를 이었다.

Statista에 따르면, 베트남 전자상거래 산업은 전년도에 비해 29.4% 증가한 22억 7,000만 달러의 매출을 올려 세계 6번째 전자상거래 시장으로 급부상했다. 2018년에 전자상거래 사이트에서 약 4,980만 명의 고객(2.6% 증가)이 있었고 72%는 모바일 app에서 주문했다.

2018년에는 값비싼 마케팅 캠페인과 함께 전자상거래 플랫폼에 대한 수많은 투자가 있었다. 2018년 초 Tiki는 VNG Corporation으로부터 1,220만 VND(530만 달러)달러, 중국 투자자 JD.com으로부터 4,400만 달러를 투자 받았다. 최근 캠페인을 통해 고객에게 깊은 인상을 주었는데, 유명 연예인을 동원하여 2시간 이내 배달을 광고하고 할인 행사를 실시했다.

Sendo는 일본의 SBI Holdings가 주도하는 8명의 투자자로부터 5,100만 달러를 받은 후 가수 My Tam(일명 Chi Dai Sen Do)과 계약을 맺고 많은 TV 및 온라인 광고 캠페인을 시작했다.

Shopee Vietnam은 Sea Group으로부터 5,000만 달러를 투자 받았으며, 수많은 커뮤니케이션 활동 및 프로모션 프로그램으로 인해 2018년 방문자수 1위까지 올랐다.

Statista의 보고서에 따르면, 고객은 전자상거래, 상품의 품질, A/S 및 지불에 대해 의구심을 가지고 있다. 시장은 여전히 잠재력을 훨씬 밑도는 실적인 것으로 나타났다.

판매, 물류 및 판촉 프로그램에 대한 지출이 너무 많아 많은 사업자가 낮은 이윤 마진을 가고 치열하게 경쟁을 하는 시장이 되었다. 소매시장이 성장하고 이익이 시작될 때까지 사업자는 시장점유율을 유지하기 위해 막대한 손실을 겪을 것으로 예상되므로 재무 건전성에서 망하느냐 흥하느냐는 갈림길에 놓여 있다.

그러나, 시장점유율을 확보하기 위해서는 신규고객을 유치하려는 판매 및 판촉 프로그램에 엄청난 돈을 써야 하는데, 이는 막대한 손실을 초래한 가장 큰 이유이다.

특히, 라자다(Lazada)는 2017년의 손실은 1조 VND(4,339만 달러)로 추정되며, 누적손실은 2017년 말까지 4조 VND(1억 7,356만 달러)로 추산된다. Tiki는 2016년까지 3,080억 VND(1,356만 달러) 손실 및 2017년 2,840억 VND(125만 달러)을 포함하여 누적손실이 6,000억 VND(2,643만 달러)를 기록했다. Shopee는 2016년 8월에 공식적으로 출범했으나, 같은 해 말까지 1,640억 VND(710만 달러), 2017년 6,000억 VND(2,603만 달러)로 손실이 증가했으며, 이는 Tiki의 2배가 넘는 손실이다.

## 2.4. 쇼핑객의 최신 유통채널 이용 변화

Nielsen의 최신 쇼핑객 트렌드 보고서에 따르면, wet markets을 포함한 전통적 거래가 여전히 베트남에서는 지배적이지만 현대 유통채널이 인상적인 추진력을 얻어 가고 있다.

2012년 이후 편의점의 수는 거의 4배가 되었고 미니마트는 2018년 가장 많은 매장을 개점했다고 보고서는 밝혔다. 건강, 미용 및 약국도 지난 2년간 2배로 빠르게 성장했다.

베트남인들은 재래식 wet markets의 이용을 줄이고 편의점, 미니마트, 퍼스널 케어, 약품 상점 및 전통 식료품점을 더 자주 방문한다.

wet markets에 대한 월간 쇼핑 횟수는 2010년 25.17건에서 2018년 18.86건으로 감소했다. 편의점 방문은 1.24에서 4.5로 증가했다. 개인 맞춤형, 약품 매장의 방문 비율은 0.76에서 1.22로 증가했다.

도시 지역의 현대식 유통 채널에서 빠르게 변화하는 일용소비재(FMCG)의 판매량은 2018년에 11.3% 증가했으며 전통적인 채널의 경우 1.6% 증가했다. 현대 유통업체는 상점의 수를 더 많이 확보하려는 계획을 세우고 있으며, 상점을 개선하고 확장하기 위해 계속해서 노력하고 있기 때문에 이 채널의 향후 전망은 더욱 향상될 것이다.

현대식 유통 구조의 변화는 베트남 구매자들에게 긍정적인 변화를 가져올 것이다. 변화의 배경은 다음과 같은 편리한 옵션이 제공되기 때문이다.

첫째, 무엇보다도 도시 쇼핑객은 시간이 없고, 복잡한 도시에서 일하고, 교통 체증에 직면하고, 직장에서 멀리 떨어져 살 때, 삶을 편하게 할 수 있는 편리한 솔루션과 제품이 필요하다.

둘째, 경제에 대한 주요 관심사와 저축 우선 순위가 높기 때문에 소비자들은 낭비를 최소화하는데 더 많은 노력을 기울이고, 더 적은 수의 제품을 더 자주 구입함으로써 버려지는 부패하기 쉬운 상품의 양을 줄인다. 또한, 대량 구매에 현금을 쓰는 대신 적은 금액을 더 자주 지출하는 방식으로 현금 흐름을 관리한다.

셋째, 건강과 웰빙이 소비자에게 최우선 관심사이다. 이는 소비자가 지속적으로 중요하다고 느끼고 소비에 우선순위를 두기 때문이다.

보고서는 결과적으로 오늘날의 쇼핑객들은 상점에서 고품질의 제품이나 신뢰할 수 있는 브랜드를 찾는다고 밝혔다.

## 2.5. 다양하게 채널을 활용하는 O2O 소매업

글로벌 회계컨설팅기업 쿠퍼스(PwC)의 조사결과에 따르면, 베트남 소비자의 49%가 최소한 매월 한번은 스마트폰을 통해 전자상거래 업체를 방문하는 것으로 나타났다. 현재 온라인에서의 매출이 소매시장에서 4%대의 아직은 낮은 점유율을 보이고 있지만, 향후 젊은 소비자를 중심으로 온라인 시장이 대폭 성장할 것으로 보인다.

베트남에서 온라인쇼핑을 이용하는 고객의 불만은 배달시간 지연 및 결제수단이 다양하지 못한 것으로 분석되고 있다. 그러나, 더욱 큰 이유는 판매중인 상품에 대한 신뢰의 부족이다. 상품을 먼저 배달하고 현금으로 결제하는 COD(cash on delivery) 서비스가 인기 있는 것도 이러한 불만에 기인한다고 볼 수 있다.

온라인, 오프라인, 모바일 등 다양한 경로를 넘나들며 상품을 검색하고 구매할 수 있도록 환경을 조성하여 온라인에서 구매한 상품에 대해 매장을 직접 방문하여 품질을 확인하고 상품을 구입하는 옴니채널(omni-channel)의 스마트픽이 있다면, 베트남에서의 새로운 O2O 소매업은 이와는 반대 개념으로 기존의 신뢰할 수 있는 매장의 상품을 온라인으로 구매하는 방식이라고 볼 수 있다.

이러한 추세는 소매업체가 온라인 판매로 전환하고 소비자 행동을 학습하여 성과를 개선하고 비용을 절감할 수 있게 한다. 전자상거래는 베트남뿐만 아니라 전 세계 소매업계에서 피할 수 없는 추세이다.

베트남의 수많은 유통업체는 온라인 판매에 공격적으로 투자를 진행하고 있다. 베트남 제1의 유통업체 빈그룹(Vingroup)은 Adayroi.com, 모바일기기 전문업체인 모바일월드 (MWG)는 소비재(FMCG)에 집중하기 위해 bachhoaxanh.com으로 확장했으며, FPT는 sendo.vn, 롯데는 Lotte.vn에서 성공적으로 성장하고 있다.

라자다는 새로운 트렌드를 따라잡기 위해 라자다 슈퍼마켓을 온라인에 개설했다. 라자 다는 '이제부터 고객은 가격 상승과 가짜 제품에 대한 우려를 극복하고 라자다 슈퍼마켓 에서 인증된 정품을 선택할 수 있다'고 밝혔다.

## 2.6. 고객의 신뢰를 확보하는 첩경은 품질관리

베트남 농업부(MARD)는 2018년 5월 쌀에 대한 국가 브랜드 GẠO VIỆT NAM 또는 VIETNAM RICE의 사용에 관한 규정을 발표했다.

이는 베트남에서도 품질관리의 중요성을 강조하는 것으로 제품을 홍보하고 명성을 유 지하며 소비자들 사이에 신뢰를 창출하고 국내 및 국제 시장에서의 제품 경쟁력을 향상 시키도록 설계되었다고 발표했다.

이러한 규정에 의한 인증제도를 살펴보면, 우수제조관리기준(GMP, Good Manufacturing Practices); 식품안전관리인증기준(HACCP, Hazard Analysis and Critical Control Point System); 식품안전경영시스템(Food Safety Management System ISO 22000); 국제식품규격(International Food Standards), 유럽세계표준(BRC Global Standards); 식품안전시스템인증(Food Safety System Certification 22000) 또는 유효한 인증서라 고 명시하고 있다.

또한, 글로벌 농산물우수관리인증(GAP: Good Agricultural Practice)를 도입하여 베트남 농업농촌개발부와 캐나다 국제개발처(CIDA)에 의해 공동으로 시행되는 식품 및 농산물 품질개발 및 관리사업(FAPQDCP)으로 VietGAP이 시범적으로 진행되고 있다.

최근에 이러한 품질인증제도는 소비자들이 우수한 제품을 선정하는 기준으로 점차 자리를 잡아가고 있으며, 소비자들이 꼼꼼하게 확인하고 구매하는 추세를 보이고 있다. 이제 베트남으로 진출하는 기업은 이러한 인증제도를 기본적으로 구비하여 상품의 가치를 보전하고 브랜드를 구축하는 작업이 선행되어야 할 것으로 보인다.

## 2.7. 건강과 뷰티는 한류의 핵심 아이템

베트남 중산층은 어디에 돈을 쓸까? 포브스(Forbes)가 보스턴 컨설팅 그룹(BCG)을 인용하여 발표한 자료에 따르면, 베트남은 중산층이 점차로 증가하여 소비를 주도할 것으로 보고 있다. 베트남 중산층의 소비는 다음과 같은 우선순위로 지출할 것으로 예측했다

첫째, 해외여행에 많은 관심이 쏟아지고 있다. 저가 항공사의 성장과 해외국가로의 무비자 방문이 가능하게 돼 아시아 여행을 쉽게 할 수 있기 때문이다.

둘째, 베트남 사람들은 이제 유명 브랜드의 고급 화장품과 퍼스널케어 제품으로 구매의 폭을 넓히고 있다.

셋째, 건강관리에 관심이 높고 이와 관련된 제품을 구입한다.

넷째, 자신의 부를 보여주기 위해 새로운 전자 제품을 구입한다.

중산층의 형성과 변화되고 있는 베트남 소비시장에 대한 이해를 바탕으로 새로운 성장의 기회를 찾을 수 있을 것이라고 예상했다.

시장조사업체 닐슨(Nielsen)이 최근 조사한 자료에 따르면, 베트남의 소비자가 가장 관

심이 있는 5가지 분야는 고용안정(43%), 건강(41%), 일과 생활의 균형(23%), 경제(23%), 부모의 복지 및 행복(16%)이다.

닐슨의 '베트남 소매업 분야 발전 전략에 관한 보고서'는 79%의 베트남 소비자들이 건강한 재료로 만들어진 제품을 찾으며, 74%의 소비자들이 물품구매 이전에 구체적인 영양성분 표기를 세세히 읽는다고 밝히고 있다. 48%는 구매할 건강한 제품이 부족하다고 응답했다.

최근 베트남의 바이어의 발표 자료에 따르면, 베트남인들은 한국 제품을 상당히 좋은 제품이라고 생각하고 있다. 베트남 소비자들은 수입품에 대한 인식이 좋으며, 특히, 한국이나 태국, 일본의 제품을 좋아한다. 전체 소비의 8~10%가 세 국가의 제품이다.

최근 베트남에서 인기 있는 한국 제품은 전자제품, 금속제품, 산업재와 더불어 식품, 패션, 화장품이다. 또한, 베트남 사람들은 안정된 일자리와 함께 건강에 관심이 많아 홍삼음료, 인삼음료와 같은 고품질의 드링크(High quality drinks)는 103%의 성장을 이뤘다고 밝혔다.

한국·베트남 FTA 활용으로 좋은 품질을 바탕으로 저렴한 가격으로 베트남에 진출하는 것을 권하고 있다.

## 2.8. 젊은 세대의 소비 트렌드는 '실용'

베트남의 인구를 15년 단위로 세분하면, 15~29세 인구는 노동력을 보유한 전체 15~60세 노동인구의 37%를 넘어서고 있다. 경제가 계속 활성화되고 있는 베트남에서 이러한 젊은 세대가 가장 두터운 소비자 계층을 형성하고 있다.

글로벌 리서치 및 데이터 분석 기업인 닐슨(Nielsen)이 발표한 베트남 소비자 시장의 최신 보고서에 따르면, 1998년부터 2010년 사이에 탄생한 Z세대가 구매 결정에 대해 큰 영향을 행사한다고 분석했다. 혼자 쇼핑할 때 또는 부모님과 함께 쇼핑할 때 허락을 받아 물품을 관찰하고 요구하고 선택할 수 있다.

Z세대 응답자의 70%는 가구, 생활용품, 음식 및 음료를 구매하는 결정에 영향을 준다고 응답했다. 그들의 파워는 단지 이러한 범주에만 제한되지 않는다. 그들은 야외 엔터테인먼트 및 외식 활동뿐만 아니라 스마트폰, 태블릿, 노트북 및 스마트 시계와 같은 작고 유용한 도구(gadget)의 구매에서 주요 의사 결정권자라고 지적했다.

맞벌이 가구의 증가로 이러한 젊은이들이 영향력을 크게 발휘하게 되면서 어린 시절부터 가족의 의사결정 과정에 더 많이 참여할 수 있게 되었다고 배경을 설명했다.

베트남의 성인 소비자들은 한번 선택하여 사용해본 상품에 대해서는 좀처럼 바꾸지 않는다. 친지 등 주변으로부터 사용 경험담 등을 통해 교체할 동기부여가 없으면 기존 상품을 계속 사용하는 경향이 있다.

젊은 세대의 특징은 새로운 브랜드를 시도하는 데 열중하고 있으며, 기존의 브랜드에 대한 충성도가 낮다. 이는 응답자의 40%가 새로운 브랜드를 시도하고 4분의 1만이 실제로 구매하기 전에 신중하게 브랜드를 고려한다고 답했다.

## 2.9. 가장 효과적인 온라인 광고의 중심 SNS

소비자 행동연구 전문회사인 칸타월드 패널(Kantar Worldpanel)은 최근 보고서에서 베트남은 디지털화로 인해 미디어 환경이 급속하게 변하고 있다. TV 광고는 2018년 지출이 66%로 감소했으나, 온라인 광고는 30%가 늘어난 것으로 조사됐다. 점차 온라인광고의 비중이 높아지고 있다.

베트남 전자상거래협회(VECOM)는 기업 간 가장 인기가 있는 2가지 광고형태가 소셜네트워크 및 검색 도구라는 점도 강조했다. 특히, 기업의 64%가 VECOM의 설문조사에서 소셜미디어가 가장 효과적인 광고방법이라고 응답했으며, 39%의 기업이 검색도구를 선택했다.

페이스북과 구글은 이 분야의 선두주자로서 최고의 온라인 광고매출을 올리고 있다. Appota에 따르면, 세계에서 7위를 차지한 5,900만 명의 사용자가 있는 베트남은 페이스북 광고주 입장에서는 더 오래 광고를 지속할 것으로 예측하고 있다.

호치민에 기반을 둔 시장조사 기관인 Q&Me가 발표한 복수응답 조사에 따르면, 제품에 대한 정보를 묻는 것(57%), 구매(55%), 프로모션에 대한 질문(47%), 제품 및 서비스 유용성 확인(37%), 기술지원(36%), 상점의 위치(35%) 순으로 나타났다.

특히, Z세대 응답자의 99%는 Facebook 계정을 보유하고 있으며, 77%는 Zalo 메신저의 회원이고 64%는 Youtube 회원이다. 친구와 가족과의 연결(93%) 및 진행 상황 업데이트(73%)와 같은 다양한 목적으로 이 플랫폼을 이용한다.

이러한 세대는 다중채널을 통하여 정보에 접근하며, 가격과 성능 등 합리적인 기준으로 선택하는 똑똑한 세대이다. 한편으로는 자신의 목소리와 신념(55%)을 표현하고 일상활동(42%)을 소셜미디어를 통해 자랑하는 경향이 있다. 커피숍, 영화관, 슈퍼마켓, 편의점에 가는 여가활동도 좋아한다.

베트남에서 소비자에게 영향을 주는 광고매체에 대한 연구결과에 따르면, 하루 평균 2.6시간을 TV를 보는데 3.1시간을 디지털에서 소비하므로 Youtube를 포함한 디지털 채널은 저렴한 비용으로 광고를 효과적으로 진행하는 유용한 수단이다.

베트남에서 마케팅을 효과적으로 진행하는 데 SNS 활용은 필수조건이다.

# 3. 시사점 및 진출 전략

## 3.1. 정품으로 브랜드 확보

2018년 9월 12일 정부가 승인한 법령 119/2018/ND-CP에 따라 2020년 11월 1일부터 모든 기업에게 전자송장 발행이 의무화된다. 세무서의 지시에 따라 설립된 기업은 이 법령에 따라 전자청구서를 적용하거나 IT 시스템을 적용해야 한다.

베트남 산업무역부의 호치민 시장감시기관(Market Surveillance Agency)은 호치민에서 유아용품을 판매하는 프랜차이즈 소매점인 Con Cưng Co. Ltd. 매장 3곳을 사기혐의 수사를 위해 검사를 진행했다.

인쇄된 정보가 붙어있는 제품정보 스탬프가 원산지에 대해 상충되는 세부정보를 가지고 있었으며, 또한, 작은 "Made in Thailand" 카드가 옷에는 적절한 원산지 라벨이 부착되지 않은 상태에서 옷걸이에 부착되었다.

베트남에서 중장기적으로 브랜드를 육성하려면 베트남 정부의 수입인증 절차를 마치고 정부가 지정한 수입인증 라벨을 상품에 부착해야 한다. 또한, 정상적인 수입통관 절차에 따라 관세 및 관련 비용을 부담한 정품으로 베트남에 진출해야 한다.

## 3.2. 베트남 진출 필수 절차

베트남에 진출하는 한국상품은 진출 전에 시장조사를 실시해야 한다. 베트남에 진출하여 실패를 하거나 고전하는 기업들의 공통점은 성급하게 시장조사를 생략하고 진출한 경우가 대부분이다.

글로벌 기업 중에도 다른 국가에서 히트한 제품을 베트남에서 단지 가격을 낮추어 승부하면 된다는 생각으로 진출하여 실패한 경우가 종종 있다.

베트남 고객에 대한 철저한 연구와 지역별 특성, 선호하는 색상 및 재료, 맛에 대한 평가, 경쟁상품과의 비교, 합리적인 가격, 편리성 및 안전성, 품질에 대한 고객의 평가 등을 감안한 심층시장조사를 거쳐야 한다.

소비자의 needs에 따른 유통채널의 선택 및 유통 방법 분석, 광고 및 온라인 SNS 활용 방안도 미리 체크하는 것이 바람직하다. 샘플에 대한 소비자의 반응을 설문조사 하는 것도 좋은 방법이다. HS-code에 의한 관세율 및 한국·베트남 FTA 혜택도 미리 파악해야 한다.

베트남에 진출하고자 하는 상품의 대부분은 수입인증을 받도록 되어 있다. 화장품은 사용한 재료에 대한 심사 및 샘플에 대한 상표의 표기 내용 등을 서면으로 심사하지만, 식품 및 건강식품의 경우 베트남에서 샘플에 대한 화학검사를 1~2회 추가로 실시해야 한다.

수입인증에 소요되는 기간은 2~4개월 정도이며, 품목당 150~300달러의 비용이 필요한 것에 부담을 느낀 나머지 수입인증을 생략하고 베트남으로 진출하는 경우 공식적인 현대식 유통 채널에 등록할 수 없다는 점에 유념할 필요가 있다.

한국에서 베트남으로 선박으로 수출을 할 경우 통상 12일 정도 소요된다. 세관을 거쳐 수입업체의 창고에 입고되는 기일까지 감안하면 17일 이상 필요하다. 이때 원산지증명서를 제출하는 경우 한국·베트남 FTA 관세 혜택을 볼 수 있다. 2015년 12월 협정이 체결되어 2019년은 5년차에 해당되고 화장품의 경우 유예기간이 10년이므로 50%에 해당하는 관세 혜택을 누릴 수 있다. 이러한 관세혜택을 포함한 수출경비의 절감은 베트남 현지에서 가격 경쟁력에 매우 많은 도움을 받을 수 있다.

베트남으로 처음 진출하는 한국상품은 브랜드 인지도가 낮을 뿐만 아니라, 상품에 대한 이해도 부족할 수 있다. 따라서, 상품을 알리는 베트남어 홈페이지를 구축하여 상세하게 상품을 설명해야 한다.

특히, 베트남에서는 상세페이지가 많은 경우, 우수한 상품으로 인식하므로 가능하면 충분한 설명이 필요하다. 이때 HACCP, GMP 또는 ISO와 같은 품질인증에 대한 내용을 함께 게재하는 경우 상품의 품질에 대한 신뢰 구축에 도움을 받을 수 있다.

소비자에게 효과적으로 널리 알리는 방법으로는 Facebook, Youtube 등 SNS를 적극적으로 활용할 필요가 있다. 매일 정기적으로 새로운 정보를 업데이트하여야 하며 더욱 상세한 설명을 원하는 고객을 위해 관련 베트남어 홈페이지 URL을 함께 게재하여야 한다. 소비자가 궁금해 하는 사항에 대한 성실한 답변으로 "좋아요" 클릭을 많이 받는 것도 방문자를 늘리는 방편이다.

경비를 절감하기 위해 베트남 진출 초기에 많은 상품을 다량으로 수입하는 것 보다는 우선 소량을 수입하여 시장의 반응을 살피는 것이 중요하다. 또한, 소비자의 반응이 좋은 품목부터 판매를 시작하여 품목 수를 늘려가는 것도 중요한 마케팅의 일부이다.

베트남에서 비용이 가장 적게 들고 쉽게 고객의 반응을 살피는 방법으로 기존의 베트남 플랫폼에 우선 등록하는 것을 권한다. 방문객이 많은 Shopee, Tiki, Lazada 등에 등재하는 것이 좀더 효과적이다. 전자상거래의 특징은 고객이 방문하는 경로를 비롯하여 고객의 이용성향을 파악할 수 있는 것이 오프라인 매장과 다른 점이다. Web log 분석이 필수적이다.

특히, 최근에는 온라인과 오프라인을 함께 다양한 채널로 활용하는 O2O 소매점의 특성을 활용하는 것이 상호 효과를 증대시키는 방법으로 인기를 얻고 있다.

베트남은 기존의 재래식 시장의 매출이 아직도 70%를 넘어서고 있다. 그러나 소비자는 온라인쇼핑을 비롯한 mart, 편의점, 전문점 등의 현대식 매장에 판매되는 여부에 따라 품질의 우수성과 연계하여 판단하는 경향이 있다. 가능하면 현대식 점포에서 우선 판매하는 것을 검토할 필요가 있다.

### 3.3. 충성고객이 이윤을 창출한다

판매는 매장에서 또는 온라인에서 판매를 하지만, 다량으로 구매하는 VIP 고객의 확보가 이익을 증대하는 비결이다. 새로운 고객을 창출하는 것보다 마니아 단골고객을 확보하는 것이 영업비용을 절감할 수 있는 비결이기 때문이다.

회원제 member ship 관리는 매우 중요한 고객관리 방법이다. 또한, 정기적으로 고객에게 신상품 정보 제공 및 사은품 증정 등으로 고객의 이탈 방지 및 충성도 향상 등을 게을리 하지 않는 것이 중요하다. 영업사원 매뉴얼을 작성하여 지속적으로 교육을 실시할 때도 단골고객의 유지 및 창출에 중점을 둘 필요가 있다.

고객관리에서 품질관리, 고객의 판매점 접근의 편리성, A/S는 매우 중요한 요소이다. 이에 못지 않게 중요한 것은 고객의 신뢰 확보이다. 고객에게 상품을 판매하기 이전에 신뢰를 판매한다는 기업문화를 먼저 확고히 하고 이를 고객으로부터 인정받을 수 있도록 노력해야 한다.

# VIETNAM ECONOMIC REPORT

## 08

베트남 경제 리포트

>>

| 제08장 |

베트남 내 회사의
설립과 운영

# | 제08장 | 베트남 내 회사의 설립과 운영

법무법인 아세안 / 최지웅 변호사 |
jchoi@alfcounsel.com |

## 1. 베트남 정관

베트남 기업의 정관에는 기본적으로 상호, 사업목적, 주식과 주권, 주주총회, 임원과 이사회(사원총회) 등에 관한 사항을 명시하는데, 이는 법인을 설립하기 위해서 설립 회사의 사업 목적, 조직, 업무 내용에 대한 규정을 세우는 목적도 있다.

## 2. 유한책임사원의 사원, 주식회사 이사회의 구성원, Director, legal representative 등등

베트남 기업법상 현지법인은 (i) 주식회사(Shareholding Company), (ii) 유한책임회사(Limited Liability Company), (iii) 합자회사(Partnership) 및 (iv) 개인기업(Private Enterprise)으로 구분된다. 다만, 합자회사/개인기업은 투자자가 무한책임을 지므로, 통상 유한책임회사와 주식회사가 활용된다.

유한책임회사, 주식회사는 또한 생산이나 판매를 현지에서 독립적으로 수행하고 본사와도 계약에 의해 거래가 이루어져서 손익이 독립적으로 발생하게 된다. 이에 따라, 유한책임회사와 주식회사는 철저히 현지 기업으로서 현지화된 영업 전략을 펼쳐나갈 수 있다는 장점을 가지고 있다.

## 2.1. 1인 유한책임회사(Single Member Limited Liability Company)

1인 사원 유한책임회사는 투자자가 1인인 경우로, 회사설립 및 운영에 있어 각종 서류작업 및 운영 방식이 간단하며, 특히 내부의사결정기관과 절차를 투자자의 뜻대로 정해 정관에 기입할 수 있다는 장점이 있다. 이 경우 한국 본사가 베트남 현지 법인의 소유권 100%를 보유, 완전한 통제권을 행사할 수 있어 비교적 현지법인 관리가 용이하다는 장점을 가진다.

유한책임회사의 사원(member)은, 주식회사의 '주주'와 같은 개념으로 회사의 채무에 대해서 개인적으로 직접 책임을 지지 않고, 회사 명의의 재산으로 책임을 부담한다.

1인 사원 유한책임회사의 경우 정관상 제한이 있는 경우가 아닌 한, 사원총회의 의장 또는 회사의 소유주(Owner)가 지명하는 1인이 회사의 법률상 대표자(Legal Representative)가 된다. 법률상 대표자 중 1인은 베트남에 상주하여야 하고, 법률상 대표자가 한 명인 경우 그 대표는 반드시 베트남에 거주하여야 하며, 베트남을 떠나 있는 경우 법률상 대표자의 권한과 임무를 수행할 대리인을 서면으로 선임하여야 한다. 이 경우 법률상 대표자는 여전히 위임된 권한과 임무 수행에 대한 책임을 부담한다. 만일 유일한 법률상 대표자가 30일 이상 베트남을 떠나 있는 경우에는, 회사의 사원총회 또는 회사의 소유주는 다른 사람을 법률상 대표자로 임명하여야 한다.

사원총회(Member's council)는 유한책임회사의 집행기관이자 의사결정기관이다. 사원총회는 모든 사원으로 구성되며, 사원이 법인인 경우에는 대리인(Authorized Representative)을 지명하여야 한다. 각 사원은 출자지분에 비례하여 의결권을 보유하며, 대리인은 사원으로부터 위임 받은 출자지분에 비례하여 의결권을 가진다. 1인 사원 유한책임회사의 경우 사원은 3~7인의 대리인을 지명 할 수 있으며 각 대리인의 임기는 5년을 초과할 수 없다. 사원총회 의장은 사원총회의 구성원(사원 또는 대리인) 중에서 선출하며, 의장은 회사의 사장(General Director)를 겸직할 수 있으며 그 임기는 5년을 초과할 수 없지만 재임이 가능하다. 의장의 권리 및 의무는 대부분 사원총회 회의의 절차적인 사항과 관련된다. 사장(General Director)은 회사의 일반 운영을 책임지며 사원총회를 위하여 권리를 행사하고 의무를 이행한다.

## 2.2. 2인 이상 유한책임회사(Multiple Member Limited Liability Company)

2인 이상 사원 유한책임회사는 투자자가 2인에서 50인 사이인 경우 설립 가능한 회사로, 사원이 50인을 초과할 수 없다. 11인 이상의 사원들로 구성된 유한책임회사는 반드시 감사위원회를 설치해야 하며, 11명 미만으로 구성된 회사의 경우에도 회사의 판단에 의해 감사 위원회를 둘 수 있다.

투자자로부터 권한을 위임받은 수임대표자가 수인인 경우에만 그들로 구성된 사원총회가 존재하는 1인 유한책임회사와 다르게 2인 이상 투자 유한 책임회사의 경우, 투자자들로 구성되는 사원총회라는 새로운 의결기구 설치가 요구되고 있다. 사원총회에서는 정관 자본의 75% 이상 출석 및 출석 정관 자본의 65% 또는 75%의 찬성으로 안건이 의결되므로 의결권 확보가 중요하다.

법률적으로는 주로 소규모 합작회사나 지인들끼리 공동사업을 영위하고자 할 때 유용한 형태를 가지고 있다. 정관에 포함되는 내용은 1인 유한책임회사와 비슷하나 지분의 양도가 사원들 상호 간에 먼저 이루어져야 한다는 규제가 있다.

## 2.3. 주식회사(Joint Stock Company)

주식회사는 최소 3명 이상의 주주(shareholder)가 필요하며 창립주주의 경우에는 주주총회 결의가 없는 한 3년간 주식을 양도할 수 없다. 주식회사의 주주는 회사의 채무에 대해서 개인적으로 직접 책임을 지지 않고, 회사 명의의 재산으로 책임을 부담한다. 유한책임회사와는 달리 주주 수에 대한 상한선이 없다. 유한책임회사와 마찬가지로 개인투자자 또는 법인투자자 직원은 법적 대표자(LR) 및 법인장(GD)의 겸임이 가능하나 법적 대표자에게는 베트남 상주 규정이 적용된다. 베트남 법상 유일하게 주식 발행 가능하다.

주식회사 이사회(Board of Management, BOM)는 회사를 관리하는 기관으로 회사의 중장기 발전전략, 채권 매각가격 및 투자 방안 등 주주총회의 권한에 속하지 않은 사안을 수행하고 결정한다. 이사회는 3~11인의 이사와 독립이사로 구성되며, 구체적인 이사회 구성원의 수는 회사 정관에서 규정한다. 이사회 구성원은 회사의 사업관리에 대한 전문성과 경험이 있는 자로, 반드시 회사의 주주여야 하는 것은 아니다. 이사회 구성원은 다른 회사의 이사회 구성원으로 겸직할 수 있다. 이사회 구성원의 임기는 최대 5년이며, 재선임될 수 있는데, 구체적인 임기의 회수, 기한, 베트남에 상주해야 할 이사회 구성원의 수는 회사 정관에서 규정한다.

이사회에서는 이사회 구성원 중에서 이사회 회장을 선출한다. 이사회 회장은 법인장을 겸직할 수 있다. 단, 국가가 주식회사의 총 의결권의 50% 이상을 소유하거나 정관이나 베트남 증권법에서 금지하고 있는 경우라면 겸직할 수 없다. 이사회 시 구성원의 3/4 이상 참석, 참석인원 과반수 찬성으로 의결된다.


# 3. 외국인에게 점점 제약을 가하고
##   규제수단이 되고 있는 노동허가가 면제되는 경우

베트남 노동법 시행령 11 제7조2항에 따라 노동허가가 면제되는 경우는 다음과 같다.

 A. 유한책임회사의 사원
 B. 주식회사의 이사회 구성원
 C. 국제기구의 대표자

D. 3개월 미만 용역 수행자

E. 외국 변호사

F. 국제조약에서 정한 경우

G. 외국 학교 학생

H. 경영컨설팅, 통신, 건축, 유통, 교육, 환경, 금융, 건강, 관광, 문화, 연예, 유통 등 WTO 양허안에서 정한 11개 서비스 분야를 영위하는 회사의 본사 파견자

I. ODA 프로젝트의 리서치, 건축, 평가, 관리 및 실행을 위한 전문가 및 기술자

J. 베트남 외교부로부터 통신 및 언론 분야 자격증을 받은 사람

K. 국제학교의 교원 및 연구원, 베트남 교육부로부터 허가받은 교육기관 교원 및 연구원

L. 외교 기관 및 국제기구 자원봉사자

M. 30일 미만 단기 근로자로서 연간 누적 체류기간이 90일 미만인 사람

N. 베트남 정부기관이 체결한 국제조약의 업무 담당자

O. 베트남 외교부로부터 허가받은 외교 업무 수행자의 가족

P. 정부기관의 관용 여권 소지자

Q. 기타 노동보훈부 장관의 요청에 따라 수상이 승인한 사람

상기의 면제 대상자들은 근로 개시 예정일 7일 전까지 근로 예정지 소재 노동보훈국에 노동허가 면제 신청을 하여 확인서를 받아야 한다. 하지만, 상기 M의 단기 근로자는 이러한 면제 확인서도 받을 필요가 없다.

# 4. 한국에 있는 본사, 투자기업 또는 투자자 개인 1인 주주 또는 2인 주주 이상에게 베트남 법인의 이익을 배당할 경우의 방법과 원천징수 배당세율

이익배당이란 기업의 영업활동 결과로 발생한 이익을 주주에게 분배하는 것으로 기업이 재정적 의무를 수행한 후 남은 이윤을 통해 발생한 현금 및 기타 자산으로 각각의 지분

에 따라 지급된 순이익을 말한다.

원천징수세는 베트남과 외국에서 제공된 서비스에 대하여 베트남에서 창출된 소득에 대하여 적용된다. 다만, 단순재화 수입 또는 수리, 교육, 광고 등 일체의 서비스가 해외에서 수행되는 경우에는 적용되지 않는다.

외국인투자기업의 순이익에 대하여 외국인 투자자에게 지급하는 배당금에 대해서는 원천징수세가 부과되지 않는다. 따라서, 한국·베트남 조세조약상 배당 제한세율을 적용할 여지가 없다. 원천징수세가 부과되지 않지만, 개인은 자본 투자로 인한 이익, 배당금 수취이익을 모두 부정기적인 이익으로 보아 개인소득세가 과세된다. 이에 따라 배당금을 지급하는 법인은 적절한 원천징수 세율을 적용하여 원천징수해야 한다. 반면 배당금을 수취하는 법인은 여타의 세금이 부과되지 않는다.

베트남에 있는 자회사에서 이익이 많이 나서 투자자(본사)에게 배당금 송금할 경우 외국투자자들은 매년 1회에 한 해(베트남투자를 종결한 시점에 회수하는 것은 무방) 이익잉여금을 모회사에 송금할 수 있다. 단, 이월결손금상태에서 이익배당은 불가하다. 모회사나 자회사는 이익배당금의 송금 전 최소 7일전에 관할세무서에 송금계획을 통지하여야 한다. 배당금의 한도는 현재의 대차대조표의 이익잉여금 잔액 이내이면 전액 가능하다. 단, 주식 같은 투자자산 등의 평가이익이나 외화환산이익 같은 미실현손익은 제외된다.

한국의 법인주주에게 대한 배당금 송금에 대해서는 원천징수세금은 없다. 개인주주에 대해서는 5%의 원천징수세를 납부하여야 한다. 법인세 납부 후 당기순이익에 대해서 베트남 세무당국은 배당금 송금에 제한을 두지 않는다.

# VIETNAM ECONOMIC REPORT

## 09

베트남 경제 리포트

>>

베트남 비자, 노동허가증
및 전문가 자격증

베트남 비자, 노동허가증
및 전문가 자격증

법무법인 JP / 김지현 변호사 |
jesusdam@jplaws.com |

# 1. 법적 근거

외국인 근로자로서, 베트남에서 근로를 하거나 생활을 하기 위해서 자주 논의되는 비자, 노동허가증 및 전문가 자격증에 대해서, 확인해 볼 수 있는 법적근거는 다음과 같다.

- Law on Entry, Exit, Transit, and Residence of Foreigners in Vietnam No. 47/2014/QH13
- Decision No. 09/2004/QD-BNG
- Law on Labor No. 10/2012/QH13
- Decree No. 11/2016/ND-CP
- Decree No. 05/2015/ND-CP
- Circular No. 47/2015/TT-BLDTBXH
- Circular No. 04/2016/TT-BLDTBXH

# 2. 비자, 노동허가증 및 전문가 자격증

## 2.1. 비자 종류

우선 Law on Entry, Exit, Transit, and Residence of Foreigners in Vietnam No.

47/2014/QH13 제8조 및 제9조에서는 비자종류 및 비자기간을 확인해 볼 수 있다. 구체적인 내용을 정리하면 다음과 같다.

비자종류 및 비자기간

| NO | 구분 | 비자 종류 | 기간 | 비고 |
|---|---|---|---|---|
| 1 | NG1 | 베트남 공산당 중앙위원회 서기장, 베트남 주석, 베트남 국회의장, 또는 수상의 초대를 받은 대표에게 발급 | 12개월 이하 | 여권 및 국제 통행 허가증의 만료일은 비자의 만료일 기준으로 최소 30일 이상 남아 있어야 한다. |
| 2 | NG2 | 베트남 공산당 중앙위원회 서기국, 베트남 부주석, 베트남 국회부의장, 베트남 부수상, 베트남 조국전선 중앙위원회 위원장, 베트남 최고인민법원 재판장(대법원장), 베트남 최고인민검찰원 원장, 행정장관, 국가 감사원장, 부서장, 각 성의 서기, 각 성의 인민위원회 위원장과 동등한 위치의 대표에게 초대를 받은 대표에게 발급 | | |
| 3 | NG3 | 외교단, 영사관, UN 산하 국제기구 대표 사무실, 국제정부기관의 대표사무소 직원의 임기 동안 본인 및 배우자, 18세 이하 자녀 및 가사 도우미에게 발급 | | |
| 4 | NG4 | 외교단, 영사관, UN 산하 국제기구 대표 사무실, 국제정부기관 관련 업무를 진행하는 자, 또는 외교단, 영사관, UN 산하 국제기구 대표 사무실, 국제정부 기관 직원을 방문하는 자에게 발급 | | |
| 5 | LV1 | 베트남공산당 중앙위원회의 소속 부서인 기관, 국회소속 기관, 국회상임위원회 소속 기관, 베트남조국전선 중앙위원회, 최고인민법원, 최고인민검찰원, 국가감사원, 정부 부처 및 장관 소속 기관, 시 인민위원회, 각 성의 인민위원회의 근무자 및 관련 종사자에게 발급 | | |
| 6 | LV2 | 사회정치적 기관, 사회기구, 베트남 상공회의소 관련 근무자에게 발급 | | |
| 7 | DT | 베트남에 투자하는 외국인 투자자 또는 베트남 근무 외국 변호사에게 발급 | 5년 이하 | |
| 8 | DN | 베트남 회사 관련 근무 직원에게 발급 | 12개월 이하 | |
| 9 | NN1 | 국제기구 또는 해외 비영리법인 대표사무소 소장, 프로젝트 담당자에게 발급 | | |

| NO | 구분 | 비자 종류 | 기간 | 비고 |
|----|------|-----------|------|------|
| 10 | NN2 | 외국기업 대표사무소 및 무역회사 지점장, 외국 경제, 문화, 전문기관의 대표 사무소 대표에게 발급 | 12개월 이하 | 여권 및 국제 통행 허가증의 만료일은 비자의 만료일 기준으로 최소 30일 이상 남아 있어야 한다. |
| 11 | NN3 | 국제기구, 외국 비영리법인, 외국기업 대표사무소와 지점, 기타 외국 경제, 문화, 전문 기관의 대표 사무소와 관련된 근무자에게 발급 | | |
| 12 | DH | 실습, 학습 학생 또는 인턴에게 발급 | | |
| 13 | HN | 국제회의 또는 학회 참가자에게 발급 | 3개월 이하 | |
| 14 | PV1 | 베트남에 상주하는 기자에게 발급 | 12개월 이하 | |
| 15 | PV2 | 베트남에 단기간 머무르는 기자에게 발급 | | |
| 16 | LD | 베트남에 취업 근무하기 위해 온 자에게 발급 | 2년 이하 | |
| 17 | DL | 관광객에게 발급 | 3개월 이하 | |
| 18 | TT | LV1, LV2, ĐT, NN1, NN2, DH, PV1, LĐ를 발급받은 외국인의 부모, 배우자, 18세 이하 자녀 또는 베트남 국민의 부모, 배우자, 자녀에게 발급 | 12개월 이하 | |
| 19 | VR | 친척을 방문하거나 이외의 목적으로 방문하는 자에게 발급 | 6개월 이하 | |
| 20 | SQ | 본 법률 제17조 3항에 명시된 상황에 처한 자에게 발급 | 30일 이하 | |

관행상 베트남에 투자 혹은 근무를 목적으로 하는 외국인은 ĐT 또는 LĐ 비자를 신청한다. 베트남 회사를 설립하거나 자본을 출자한 외국 투자자는 베트남에서 장기간 사업 활동을 위해서 비자 또는 임시거주증을 신청할 수 있는데, 비자의 경우 ĐT를 신청할 수 있고 이 비자의 기한은 5년 이하이다. 그 이외 장기간, 단기간 근무에 상관 없이 베트남에서 근무하기 위해서는 LĐ 노동 비자를 발급받아야 하며, LĐ의 기한은 2년 이하이다.

비자 신청의 기본적 단계를 보면, 다음과 같다.

## 비자 신청의 기본적 단계

| | |
|---|---|
| 관할 당국 | - 이민국<br>- 출입국 관리 사무소 |
| 비자 발급 조건 | - 여권 또는 통행허가증 소지<br>- 베트남 개인 혹은 기구의 초대 또는 후원<br>- 본 법안의 제21조에 명시된 경우에 따라 입국 중지를 받지 않은 자<br>- 다음의 경우에는 비자를 신청할 때 입국 목적을 증명해야 한다.<br>　• 베트남에 투자하고자 하는 외국인은 투자법에 따라 베트남의 투자를 증명하는 서류가 있어야 한다.<br>　• 베트남에서 변호사로 근무하고자 하는 외국인 변호사는 변호사법에 따른 실무 변호사 자격증이 있어야 한다.<br>　• 베트남에서 일하고자 하는 외국인은 노동법에 따른 노동허가증이 있어야 한다.<br>　• 베트남에서 공부하고자 하는 외국인은 베트남 교육 기관 또는 학교의 서면 합격 통지서가 있어야 한다. |
| 필요 서류 | - 해당 기관이 속한 관할 당국의 공인을 받은 자격증 또는 인증된 결정문 원본(기업등록증, 운영등록증 등)<br>- 인장 사용 신고서 또는 인장등록증<br>- 기관 대표의 인감 또는 서명 증명 서류<br>- 비자 발급 신청서<br>- 만료가 최소 6개월 이상 남은 신청자의 여권<br>- 노동허가증 또는 노동허가증 면제 증명서 또는 베트남 회사 자본 출자 증명 서류<br>- 각 비자 종류에 따른 요구 서류 |
| 소요시간 | 서류 제출 후 근무일 5일 이내 |

한편, Decision No. 09/2004/QD-BNG에 따라, 일본인 또는 한국 시민권자는 여권 종류에 관계 없이 아래의 조건을 만족하면서 일시적으로 머무르는 기간이 15일 이하일 경우 비자 면제를 받을 수 있다.

- 일본 또는 한국 당국에서 발급한 합법적인 여권을 가지고 있으며, 여권의 만료일이 입국일로부터 최소 3개월 이상 남은 자
- 왕복 항공권 또는 다음 일정의 항공권이 있는 자
- 규제에 따라 베트남 입국을 제한받지 않은 자
- 입국일 기준으로 30일 동안 베트남을 방문하지 않고, 여권의 만료일이 최소 6개월 이상 남은 자

## 2.2. 노동허가증

베트남 노동법에서는 베트남에서 근무하는 외국인의 조건에 대해서 규정하고 있다. Law on Labor No. 10/2012/QH13 제169조의 내용을 보면, 다음과 같다.

▶ **노동법 No. 10/2012/QH13 제169조**
베트남에서 근무하고자 하는 외국인은 다음의 조건을 모두 충족해야 한다.

a. 문명 시민으로서 태도를 갖출 것
b. 근무 조건에 적절한 기술, 전문적인 능력과 건강을 갖출 것
c. 베트남 법 또는 국제법에 따른 범죄 기록이 없고, 범죄자가 아닐 것
d. 본 법안의 제172조에 명시된 경우를 제외하고, 베트남 관할 당국이 발행한 노동 허가증을 소지할 것

노동 허가증은 고용자와 외국인 근로자의 정보를 포함한, 외국인이 베트남에서 합법적으로 일하기 위해서 중요한 허가증이다. 베트남에서 노동허가증 또는 노동허가증 면제

증명서 없이 근무하는 외국인 근로자는 베트남법에 따라서 추방될 것이다. 또한, 외국인 근로자는 노동허가증에 명시한 직책에서 근무해야 하고, 그렇지 않은 경우 추방될 것이다. Law on Labor No. 10/2012/QH13 제173조에서는 노동허가증의 최대 유효기간을 2년으로 규정하고 있다. 따라서, 이러한 관련 규제에 따라서 외국인 근로자가 기본 조건을 충족하면 2년의 노동허가증을 발급받을 수 있고 기한은 연장할 수 있게 된다.

더 자세히 말하자면, Decree 11/2016/ND-CP에 따라서, 노동허가증의 기간은 최대 2년을 넘지 못하며 아래 기간의 영향을 받는다.

- 노동 계약서의 기간
- 외국 회사가 결정한 베트남에서 임무 수행 기간
- 베트남 회사와 외국 회사 간에 체결한 계약 및 조약의 기간
- 베트남 회사와 외국 회사 간에 체결한 서비스 계약 및 조약의 기간
- 외국인 근로자를 베트남으로 보내는 서비스 제공을 협상한 서비스 제공자가 서면으로 명시한 기간
- 베트남 법에 따라서 운영허가증을 받은 해외 비정부기구 또는 국제기구의 허가증에 명시된 기간
- 외국인 근로자를 베트남으로 보내 상업적 주재를 설립하고자 하는 서비스 제공자가 서면으로 명시한 기간
- 베트남에서 상업적 주재를 설립한 외국 기업 운영에 필요한 업무 능력을 증명하는 서면 자료에 명시한 기간

외국인 근로자는 사실상 주로 기업의 사정에 따른 배치에 따라, 관리자, 최고 경영자, 전문가, 기술자 등으로 근무하기 위한 근로 계약을 체결하기 위해서 노동허가증을 신청하게 된다. 이와 같은 경우 필요 서류 목록과 특정한 신청 절차가 있다. 예를 들어, 전문가로서 기업의 사정에 따른 배치에 따라 베트남으로 와서 노동허가증을 신청하는 경우의 기본적인 절차를 보면, 다음과 같다.

## 노동허가증 신청의 기본적 절차

| | |
|---|---|
| 관할 당국 | Department of Labor, War Invalids and Social Affairs |
| 노동허가증 발급 조건 | • 법에 명시된 바에 따라 문명적인 행동을 하는 근로자.<br>• 작업에 필요한 건강상태를 갖춘 자.<br>• 관리자, 최고 경영자, 전문가 또는 기술자.<br>• 베트남법 및 외국법에 따라 범죄경력이 없는 자.<br>• 국가의 관할 당국이 고용을 승인한 자. |
| 노동허가증 발급 절차 | • 외국인 근로자 근무 시작일 기준 15일 이전에 고용자는 해당 외국인 근로자가 근무할 지방의 관할 Department of Labor, War Invalids and Social Affairs에 노동허가증 신청서를 지원해야 한다.<br>• 적절한 신청서를 받은 후 근무일 5일 이내에 Department of Labor, War Invalids and Social Affairs는 노동부가 제공한 형식에 따라서 노동허가증을 발급해야 한다. 노동허가증을 발급하지 않을 경우, 서면 답변 및 설명서를 제공해야 한다.<br>• 본 시행령의 2조 1.a항에 따라서 근로자가 노동허가증을 받은 이후 예정된 근무일 이전에 베트남법을 준수하는 노동 계약을 체결해야 한다. 근로계약서를 체결한 이후 근무일 5일 이내에 고용자는 계약서 사본을 노동허가증을 발급했던 Department of Labor, War Invalids and Social Affairs에 제출해야 한다. |
| 필요 서류 | • Ministry of Labor, War Invalids and Social Affairs의 규정에 따라 작성한 노동허가증 서면 요청서<br>• 신청일 1년 이내에 발급한 베트남 또는 해외 공인 의료 기관이 발행한 건강 진단서 또는 건강 진단 보고서<br>• 범죄 경력 조회서 또는 해당 외국인 근로자의 범죄 기록이 전무함을 증명하는 외국 관할 당국이 발행한 서면 증명서(범죄 경력 조회서 또는 해당 외국인 근로자의 범죄 기록이 전무함을 증명하는 외국 관할 당국이 발행한 서면 증명서는 신청일 기준 6개월 이내에 발급한 것으로 한정한다.)<br>• 근로자가 관리자, 최고 경영자, 전문가 또는 기술가임을 증명하는 서면 증명서<br>• 컬러 증명사진 2부(4cm × 6cm, 흰색 배경, 얼굴 전면, 모자와 선글라스는 착용 금지)<br>• 해당 법에 따라서 만료되지 않은 여권, 여권 대용물 또는 그 이외 국제 여행을 위한 허가증 복사본<br>• 외국인 근로자 관련 서류<br>〈비고〉<br>외국 당국이 발행한 서류의 경우에 베트남과 해당 국가가 맺은 국제조약 또는 상호간의 법칙 또는 관련 법에 따라서 면제 받은 서류를 제외하고 영사 공증을 받아야 한다. 서류는 베트남어로 번역하고 베트남 법에 따라서 공증받아야 한다. |
| 소요 시간 | 필요 서류 제출 후 근무일 5일 이내 |

## 3.3. 전문가 자격증 사용

전문가, 관리자 등에 대한 개념은 Decree No. 11/2016/ND-CP 제3조 등에서 내용을 확인해 볼 수 있다.

▶ **시행령 No. 11/2016/ND-CP 제3조**

1. 외국 회사에서 일시적으로 파견한 전문가, 관리자, 최고 경영자, 기술가로 베트남에서 상업적 주재를 가진 외국 회사 내에 근무하는 외국인 근로자는 해당 회사에 최소 12개월을 근무해야 한다.

2. ……생략……

3. 전문가 외국인 근로자는 다음의 정의를 따른다.

   a. 해외 단체, 기구, 기업이 발급한 증명서를 소유한 자

   b. 학사 학위 또는 이와 동등한 학위를 가지고 베트남에서 발령받은 직종의 해당 분야의 최소 3년 이상 경력을 가지거나 수상의 결의안에 따라 특별한 경우로 인정받는 자.

4. 외국인 근로자로 인정받는 관리자 및 최고 경영자는 다음을 포함한다.

   a. 관리자는 기업법 제4조 18항에 따라서 기업을 경영하는 자 또는 해당 기구 또는 단체의 총수 또는 부총수를 뜻한다.

   b. 최고 경영자는 기구, 단체 또는 기업의 부속 기구의 대표 이사를 뜻한다.

5. 기술가는 기술직 또는 해당 분양 관련 최소 1년 이상 기술 훈련을 하고 해당 분야에서 최소 3년 이상 경력을 가진 자를 뜻한다.

외국인 근로자는 시행령 No. 11/2016/ND-CP의 제2조에 명시된 직급에서 근무해야 하는데, 가장 많이 근무하는 형태인 전문가, 관리자, 기술자에 대한 자세한 내용은 다음 내용과 같다.

### 전문가

전반적으로 아래 사항 중 하나를 충족할 때 외국인 근로자는 전문가로 구분된다.

- 해외 단체, 기구, 기업이 발급한 증명서를 소유한 자
- 학사 힉위 또는 이와 동등한 학위를 가지고 베트남에서 발령받은 직종의 해당 분야의 최소 3년간 경력을 가지거나 수상의 결의안에 따라 특별 경우로 인정받는 자

현재, 전문가 증명서에 대해 명시한 규제는 없다. 따라서, 고용자는 발급 기관의 이름, 본사, 기업등록증 번호 등의 정보와 근로자의 이름, 생년월일, 국적, 여권 번호, 직책 등의 정보를 명시한 전문가 증명서를 재량에 따라 준비할 수 있다.

예전의 Decree No. 102/2013/ND-CP와 비교했을 때, 예전에는 전문가로 인정받기 위해서 베트남에 발령 받은 직종의 최소 5년간의 경험을 요구하는 반면, 현재 Decree No. 11/2016/ND-CP에 따르면 경력기간을 3년으로 줄였다.

### 관리자

현재 베트남 법에 따라서 외국인 근로자가 관리자가 되는데 요구하는 특정한 서류는 없다. 그렇지만, 관행상 외국인 근로자는 해외 기관, 단체, 기업의 관리자임을 증명하는 서류를 준비해야 한다. 해당 서류에 명시된 관리자의 직책은 해당 외국인 근로자가 베트남에서 근무할 직책과 일치해야 하며 외국인 근로자의 개인 정보를 포함해야 한다.

### 기술자

기술자는 기술직 또는 해당 분양 관련 최소 1년간 기술 훈련을 하고 해당 분야에서 최소 3년간 경력을 가진 자를 뜻한다. 외국인 근로자가 기술자임을 증명하는 서류는 다음을 포함한다.

- 해당 외국인 근로자가 베트남에서 근무할 직종에 관련해 최소 1년 이상의 기술 훈련 수료 증명서 또는 증명 서류
- 해당 외국인 근로자가 해당 직종 관련 경험이 적어도 3년 이상 있음을 증명하는 서류

# VIETNAM ECONOMIC REPORT

# 10

베트남 경제 리포트

| 제10장 |

사례로 보는
출입국 체류 신분 및
노무 관리

사례로 보는
출입국 체류 신분 및 노무 관리

법무법인 아세안 / 최지웅 변호사
jchoi@alfcounsel.com

# 1. 비자의 종류와 노동허가, 전문가 인증서 활용 [사례 1]

### 1.1. 비자의 종류

사증/비자(Visa)는 외국인의 출입국을 관리하기 위한 것이며, 방문 목적, 체류 기간, 사용 횟수에 따라 여러 종류가 있다. 한국인은 비자 없이 베트남에 입국하여 최대 15일간 체류할 수 있다. 출입국관리법(47/2014/QH13)에 따라 비자 없이 베트남에 입국한 후 출국하면, 베트남 출국일 기준으로 30일 이후에야 무비자 재입국이 허용된다. 베트남에서 15일 이상 체류하거나, 베트남에 무비자로 입출국하여 30일 이내에 재방문할 경우, 비자를 발급받아야 한다. 따라서 무비자 입출국 후 30일 이전에 재입국을 해야 한다면 반드시 한국 또는 제3국에서 비자를 발급받아야 한다. 기업 관계자가 보유하고 있는 APEC 카드의 경우, 비자의 역할을 할 수 있어, 동 카드를 보유하고 있는 자는 30일 경과 이전에도 재입국이 가능하다.

※ 비자의 종류는 제9장 베트남 비자, 노동허가증, 전문가자격증(법무법인 JP 김지현 변호사) 편을 참조.

### 1.2. 노동허가증

베트남 노동법상 베트남 내 3개월 이상 근무하는 모든 외국인 근로자는 '노동허가서(Work Permit)'를 발급받아야 한다. 비자와 임시거주증은 출입국관리법에 따라 발급되고 관리되는 반면, 노동허가서는 노동법과 관련 하부 규정에 따른다. 노동허가증의 유효기간은 최대 2년을 초과하지 못한다.

▶ **시행령 11 제3조에 따라 외국인 노동허가를 받을 수 있는 직급은 다음과 같이 구분된다.**

(1) 임원(manager): 의장, 사원총회 또는 이사회 구성원, 사장, 부사장 기타 회사를 대표할 권한이 있는 임원

(2) 경영자(executive officer): 해당 기관의 장

(3) 전문가(expert): 외국 기관의 전문가임을 증명하는 서류의 소지자; 또는 학사 학위 이상을 보유하고 동종 업종에서 3년 이상 근무한 사람

(4) 기술자(technician): 1년 이상 기술 훈련을 받고 동종 업종에서 3년 이상 근무한 사람

▶ **노동허가증이 불필요한 외국인 근로자는 다음과 같다.**

(1) 유한책임회사의 출자자 또는 소유자

(2) 주식회사의 이사회 구성원

(3) 베트남에 있는 대표사무소의 소장, 국제기구나 비정구기구 프로젝트의 장

(4) 베트남에서 3개월 미만의 기간 동안 서비스를 제공하는 자

(5) 현재 베트남 소재 베트남 국민 또는 외국인 전문가가 해결하지 못하는 생산 또는 경영에 영향을 미치거나 미칠 우려가 있는 문제 및 기술, 과학적으로 복잡한 상황을 처리하기 위하여 베트남에서 3개월 미만의 기간 동안 체류하는 자

(6) 변호사법에 따라 베트남에서 활동할 수 있는 자격증을 발급받은 외국인 변호사

(7) 베트남이 회원국으로 가입한 국제협정의 규정에 의한 경우

(8) 베트남에서 공부하면서 근로하는 학생. 다만, 사용자는 7일 전에 성급 국가노동관서에 사전 통지하여야 한다.

(9) 기타 정부 규정에 의한 경우

▶ **노동허가증 발급을 위한 준비 서류는 다음과 같다.**

(1) 허가발급 신청서

(2) 이력서

(3) 범죄사실증명서(범죄경력증명서)

　　• 베트남 내에서 6개월 미만 체류한 자는 한국에서 발급

　　• 베트남 내에서 6개월 이상 체류한 자는 베트남 거주지 해당 사법기관의 신원조회
　　　서 추가

(4) 건강증명서(한국에서 받을 경우 영문 및 베트남 대사관 공증이 필요하며 베트남에
　　서 받을 경우 현지에 지정된 병원에서 건강증명서 발급이 가능)

(5) 졸업증명서 및 재직증명서: 직무에 부합하는 경력 및 자격증 사본

(6) 학사, 석사, 박사 학위 등 학위 사본 또는 자격증 사본, 5년 이상 동일 직종, 근무 경
　　력 증명서

(7) 여권 사본

(8) 위임장

(9) 증명사진 3장(사이즈 3cm × 4cm, 귀가 보여야 하며 반드시 안경을 벗고 흰색 배경
　　이어야 함)

　(3)~(6)번 증명서는 베트남어로 번역 후, 한국의 법무 공증을 받고 외교부의 인증을 받아야 하며 주한 베트남 대사관 영사의 확인이 필요하다.

## 1.3. 전문가 인증서

　베트남에 취업할 수 있는 외국인 노동허가증 발급 대상은 기업, 조직, 기관 등에서 근무하는 (1) 임원 manager, (2) 경영자 executive officer, (3) 전문가 expert, (4) 기술자 technician이다. 전문가의 경우 노동허가증 신청을 위해 '전문가 인정서'를 발급받아야 한다.

▶ 베트남에서 근무하는 외국인근로자에 관한 시행령 11/2016/ND-CP에 따르면 (3) '전문가'란 아래 경우 중 하나에 해당하는 외국인근로자를 말한다.

(a) 외국에 있는 조직·기관·기업으로부터 전문가임을 확인하는 인정서를 가지고 있는 경우

(b) 학사 학위 이상이고 베트남에서 근무할 예정인 직무에 부합하는 전문분야에서 3년 이상 근무경력이 있는 경우

이때 (a)조항에서, 외국에 있는 기관·조직·기업에서 발급하거나, 한국산업인력공단(HRD-Korea)에서 발급한 '전문가 인정서'는 전문가 인정서로 인정 받는다. 한국·베트남 양해각서(MOU)에 따라, 한국산업인력공단은 K-Move 스쿨 등 산업인력공단 해외취업 연수과정 수료자, 국가기술자격 취득자, 이외 산업인력공단 이사장이 전문가로서 인정할 필요성이 있다고 판단하는 자 등에게 '전문가 인증서'를 발급한다.

한국이나 다른 국가에 본사 등이 있는 기업의 경우, 자체적으로 신청자가 전문가임을 증명하는 '전문가 인정서'를 발급하여 첨부하면, '전문가' 노동허가증 신청이 가능하다. 전문가 인증서를 발급받은 자는 학력과 경력 요건에 무관하게 외국인 노동허가증 발급이 가능하다. 기존 노동허가증 소지 전문가에 대한 자동갱신이 인정된다.


## 2. 근로 수당(초과근무 수당) [사례 2]

임금 등에 관한 시행규칙(47/2015/TT-BLĐTBXH) 제4조제2항에 "수당은 근로자의 업무의 복잡성, 생활여건, 근로 향상에 관한 사항들을 고려하여 지급하는 보상의 의미를 가지고 있다. 각 수당은 근로자의 업무 과정 또는 결과에 속한 것이다"라고 규정하고 있다. 정규근로시간은 1일 8시간, 1주 48시간의 근로시간 제도를 기본으로 하면서 근로자의 건강보호 및 고용증대를 위해 초과근로시간을 엄격히 제한한다.

초과근로 시 1일 4시간, 월 30시간, 연 200시간으로 엄격히 제한한다. 초과근로를 한 근로자는 다음의 단위 임금 또는 수행 업무에 따라 계산된 임금을 지급받는다.

- 평일 150%이상
- 주휴일 200%이상
- 공휴일, 명절, 및 유급휴가일 300%이상

다만, 일급을 받는 근로자의 공휴일, 명절 및 유급휴가일의 임금은 포함되지 않는다.

야간에 근무한 근로자는 단위 임금 또는 정규 근무일의 업무 수행에 대해 실제 지급받는 임금의 30% 이상을 추가로 지급받는다. 야간에 초과근무를 한 근로자는 제1항 및 제2항에 규정된 금액 이외에 단위임금, 정규 근무일, 주휴일 또는 공휴일, 명절일의 업무 수행에 대해 실제 지급받는 임금의 20% 이상을 추가로 지급받는다.

# 3. 추가 할증 수당(5%, 7% 등) [사례 3]

직업훈련을 받은 근로자는 최저임금보다 최소 7% 높은 임금을 지급한다.

과중, 유해, 위험한 근로환경을 가진 업무 또는 직책의 최소 임금수준은 일반적인 근로환경에서 유사한 복잡성을 가진 업무 또는 직책의 임금보다 최소한 5% 높아야 한다.

# 4. 출산 수당, 출산 휴가, 해고 수당, 퇴직금과 실업보험의 구분 [사례 4]

## 4.1. 출산 수당 및 출산 휴가

베트남 노동법 제157조에 따라 여성근로자는 출산 전후에 6개월의 출산휴가를 가진다. 여성 근로자가 동시에 두 명 이상의 자녀를 출산하는 경우 휴가기간은 추가 자녀 1인당

1개월씩 가산된다. 출산휴가 부여 시 산전휴가는 최대 2개월을 초과할 수 없다. 출산 이후 여성 근로자들의 건강 회복이 중요하므로 출산 이후에 최대 4개월 이상의 출산휴가를 사용하도록 한 것이다.

출산휴가 기간의 종료 시 여성 근로자는 필요한 경우 사용자와 합의하여 추가적으로 1개월의 무급휴가를 가질 수 있다. 출산휴가 기간 종료 전이라도 출산휴가 기간 4개월 경과한 여성근로자는 필요한 경우, 사용자의 동의 및 조기 업무복귀가 여성근로자의 건강에 해롭지 않다는 권한 있는 의료기관의 증명서를 받아 사업장에 조기 복귀할 수 있다. 이 경우, 여성근로자는 사용자로부터 근로에 대한 급여를 지급받는 외에, 사회보험법 규정에 따른 출산수당을 계속하여 지급받는다.

출산휴가 중인 여성근로자는 사회보험법 제31조 규정에 따른 출산급여제도의 혜택을 받는다. 여성 근로자는 사회보험조직으로부터 출산휴가 이전 6개월의 사회보험료 납부의 기초가 되는 월평균 임금, 수당의 100% 수준에 해당하는 출산급여를 지급받는다. 출산급여 혜택을 받는 휴가기간은 사회보험료를 납부한 기간으로 산정되며, 이 기간 동안 근로자 및 사용자는 사회보험료를 납부할 필요가 없다. 사회보험기관으로부터 출산급여를 받기 위해서는 출산 이전 12개월 동안 6개월 이상 사회보험료를 납부하여야 한다. 출산 이전 12개월 동안 6개월 이상 사회보험료를 납부한 근로자가 출산 이전에 근로계약을 종료하거나 퇴직하는 경우에도 출산급여의 혜택을 받을 수 있다.

근로자가 사회보험조직으로부터 출산급여 혜택을 받는 휴가기간 동안 사용자는 여성 근로자에게 임금을 지급할 필요가 없다. 다만, 사용자가 출산급여에 해당하는 금액을 근로자에게 미리 지급하고 사후에 사회보험조직을 통해 정산을 받아야 한다. 사용자는 근로자로부터 출산급여 신청 서류를 접수한 날로부터 3영업일 이내에 근로자의 출산급여를 처리하여 매 분기 출산급여를 처리한 근로자에 대한 서류를 사회보험조직에 제출하여야 한다.

여성근로자가 출산휴가의 종료 후 업무에 복귀하는 때에 해당 여성근로자는 기존 직무를 보장받는다. 기존 직무가 없어진 경우 사용자는 해당 여성근로자에 대해 출산휴가 전 급여수준 이상의 급여를 지급받는 다른 직무에 배치하여야 한다.

임신, 분만, 태아 검진을 하는 여성 근로자는 출산 수당을 지급받는다. 휴가 기간 중 출산수당 지급 수준은 출산 휴가 전 사회보험 납부시의 통상월급 1개월 분의 100% 수준이다.

## 4.2. 해고수당

베트남 노동법 제44조1항은 "경제적 사정 또는 구조, 기술적 변화로 사용자가 새로운 일자리를 제공할 수 없어 근로자를 해고하여야 하는 경우 근로자에게 해고수당을 지급하여야 한다"라고 규정하고 있다. 지급대상은 12개월 이상 근로한 근로자이며, 근로연수 각 1년의 1개월분의 임금으로 하되 최소 2개월분의 임금이어야 한다. 만약 근로자가 12개월 이상 18개월 미만 기간 근로하였다면 근로자에게 최소한 2개월분의 임금을 해고수당으로 지급하여야 한다.

**▶ 해고 수당 계산식**

노동법 시행 안내 등에 관한 시행령 제14조에 따르면, 해고수당은 "총 근무기간 × 해고 수당 기준 임금 × 1/2(1~6개월 근무자) 또는 1(6개월 이상 근무자)"로 계산하여 지급하여야 한다.

- '근무기간'은 근로자가 사용자를 위해 실제 근무한 기간에서 사회보험에 따른 실업보험 납부기간 및 사용자로부터 이미 퇴직금을 지급받은 근무기간을 뺀 기간이다.
  → 근무기간 = 실제 근무기간 - (실업보험 납부기간 + 기 퇴직금 지급기간)
- '기준 임금'은 근로계약상 수당을 포함한 근로자의 근로계약이 종료되기 직전 6개월의 근무계약에 따른 평균 임금이다.

해고수당은 근로계약 종료일을 포함하여 근로계약 종료로부터 7일 이내에 지급하여야 한다. 다만, 다음과 같은 특별한 경우 시한을 연장할 수 있으나 30일을 초과할 수 없다.

(1) 근로계약을 종료한 노동사용자가 개인이 아닌 경우

(2) 노동사용자나 근로자가 천재지변, 화재, 질병으로 인해 근로계약을 종료한 경우

(3) 노동사용자가 구조, 기술 또는 경제 사정의 변화로 인해 근로계약을 종료한 경우

해고수당은 근무연수 1년당 1개월 분 임금의 1/2 지급한다. 즉, 1년을 일하면 한달 급여의 반액을 받고, 2년을 일하면 한달 급여의 전액을 받는다.

## 4.3. 퇴직금과 실업보험

베트남의 퇴직금은 한국과 유사하게 기본임금에 근속연수별 지급률을 곱하여 산정되므로 일반적으로 '임금의 후불'적 성격과 동시에 '공로 보상'적 성격을 가지고 있다고 할 수 있다.

(4) 근로자가 사회보험료 납부요건 충족 후 연금 수령연령 도달, 및 (9) 근로자의 노동규율 위반에 따른 징계 해고를 제외한 다음과 같은 근로계약 종료 사유로 근로계약이 종료된 경우 12개월 이상 근무한 정규 근로자에게 퇴직금을 지급할 의무가 있다.

(1) 근로계약 기간의 만료(비전임 노동조합 임원의 임기 중 계약기간 만료는 제외)

(2) 근로계약에서 정한 직무의 완료

(3) 양 당사자들이 계약해지에 동의

(4) 근로자가 사회보험료 납부요건 충족 후 연금 수령연령 도달

(5) 근로자가 징역형, 사형을 받거나 법원의 결정에 의한 근로계약상의 직무수행 금지

(6) 근로자의 사망, 법원에 의한 민사행위능력 상실, 실종 또는 사망 선고

(7) 개인인 사용자의 사망, 법원에 의한 민사행위능력 상실, 실종 또는 사망 선고

(8) 개인이 아닌 사용자의 영업 종료

(9) 근로자의 노동규율 위반에 따른 징계해고

(10) 근로자의 일방적인 근로계약 해지

(11) 사용자의 일방적인 근로계약 해지

(12) 사용자가 구조, 기술 또는 경제사정의 변화로 인하여 근로자를 해고하는 경우

(13) 기업 또는 협동조합의 합병 또는 분리·분할로 인하여 근로자를 해고하는 경우

퇴직금은 1년 이상 근무한 경우, "근무기간(년) × 기준 임금 × 0.5"로 계산하여 지급하여야 한다.

- '근무기간'은 근로자가 사용자를 위해 실제 근무한 기간에서 사회보험에 따른 실업보험 납부기간 및 사용자로부터 이미 퇴직금을 지급받은 근무기간을 뺀 기간이다.
  → 근무기간 = 실제 근무기간 - (실업보험 납부기간 + 기 퇴직금 지급기간)
- '기준 임금'은 근로계약상 수당을 포함한 근로자의 근로계약이 종료되기 직전 6개월의 근무계약에 따른 평균 임금이다.

퇴직금은 근로계약 종료일을 포함하여 근로계약종료로부터 7일 이내에 지급하여야 한다. 다만 다음과 같은 특별한 경우 시한을 연장할 수 있으나 30일을 초과할 수 없다.

(1) 근로계약을 종료한 노동사용자가 개인이 아닌 경우

(2) 노동사용자나 근로자가 천재지변, 화재, 질병으로 인해 근로계약을 종료한 경우

(3) 노동사용자가 구조, 기술 또는 경제 사정의 변화로 인해 근로계약을 종료한 경우

퇴직금은 근무연수 1년당 1개월 분 임금의 1/2 지급한다. 즉, 1년을 일하면 한달 급여의 반액을 받고, 2년을 일하면 한달 급여의 전액을 받는다.

2009년 1월 1일부터 실업보험제도가 시행되면서 실업보험가입 대상 근로자(근로계약 기간이 12개월 이상인 베트남 근로자가 10인 이상인 사업장)는 퇴직금 대신 실업보험금을 받게 된다. 사용자가 해당 실업보험료를 납부한 기간 및 법 규정에 따라 실업보험료 수준과 동등한 금액을 근로자에게 임금 지급한 경우 이는 근로자의 실업보험 납부 기간에

포함되어 사용자는 해고수당 지급의무를 가지지 않는다. 12개월 이상 실업보험급여를 납부한 근로자가 실직한 경우, 실직 직전의 6개월 평균급여의 60%에 해당하는 금액을 실업보험 급여 납입 기간에 따라 3개월에서 12개월까지 지급받을 수 있다. 2008년 12월 31일 이전의 근로에 대해서는 퇴직 시 해당 근로 기간에 대하여 기존 퇴직금 제도에 따라 퇴직금을 받을 수 있다.

## 5. 회사의 귀책으로 휴무할 경우 급여 지급, 천재지변으로 인해 휴무인 경우의 급여지급 [사례 5]

베트남 노동법 제98조는 휴업임금에 관해 규정하고 있다. 사용자의 귀책사유로 휴업하는 경우 사용자는 기존 모든 임금을 지급해야 한다. 휴업한 동일 사업장 내 다른 근로자는 당사자 쌍방의 합의에 따라 임금을 지급받되, 이는 정부가 정한 지역별 최저임금보다 낮을 수 없다.

더불어 정전, 단수, 천재지변, 화재, 전염병, 질병, 관계 국가기관의 요구에 따라 사업장을 이전해야 할 객관적 사유, 경제적 사유로 작업이 중단되는 경우, 작업 중단 시의 임금은 근로계약 양 당사자의 합의에 따르되 정부가 정한 지역별 최저임금보다 낮을 수 없다고 규정하고 있다.

## 6. 산재 근로자 보상 [사례 6]

"산업재해"란 업무나 작업의 수행 과정 중에 근로자의 신체 일부 또는 신체 기능을 손상시키거나 사망을 초래하는 사고를 뜻하며 "직업병"이란 근로자에게 영향을 미치는 유해한 근무환경에 의해 발생하는 질병을 뜻한다. 노동법 제145조에 따라 의무적 사회보험에 가입된 근로자는 사회보험 규정에 따른 산업재해 및 직업병 급여제도의 혜택을 받을 수 있다.

근로자가 의무적 사회보험 가입대상자에 해당하나 사용자가 사회보험기관에 사회보험료를 납부하지 않은 경우 사용자는 근로자에게 사회보험법 규정에 따른 산업재해 및 직업병 급여제도에서 지급하는 금액에 상응하는 금액을 지급하여야 한다. 이때 일시 지급 또는 매월 지급 여부는 당사자 쌍방의 합의에 따른다.

▸ **근로자의 과실 없이 발생한 산업재해 및 직업병으로 근로자가 근로능력을 5%이상 상실 한 경우 사용자는 다음과 같은 비율로 보상한다.**
- 근로자의 근로능력 상실률 5~10%인 경우: 근로계약에 따른 임금 1.5개월분 이상 보상
- 근로자의 근로능력 상실률 11~80%인 경우: 10%를 초과하는 근로능력 상실률 1% 당 근로계약에 따른 임금 0.4개월분 가산하여 보상
- 근로자의 근로능력 상실률 81% 이상인 근로자 또는 산업재해로 사망한 근로자의 유가족에게는 근로계약에 따른 임금 30개월분 이상을 보상한다.

▸ **근로자의 과실로 인해 발생한 산업재해 및 직업병의 경우, 근로자는 책임이 있는 경우, 위 금액의 40% 이상을 지급한다.**

▸ **산업재해 및 직업병 피해 근로자에 대한 사용자의 책임을 다음과 같이 규정한다.**
- 의무적 사회보험에 가입한 사용자와 체결된 근로계약 상의 업무, 직무를 수행하는 과정에서 근로자가 산업재해 또는 직업병 피해를 입은 경우, 사용자와 사회보험기관은 근로자가 법 규정에 따른 제도의 혜택을 받을 수 있도록 조치한다. 사용자는 근로자가 산업재해를 당하거나 직업병 확정을 받은 날로부터 2영업일 이내에 해당 근로자와 근로계약을 체결한 나머지 다른 사용자들에게 근로자의 건강상태에 대하여 문서로 통지할 책임이 있다.
- 의료보험 가입 근로자에 대해서는 자기부담금을 사용자와 근로자가 분담하고, 사용자는 의료보험 지급 범위에 포함되지 않는 제반 비용을 지급하여야 한다. 의료보험 미가입 근로자에 대해서는 응급처치에서 안정된 치료까지 전 과정에서 발생한 일체의 의료비를 지급하여야 한다.

• 산업재해 및 직업병 피해 근로자에게 치료를 위한 휴직기간을 부여해야 하며, 그 기간 동안 근로자에게 근로계약에 따른 임금 전액을 지급하여야 한다.

# 7. 임시직과 파견직종 [사례 7]

## 7.1. 임시직

서면으로 체결되어야 하는 일반 근로계약과 달리, 3개월 미만의 근로계약 근로자의 경우에는 예외적으로 서면이 아닌 구두로 근로계약을 체결할 수 있다. 구두계약을 체결할 경우에도 신뢰할 수 있는 증인 입회가 바람직하다. 3개월 미만의 기간 동안 근무하는 서비스 제공자는 노동허가 면제자에 포함된다.

12개월 미만의 계절적 작업 또는 특정 작업에 대한 근로계약을 연장하는 경우, 새로운 계약의 체결이 없으면 근로계약 기간의 정함이 없는 근로자로 전환한다. 이것은 해당 근로자들이 근로계약 종료 후 새로운 계약 체결 없이 계속 근로하는 것에 따른 지위 불안을 해소하기 위함이다.

## 7.2. 파견직종

노동법 제53조에 따르면 "근로자 파견"이란 근로자 파견활동 허가를 받은 파견사업자에 고용된 근로자가 다른 사용자를 위하여 근무하고, 그 다른 사용자의 지시를 받되 파견사업자와의 근로관계는 유지되는 것을 말한다. 근로자파견 활동은 조건부 사업이고, 일부 일정한 업무에 대해서만 허용되며 근로자 파견 사업의 허가를 받아야 한다. 근로자파견사업은 노동보훈사회부의 허가를 받은 근로자파견사업주를 제외하고 이를 엄격히 금지하고 있다. 이는 근로자파견 중개를 이용한 중간착취와 인신매매 등을 방지하고 파견근로자를 보호하기 위함이다.

▶ 베트남 노동법 제54조에서는 다음과 같이 근로자 파견이 허용되는 업종을 규정하고 있다.

(1) 통역, 번역, 속기

(2) 비서, 행정보조

(3) 리셉션

(4) 관광가이드

(5) 상품판매 지원

(6) 프로젝트 지원

(7) 생산기계시스템 프로그래밍

(8) 방송통신 장비의 생산 및 설치

(9) 생산전기시스템 및 건설기계 운영, 검사, 수리

(10) 건물, 공장 청소

(11) 자료편집

(12) 경호, 경비

(13) 전화를 통한 홍보, 고객 서비스

(14) 재정, 세금 관련 문제 처리

(15) 자동차 검사, 수리

(16) 공업기술, 스캔, 실내인테리어

(17) 운전기사

▶ **근로자파견이 금지되는 경우는 다음과 같다.**

(1) 노동쟁의, 파업이 발생 중인 기업 또는 노동쟁의 해결, 파업권을 행사 중인 근로자를 대체하기 위한 경우

(2) 파견사업주가 사용사업주와 파견근로자의 산업재해, 직업병에 대한 보상 책임에 관하여 구체적으로 합의하지 않은 경우

(3) 구조조정, 기술의 변화, 기업합병, 분리·분할 또는 경제적인 사유로 인해 해고한 근로자를 대체하는 경우

(4) 노동보훈사회부 장관, 보건부 장관이 정한 생활환경이 열악한 지역에서의 근로를 위한 경우(해당 근로자가 해당 지역에 3년 이상 거주한 경우는 제외), 노동보훈사회부 장관이 정한 과중·유해·위험한 업무, 특별히 과중·유해·위험한 업무 리스트에 해당하는 업무

베트남에서 근로자파견 기간은 12개월을 초과하지 못한다. 그리고 파견기간이 종료되면 파견사업주가 사용사업주에게 파견했던 근로자는 계속 해당 사용사업주에게 파견하지 못한다. 즉, 파견 횟수의 제한과 파견직의 정규직 전환제도가 없다. 파견사업주와 파견근로자의 근로계약이 종료된 후 파견근로자는 사용사업주와 근로계약을 맺을 수는 있다. 이것은 일정한 파견근로 조건을 충족할 때 파견직에서 정규직으로의 전환을 강제하는 의무규정이 아닌 합의규정이다. 사용사업주와 파견사업주의 근로자파견계약에 대한 서면계약을 법으로 규정하고 있지만, 파견근로자는 근로자파견계약의 당사자로는 참가할 수 없다.

법률에 따라 파견사업주는 사용자로서 파견근로자에게 임금, 공휴일 및 연차휴가기간의 임금, 작업중단 시 임금, 퇴직금, 해고수당, 의무적 사회보험(의료, 실업 포함) 등을 지급한다. 파견근로자의 인원수와 사용사업주 및 파견수수료를 기록한 서류를 작성하고 이를 국가노동관서에 보고해야 한다.

# VIETNAM ECONOMIC REPORT

## 11

베트남 경제 리포트

>>

| 제11장 |

외국인근로자의
베트남 사회보험 적용

# |제11장| 외국인근로자의 베트남 사회보험 적용

주 베트남 대한민국대사관 / 오기환 고용노동관
khoh16@mofa.go.kr

## 1. 외국인근로자의 의무적 사회보험 가입에 관한 시행령 공포(143/2018/ND-CP, 2018.10.15.)

2016년 1월 1일 시행된 현행 베트남 사회보험법(59/2014/QH13)은 외국인도 의무적 사회보험 의 적용대상에 포함하되 동 조항은 2018.1.1.부터 시행키로 하였다. 이에 따라 2017년 말부터 다수의 한국 기업들로부터 한국인 직원을 베트남 사회보험에 가입시켜야 하는지에 대한 문의가 이어졌고, 일부 지역에서는 2018.1.1.부터 사회보험료 고지서를 받았다는 확인되지 않은 소문이 사실인 것처럼 이야기되기도 했었다. 이와 같은 혼란은 개정 사회보험법의 구체적 내용을 규정하는 '외국인근로자의 의무적 사회보험 가입 관련 시행령'이 2017년 말에 입법예고만 이루어진 채 2018.1.1.이 지나도록 공포되지 않았던 데 기인한 것으로, 동 시행령이 2018.10.15.부터 공포[1]됨에 따라 외국인의 베 사회보험 적용에 대한 내용이 확정되었다. 이에 금번에 시행된 시행령을 중심으로 외국인근로자의 베트남 의무적 사회보험 가입 관련 주요내용을 살펴보고자 한다.

---

1) 동 시행령의 베트남어 원문 및 한글 번역본이 주베트남대한민국대사관 홈페이지:
   정책·경제관련 법령 코너에 게재되어 있으니 참고하시기 바랍니다.

## 2. 한국의 사회보험과 베트남의 사회보험

한국에서 '사회보험'이라는 용어를 사용할 때와 베트남에서 '사회보험(Bảo Hiểm Xã Hội)'이라는 용어를 사용할 때 같은 용어이지만, 의미는 서로 달라 내용을 처음 접하는 사람들은 혼란스러워하기도 한다.

한국에서는 '사회보험'이라는 이름의 보험은 존재하지 않는다. 사회보험은 국가가 보험제도를 활용하여 법에 의하여 강제성을 띠고 시행하는 보험제도의 총칭으로, 한국에서는 '4대 사회보험'(고용보험, 산재보험, 건강보험, 국민연금)이라는 형태로 주로 사용하고 있다. 반면에, 베트남에서는 한국에서 사용하는 의미의 사회보험(광의)은 현재 3가지의 구체적 보험(의료보험, 실업보험, 사회보험)으로 구성되어 있으며, 이중 하나의 보험이 사회보험법에 따른 '사회보험(협의)'이다.

본 글은 외국인근로자의 베트남 사회보험법에 따른 의무적 사회보험 적용에 관한 내용이므로, 이하 본문에서 별도로 '광의'라고 병기하지 않는 한 '사회보험'은 협의의 사회보험, 즉 베트남 사회보험법에 따른 사회보험을 말한다.

## 3. 베트남 사회보험 개요

베트남의 사회보험은 의무적 사회보험(법상 적용대상은 강제가입)과 임의적 사회보험(선택적으로 가입 가능)으로 구분되고, 동 보험의 운영을 위한 기금은 ① 질병 및 출산 기금, ② 산업재해 및 직업병 기금, ③ 퇴직연금 및 유족급여 기금의 세 가지 하위 기금으로 구성되어 있다. 이중 질병 및 출산 기금은 한국 고용보험의 모성보호(출산급여 등) 기능을, 산업재해 및 직업병 기금은 한국 산재보험의 기능을, 퇴직연금 및 유족급여 기금은 한국 국민연금의 기능을 수행하고 있다.

의무적 사회보험은 질병급여·출산급여·산업재해 및 직업병급여·퇴직연금·유족급여를 지급하며, 임의적 사회보험은 퇴직연금 및 유족급여를 지급하도록 되어 있다.

의무적 사회보험 가입대상은 베트남 국민으로서 기간의 정함이 없는 근로계약, 기간의 정함이 있는 근로계약, 3개월에서 12개월 미만의 계절적 작업 또는 특정 작업에 대한 근로계약에 따라 근로하는 근로자, 1개월에서 3개월 미만의 기간이 있는 근로계약에 따라 근무하는 근로자[2], 베트남의 권한 있는 기관으로부터 사회보험을 가입할 수 있는 노동허가증·활동증명서 또는 활동허가서를 발급받고 베트남에 근무하는 외국인근로자[3] 등이다.[4]

의무적 사회보험 가입대상인 경우 근로자는 퇴직연금 및 유족급여 기금에 매월 임금수준의 8%를 납부해야 하며, 사용자는 질병 및 출산기금에 3%, 산업재해 및 직업병기금에 0.5%, 퇴직연금 및 유족급여 기금에 14%, 총 17.5%를 매월 사회보험료로 납부한다.[5]

‖‖‖‖‖‖‖‖‖‖‖‖‖‖‖‖‖‖‖‖‖‖‖‖‖‖

2) 2018.1.1.부터 적용대상에 포함

3) 2018.12.1.부터 적용대상에 포함. 다만, 퇴직연금 및 유족급여기금에 대한 부분은 2022.1.1.부터 납부

4) 사회보험법(58/2014/QH13) 제2조

5) 사회보험법(58/2014/QH13) 제85조제1항 및 제86조제1항

# 4. 외국인근로자의 의무적사회보험가입에 관한 시행령

## 4.1. 관련법령

외국인근로자의 베트남 사회보험 가입과 관련한 법령은 '사회보험법'(58/2014/QH13, 2014.11.20.)과 '베트남에서 근무하는 외국인근로자에 대한 의무적 사회보험에 관한 시행령'(143/2018/ND-CP, 2018.10.15.)이다.

## 4.2. 적용 대상

베트남에서 근무하는 외국인근로자는 베트남의 권한 있는 기관으로부터 노동허가증, 활동증명서 또는 활동허가서를 발급받고 베트남에 있는 사용자와 무기계약 또는 1년 이상의 근로계약을 맺고 있으면 의무적 사회보험 가입대상에 해당한다.[6] 다만, 이들 외국인근로자가 다음 중 하나에 해당될 경우에는 의무적 사회보험 가입대상에 포함되지 않는다. 첫 번째는, '베트남에서 근무하는 외국인근로자에 관한 노동법의 일부 조항 이행을 상세히 규정하는 정부의 2016.2.3.자 시행령'(11/2016/ND-CP) 제3조제1항[7]의 규정에 따라 기업 내에서 이전하는 외국인근로자이고, 두 번째는 노동법 제187조제1항[8]의 규정에 따른 퇴직연령이 된 근로자이다.[9]

이번 시행령 공포 후 적용제외 대상인 '기업 내에서 이전하는 외국인근로자'와 관련하여

---

6) 베트남에서 근무하는 외국인근로자에 대한 의무적 사회보험에 관한 시행령(143/2018/ND-CP) 제2조제1항

7) 제3조(기업 내에서 이전하는 자, 자원봉사자, 전문가, 관리자, 운영책임자, 기술자인 외국인근로자)
   1. '기업 내에서 이전하는 외국인근로자'는 베트남에서 상업적 주재를 위해 설치된 기업의 관리자, 운영책임자, 전문가 및 기술자로서, 기업내에서 베트남에 있는 상업적 주재로 일시적으로 이전하고 외국기업에 의해 최소 12개월 이전에 채용된 자이다.

8) 남성근로자의 경우 만 60세, 여성근로자의 경우 만 55세

9) 베트남에서 근무하는 외국인근로자에 대한 의무적 사회보험에 관한 시행령(143/2018/ND-CP) 제2조제2항

많은 질의가 이어지고 있는데, 이들은 현지 채용자가 아니라 흔히 '주재원'이라고 불리는 본사 파견자라고 보면 된다. 다만, 모든 본사 파견자가 적용제외 대상이 되는 것이 아니라, 11/2016/ND-CP 시행령 제3조제1항의 규정에 부합하는 경우에만 적용제외 대상이 될 수 있다.

예를 들면, 상기 시행령 제3조제1항의 규정 중에는 '… 외국기업에 의해 최소 12개월 이전에 채용된 자'라는 부분이 있기 때문에 본사에 채용된 지 12개월 미만의 직원이 파견자로 베트남에 온 경우에는 적용제외 대상이 될 수 없고, 143/2018/ND-CP 시행령 제2조제1항의 적용대상에 해당된다면 베트남 사회보험에 가입해야 한다. 또한, 본사 파견자의 경우에도 세무·비용처리 등의 목적으로 현지 법인과 근로계약을 맺는 경우 적용 제외 대상이 될 수 있는지 문의하는 경우가 많은데, 베트남 노동보훈사회부 담당자에게 확인한 결과, 베트남 노동부에서도 이러한 현실을 감안하여 동 시행령 제2조제1항에서 적용대상을 규정하고, 동조제2항에서 '제1항에 규정된 외국인근로자가 다음 중 하나에 해당될 경우에는 적용대상에서 제외'하는 구조로 조문을 구성했다고 답변했다. 즉, 동조제2항에서 규정한 적용제외 대상에 해당된다면 제1항의 적용대상에 해당되더라도 사회보험에 가입할 필요가 없다는 의미이다.

## 4.3. 적용 시기

동 시행령은 질병 및 출산급여와 산업재해 및 직업병 급여는 2018.12.1.부터, 퇴직연금 및 유족급여는 2022.1.1.부터로 외국인의 가입 시기를 이원화하였다.[10] 이에 따라, 동 시행령 제2조제1항에 규정된 근로자를 고용하는 사용자는 2018.12.1.부터 매월 질병 및 출산급여 기금에 3%, 산업재해 및 직업병 기금에 0.5%, 총 3.5%의 보험료를 납부

---

10) 베트남에서 근무하는 외국인근로자에 대한 의무적 사회보험에 관한 시행령
  (143/2018/ND-CP) 제12조제1항 및 제13조제1항

하고 2022.1.1.부터 퇴직연금 및 유족급여 기금에 월 임금의 14%를 납부하여야 하며, 근로자는 2022.1.1.부터 매월 퇴직연금 및 유족급여 기금에 월 임금의 8%를 납부하여야 한다.

### 4.4. 사회보험료 납부의 기초가 되는 월 임금

이 시행령에 따른 사회보험 납부의 기초가 되는 월 임금은 사회보험법 제89조제2항 및 제3항, 115/2015/ND-CP 시행령의 제17조제2항 및 제3항에 따른다.[11] 사회보험법 제89조제2항에 따르면, 사회보험료 산정의 기초가 되는 월 임금은 2018.1.1.부터는 노동법 규정에 따른 임금, 수당과 기타 보충금을 모두 포함한다. 다만, 초과근무수당(공휴일, 명절, 유급휴일 포함), 야간 초과근무수당, 노동법 제103조 규정에 따른 상여금, 제안·발명 상여금, 교대 사이의 식비, 차량유류 지원금, 통신비 지원금, 출퇴근 지원금, 주거비 지원금, 보육·양육 지원금, 근로자 친족의 사망·결혼 및 근로자의 생일에 대한 지원금, 산업재해 및 직업병을 당해 어려운 상황에 처한 근로자에 대한 보조금, 근로계약 상의 업무 또는 직책 이행과 관련 없이 제공되는 각종 지원금·보조금은 포함되지 않는다.[12]

한편, 사회보험법 제89조제3항에서는 사회보험료 납부의 기초가 되는 월 임금이 공공 최저임금의 20배보다 높은 경우에는 공공 최저임금의 20배를 상한액으로 규정하고 있다. 2018.7.1.부터 적용되고 있는 베트남 공공 최저임금은 월 139만 동이므로, 이의 20배인 2,780만 동이 사회보험료 납부의 기초가 되는 월임금의 상한액이 된다.

---

11) 베트남에서 근무하는 외국인근로자에 대한 의무적 사회보험에 관한 시행령(143/2018/ND-CP) 제14조
12) 노동법 일부 내용의 세부규정 및 시행안내에 관한 시행령의 시행을 안내하는 시행규칙(23/2015/TT-BLDTBVXH) 제3조제1항 및 노동법 일부 내용의 세부규정 및 시행안내에 관한 시행령의 시행을 안내하는 시행규칙(47/2015/TT-BLDTBVXH) 제1조

## 4.5. 사회보험 가입의 혜택

동 시행령은 질병급여, 출산급여, 산업재해 및 직업병 급여, 퇴직연금 및 유족급여의 수혜 요건을 사회보험법 관련 조항을 준용하도록 규정하고 있어 베트남근로자와 동일한 조건에서 혜택을 받을 수 있다.[13]

다만, 퇴직연금 수급 요건을 갖추지 못하였으나 일정한 요건을 충족하는 경우에 일시금으로 돌려받을 수 있는 사회보험일시금[14]에 대하여, 동 시행령은 사회보험법에 규정된 요건 이외에 '근로계약을 해제하거나 노동허가증, 활동증명서 또는 활동허가서의 기간이 만료되었으나 연장되지 않은 근로자'를 추가하여 외국인의 경우에는 위와 같은 경우에도 사회보험일시금을 받을 수 있도록 하였다.[15] 물론, 일시금을 청구하는 대신 사회보험 가입을 중지·보류하는 것도 가능하다.[16]

# 5. 사회보험 가입 및 규정 위반 시 벌칙

## 5.1. 사회보험 가입

동 시행령은 근로자의 사회보험 가입 순서 및 절차에 대해 사회보험법 제7장을 따르도록 규정하고 있다. 따라서 사용자는 근로계약, 고용계약 또는 채용계약이 체결된 날로부터 30일 이내에 사회보험 가입 근로자 명단을 첨부한 사용자의 사회보험가입신고서와

---

13) 베트남에서 근무하는 외국인근로자에 대한 의무적 사회보험에 관한 시행령(143/2018/ND-CP)
　　제6조제1항, 제7조제1항, 제8조제1항, 제9조제1항, 제10조제1항 및 제2항
14) 사회보험법(58/2014/QH13) 제60조
15) 베트남에서 근무하는 외국인근로자에 대한 의무적 사회보험에 관한 시행령(143/2018/ND-CP) 제9조제6항d호
16) 베트남에서 근무하는 외국인근로자에 대한 의무적 사회보험에 관한 시행령(143/2018/ND-CP) 제9조제9항

근로자의 사회보험 가입신고서를 제출하여 사회보험에 가입할 수 있다.[17] 본사 파견자 등 적용제외자의 경우 신고할 필요는 없으나, 적용 제외 관련 증빙서류를 보관하여 향후 사회보험공단 등으로부터의 점검에 대비하여야 할 것이다.

## 5.2. 사회보험 미가입 또는 지연 납부 시 벌칙

의무적 사회보험료를 늦게 납부하거나, 충분한 의무적 사회보험료를 납부하지 않는 등의 경우에 사용자는 7,500만 동을 초과하지 않는 범위 내에서 납부하여야 할 사회보험료 총액의 12~15%에 해당하는 벌금형에 처해진다. 또한, 전체 근로자에 대하여 의무적 사회보험을 가입하지 않은 경우에는 7,500만 동 범위 내에서 납부하여야 할 사회보험료 총액의 18~20%에 해당하는 벌금형에 처해진다. 그리고 누락되었거나 납부가 지연된 의무적 사회보험료뿐만 아니라 이에 대한 이자도 납부하도록 조치된다.[18]

---

17) 사회보험법(58/2014/QH13) 제99조 및 제97조

18) 노동, 사회보험, 해외 인력송출 분야의 행정위반 처벌 시행령(95/2013/ND-CP) 제26조제2항 및 제3항

# VIETNAM ECONOMIC REPORT

# 12

베트남 경제 리포트

# 인사 및
# 노무

# |제12장| 인사 및 노무

KIM & CHANG 법률사무소(베트남) / 조범곤 변호사 |
Beomkon.cho@kimchang.com |

## |제1절| 베트남의 임금법제

### 1. 개요

대한민국의 임금법제는 매우 복잡하다. 최저임금, 평균임금, 통상임금의 범위가 모두 상이할 뿐만 아니라, 그 정의 또한 명확하지 않다. 그래서 기업에서 지급하는 어떤 금품이 위 3가지 임금에 해당하는지 여부가 회사와 근로자 간 분쟁의 원인이 되는 경우가 여전히 잦은 편이다.

- **최저임금:** 최저임금법 제6조제4항에서 최저임금에 산입되지 않는 임금을 적시하고 있으며, 동법 시행규칙 별표1 및 2에서 최저임금에 산입하지 않는 임금의 범위와 최저임금에 산입하는 임금의 범위를 자세하게 규정함.
- **평균임금:** 근로자에게 지급할 퇴직금(혹은 퇴직연금 납입금)을 계산하기 위한 개념으로, 근로기준법 제2조제1항제5호에서 정하는 임금의 범위와 동일함.
- **통상임금:** 근로자에게 지급할 연장근로수당을 계산하기 위한 개념으로, 과거 수년에 걸쳐 정의가 문제되었으나, 대법원의 2013년 12월 전원합의체 판결을 통해, "근로자의 소정근로에 대하여 정기적, 일률적, 고정적으로 지급되는 임금"으로 정의되었음.

베트남의 임금법제는 대한민국보다는 다소 명확해 보인다. 최저임금이라는 용어는 사용 하지만, 평균임금·통상임금에 해당하는 용어는 따로 사용하지 않고 여기에 해당하는 임금의 범위를 별도로 정하여 나열하고 있다. 하지만, 관련 규정이 여러 시행령과 시행규칙에 산재해 있다 보니 이해하기 어려운 측면도 있다. 이하에서는 베트남의 임금법제에 관하여 정리해 보기로 한다.

# 2. 베트남 노동법상 임금의 구분

## 2.1. 임금의 구분

베트남 노동법 제90조는 임금(Tiền lương)을 (1) 기본급(Mức lương), (2) 수당(Phụ cấp lương), (3) 기타 보충금(Các khoản bổ sung khác) 3가지 유형으로 구분하고, 노동법 일부 내용의 세부규정 및 시행 안내에 관한 시행령(05/2015/ND-CP, 2015. 1. 12.) 제21조는 각 임금을 다음과 같이 정의한다.

- **기본급**: 노동법 제93조의 임금표 및 임금등급에 따른 업무 및 직책에 따라 지급되는 임금
- **수당**: 기본급에 산정될 수 없거나 충분히 산정되지 않은 노동조건, 업무의 질적 복잡성, 생활조건, 노동유인정도에 관한 요소들을 보상하기 위한 일정 금액
- **기타 보충금**: 기본급, 수당을 보충하고 업무 및 직책의 이행과 관련이 있는 일정 금액

## 2.2. 임금의 범위

노동법 일부 내용의 세부규정 및 시행 안내에 관한 시행령의 임금 관련 일부 조항 시행을 안내하는 시행규칙(23/2015/TT-BLDTBXH, 2016. 6. 23.; 47/2015/TT-BLDTBXH, 2015. 11. 16.) 제3조제1항c)호는 임금에 포함되지 않는 항목을 다음과 같이 명시한다.

• 노동법 제103조에 따른 상여금[1]

• 교대 사이의 식비

• 근로자의 친족 사망·결혼 및 근로자의 생일에 대한 각종 지원금, 산업재해 및 직업병을 당해 어려운 상황에 처한 근로자에 대한 보조금, 근로계약상의 업무 또는 직책 이행과 관련 없는 각종 지원금·보조금

한편, 노동법 일부 내용의 세부규정 및 시행 안내에 관한 시행령의 근로계약, 노동규율 및 물적 책임 관련 일부 조항 시행을 안내하는 시행규칙(47/2015/TT-BLDTBXH, 2015. 11. 16.) 제4조는 "노동법 제103조 규정에 따른 상여금, 제안·발명 상여금, 교대 사이의 식비, 차량유류 지원금, 통신비 지원금, 출퇴근 지원금, 주거비 지원금, 보육·양육 지원금, 근로자 친족의 사망·결혼 및 근로자의 생일에 대한 지원금, 산업재해 및 직업병을 당해 어려운 상황에 처한 근로자에 대한 보조금, 기타 지원금·보조금과 같은 기타 제도 및 복리후생은 시행령 05/2015 ND-CP 제4조제11항에 따라 근로계약서에 명확하게 기재한다"고 정한다. 앞서 임금에 포함되지 않는 항목에 비하면, "제안·발명 상여금, 차량유류 지원금, 통신비 지원금, 출퇴근 지원금, 주거비 지원금, 보육·양육 지원금" 항목이 추가된다.

이 추가된 항목들이 베트남 노동법상 임금에 해당하는지는 명확하지 않으나, 노동법 일부 내용의 세부규정 및 시행 안내에 관한 시행령(05/2015/ND-CP, 2015. 1. 12.) 제4조제5항a)호가 "기본급, 수당, 기타 보충금은 이 시행령 제21조제1항 규정에 따라 결정·명시 한다"라고 정하는 반면, 위 시행규칙 제4조에서 인용된 시행령 05/2015ND-CP 제4조제11항은 "양 당사자 간에 합의된 내용의 이행과 관련된 기타 내용"이라고만 정하는 것을

---

[1] 노동법 제103조에 규정에 따른 상여금(Tiền thưởng)은 "연간 생산 및 경영의 성과, 근로자의 작업완성도에 기초하여 사용자가 근로자에게 지급하는 금원"을 의미하므로, 우리 입장에서 보면 인센티브에 가까운 개념이다. 만약 우리나라의 정기상여금과 같이 정기적으로 일정액을 지급하는 경우라면 이는 노동법 제103조 규정에 따른 상여금에 포함되지 않고 수당 또는 기타 보충금에 해당하는 것으로 판단될 가능성이 있다.

고려할 때, 시행규칙의 제정자들은 위 항목들이 임금(즉, 기본급, 수당, 기타 보충금)에 해당하지 않는 항목이었던 것으로 이해하였던 것으로 보인다.

기타 위 법조문에 언급되지 않은 다른 유형의 금품은 법해석의 영역에 맡겨진다. 임금인지 여부가 애매한 금품이 임금인지 여부에 대한 판단은 결국 그것이 "수당, 기타 보충금"인지 아니면 "근로계약상의 업무 또는 직책 이행과 관련 없는 각종 지원금·보조금"인지 여부에 따라 결정될 것이다. 그런데 노동법 일부 내용의 세부규정 및 시행 안내에 관한 시행령의 임금 관련 일부 조항 시행을 안내하는 시행규칙(23/2015/TT-BLDTBXH, 2016. 6. 23.; 47/2015/TT-BLDTBXH, 2015. 11. 16.) 제3조제1항b)호는 수당의 기능을 다음과 같이 세부적으로 구분하고 있는바, 어떠한 금품이 아래와 같은 점을 보충하기 위해 지급된다면 근로계약상의 업무 또는 직책 이행에 대하여 지급되는 금품으로서 임금에 해당하는 것으로 판단될 가능성이 높다.

- 과중·유해·위험한 또는 특별히 과중·유해·위험한 요소가 있는 업무를 포함한 근로환경을 보충한다.
- 교육훈련 기간, 전문성 및 높은 책임성, 그 밖의 업무에 영향을 미치는 요구가 있는 업무, 장기 근무 및 경험, 업무기능, 근로자와의 근무 과정 중 교섭·연계의 요구가 있는 업무와 같은 업무의 난이도·복잡성 요소를 보충한다.
- 멀고 외딴 벽지, 혹독한 기온과 많은 어려움이 있는 지역, 생활물가가 높고 주택에 관한 어려움이 있는 지역에서 실시하는 업무, 근로자가 근무지·숙소를 자주 변경해야 하는 업무, 근로자가 업무를 실시할 때 편리하지 않은 생활여건을 야기하는 그 밖의 요소와 같은 생활여건 요소들을 보충한다.
- 새로운 경제구역, 새로 시작하는 시장에서 근무하는 근로자에 대한 격려, 노동시장 공급이 제한적이고 선호도가 낮은 직업 및 업무, 노동생산성 및 업무의 질이 높은 업무를 수행하는 근로자에 대한 격려 또는 맡겨진 업무 정도에 부응하도록 하는 것과 같은 근로자를 유인하기 위한 요소들을 보충한다.

## 2.3. 기타 수당과 기타 보충금의 세부 구분

그와 별도로, 노동법 일부 내용의 세부규정 및 시행 안내에 관한 시행령의 근로계약, 노동규율 및 물적 책임 관련 일부 조항 시행을 안내하는 시행규칙(47/2015/TT-BLDTBXH, 2015. 11. 16.) 제4조 는 수당과 기타 보충금을 다시 두 가지 유형으로 구분한다.

▶ **수당**

　i. 기본급에 산정될 수 없거나 충분히 산정되지 않은 노동조건, 업무의 질적 복잡성, 생활조건, 노동유인정도에 관한 요소들을 보상하기 위한 수당

　ii. 근로자의 업무과정 및 업무수행 결과에 부속된 수당

▶ **기타 보충금**

　i. 근로계약에 합의된 임금과 함께 구체적인 금액으로 확정될 수 있고 매 임금 지급 시에 정기적으로 지급되는 보충금

　ii. 근로계약에 합의된 임금과 함께 구체적인 금액으로 확정될 수 없는 근로자의 업무과정 및 업무수행 결과에 부속되어 매 임금 지급 시에 정기적 또는 비정기적으로 지급되는 보충금

# 3. 최저임금 산정의 기준

사용자가 법률상 최저임금에 포함되지 않는 임금을 최저임금 계산에 포함해 임금을 지급하였는데, 해당 임금을 제외한 나머지 임금이 법률에서 정한 최저임금을 하회한다면, 사용자는 그 자체로 최저임금을 위반해 임금을 지급한 것으로 판단된다. 특히, 한국에서는 1개월 단위로 지급하는 상여금이 최저임금인지 여부 등, 각 임금이 법에서 정한 최저임금의 범위에 포함되는지 여부가 노사 간 첨예한 쟁점이 되는 경우가 있다.

그러나, 베트남에서 최저임금 산정의 기준은 명확하다. 노동법 제90조제1항3문은 "노동사용자가 노동자에게 지급하는 'Mức lương'은 정부 규정에 따른 지역별 최저임금보다 낮아서는 안된다"고 정한다. 따라서, 어떠한 근로자에게 지급하는 임금이 최저임금을 상회하는 것인지 여부는 Mức lương, 즉, 기본급만을 기준으로 판단하게 된다. 이는 기본급 외에도 일정한 수당/상여금을 최저임금에 포함시키고 있는 우리나라와는 다르기 때문에 기업들의 주의가 필요하다.

만약, 사용자가 최저임금보다 낮은 임금을 지급한 경우, 위반한 근로자 수에 따라 2,000만 동에서 7,500만 동까지의 행정 벌금형에 처해질 수 있다.[2] 아울러 사용자는 최저임금 하회 분을 지급하고 그에 대한 이자(국가상업은행에 의해 공포된 최대한의 요구불예금 금리에 의한)를 지급하여야 한다.[3] 게다가 해당 사용자는 1개월에서 3개월까지 사업운영이 정지될 수 있으므로 반드시 최저임금 규정을 준수할 필요가 있다.[4]

# 4. 퇴직금 산정의 기준[5]

사용자는 12개월 이상 근무한 근로자의 근로계약이 종료되는 경우 퇴직금을 지급할 의무가 있다(노동법 제48조제1항). 다만, 2009년 1월 이후, 사용자가 근로자의 실업보험료를 납부한 기간에 대해서는 퇴직금 지급의무가 없다.[6]

---

2) 노동, 사회보험, 해외 인력송출 분야의 행정위반 처벌 시행령
   (95/2013/ND-CP, 2013. 8. 22.; 88/2015/ND-CP, 2015. 10. 7.) 제13조제4항
3) 위 시행령 제13조제7항a)호
4) 위 시행령 제13조제6항
5) 베트남 노동법 제49조에 따라 지급할 의무가 있는 해고수당 또한 이하에서 설명하는
   퇴직금 산정의 기준과 동일한 기준으로 산정된다.
6) 노동법 일부 내용의 세부규정 및 시행 안내에 관한 시행령(05/2015/ND-CP, 2015. 1. 12.) 제14조제3항b)호

퇴직금 계산을 위한 임금은 근로자의 근로계약이 종료되기 직전 6개월의 근로계약에 따른 평균적인 임금인데(노동법 제48조제3항), 이때 퇴직금 산정의 기준이 되는 임금에는

   (1) 기본급,

   (2) 수당 중 기본급에 산정될 수 없거나 충분히 산정되지 않은 노동조건, 업무의 질적 복잡성, 생활조건, 노동유인정도에 관한 요소들을 보상하기 위한 수당,

   (3) 기타 보충금 중 근로계약에 합의된 임금과 함께 구체적인 금액으로 확정될 수 있고 매 임금 지급 시에 정기적으로 지급되는 기타 보충금

이 포함된다.[7] 즉,

   (1) 근로자의 업무과정 및 업무수행 결과에 부속된 수당과

   (2) 근로계약에 합의된 임금과 함께 구체적인 금액으로 확정될 수 없는 근로자의 업무과정 및 업무수행 결과에 부속되어 매 임금 지급 시에 정기적 또는 비정기적으로 지급되는 보충금

은 포함되지 않는다.

   따라서, 앞서 언급한 임금에 해당하지 않는 항목들 및 노동법 규정에 따른 초과근무수당, 야간 초과근무수당, 공휴일·명절·유급휴일의 근무수당은 퇴직금 산정의 기준에 포함되지 않는다.

   만약, 사용자가 법률상 퇴직금 산정의 기준에 포함되는 임금을 포함시키지 않고 퇴직금을 산정 후 지급하였다면, 법령이 정한 퇴직금을 모두 지급하지 않은 것으로 판단된다. 사용자는 근로계약 종료 시 7영업일 이내에 미지급 금액을 정산할 책임이 있는데(노동법

---

7) 노동법 일부 내용의 세부규정 및 시행 안내에 관한 시행령의 근로계약, 노동규율 및 물적 책임 관련 일부 조항 시행을 안내하는 시행규칙(47/2015/TT-BLDTBXH, 2015. 11. 16.) 제8조제1항

제47조제1항), 이를 전부 또는 일부 지급하지 않는 경우, 위반한 근로자 수에 따라 100만 동에서 2,000만 동까지의 행정 벌금형에 처해질 수 있다.[8] 아울러, 사용자는 퇴직금 미지급분을 지급하고 그에 대한 이자(국가상업은행에 의해 공포된 요구불예금 금리에 의한)를 지급하여야 한다.[9]

# 5. 의무적 사회보험료 산정의 기준

베트남의 의무적 사회보험은 질병 및 출산 보험, 산업재해 및 직업병 보험, 퇴직연금 및 유족연금 3가지로 구분된다. 사용자는 사회보험법에 따라 각 기금에 사회보험료를 납입할 의무를 부담하는데, 이때 의무적 사회보험료 산정은 사회보험법(58/2014/QH13, 2014. 11. 20.) 제89조제2항2문에 따라

- 2018. 1. 1.부터 기본급, 수당, 기타 보충금을 기준으로 한다. 참고로
- 2015. 12. 31.까지는 기본급만을 기준으로,
- 2016. 1. 1. ~ 2017. 12. 31.까지는 기본급, 수당을 기준으로 의무적 사회보험료를 산정하였다.

아울러, 베트남 사회보험 결정문(Decision No.595/QD-BHXH) 제6조2.3항에 의하면, 노동법 제103조 규정에 따른 상여금, 제안·발명 상여금, 교대 사이의 식비, 차량유류 지원금, 통신비 지원금, 출퇴근 지원금, 주거비 지원금, 보육·양육 지원금, 근로자 친족의 사망·결혼 및 근로자의 생일에 대한 지원금, 산업재해 및 직업병을 당해 어려운 상황에 처한 근로자에 대한 보조금은 사회보험료 산출기준에서 제외된다.

---

8) 노동, 사회보험, 해외 인력송출 분야의 행정위반 처벌 시행령
   (95/2013/ND-CP, 2013. 8. 22.; 88/2015/ND-CP, 2015. 10. 7.) 제8조제1항
9) 위 시행령 제8조제3항a)호

노동법 규정에 따른 초과근무수당, 야간 초과근무수당, 공휴일·명절·유급휴일의 근무수당이 의무적 사회보험료 산정의 기준에 포함되는지 여부는 법률상 명확하지 않은 것으로 보인다. 그러나, 퇴직금 산정의 기준과는 달리 모든 유형의 수당, 기타 보충금을 의무적 사회보험료 산정의 기준에 포함시키고 있는바, 위 항목들도 의무적 사회보험료 산정의 기준에 해당하는 것으로 판단될 가능성이 있다.

한편, 의무적 사회보험 외에 실업보험료 산정의 기준, 노동조합 지원금 산정의 기준도 의무적 사회보험료 산정의 기준과 동일하다{고용법 제58조제2항, 노동조합 재정에 관한 시행령(191/2013/ND-CP, 2013. 11. 21.) 제5조}.

만약, 사용자가 법률상 의무적 사회보험료 산정의 기준에 포함되는 임금을 포함시키지 않고 의무적 사회보험료를 산정 후 납부하였다면, 법령이 정한 의무적 사회보험료를 모두 지급하지 않은 것으로 판단된다. 특히, 베트남 형법 제76조 및 제216조제5항은 상업법인이 사회·의료·실업 보험료 납부를 의도적으로 회피하는 경우, 체납 보험료가 일정액 이상인 경우 2억 동~30억 동까지의 벌금형의 대상이 되는 것으로 정하고 있으므로, 기업들의 각별한 유의가 필요하다. 아울러, 의무적 사회보험료의 납부가 30일 이상 지연된 경우, 사용자는 연체 또는 미납한 금액을 납부하여야 할 뿐만 아니라, 연체 금액 및 기간이 산정된 직전 해의 평균 사회보험기금 투자활동 이자율의 2배 수준에 해당하는 금액을 납부할 의무가 있다(사회 보험법 제122조제3항).

# 6. 연장근로수당/야간근로수당 산정의 기준

우리나라의 통상임금에 상응하는 개념으로, 베트남 노동법은 "Tiền lương giờ thực trả"을 기준으로 연장근로수당/야간근로수당을 산정한다.[10] 이는 "실제 지급되는 시간당 임금"으로 해석될 수 있다. 그런데 "Tiền lương giờ thực trả"에는 다음 항목이 포함되지 않는다.[11]

- 노동법 규정에 따른 초과근무수당, 야간 초과근무수당, 공휴일·명절·유급휴일의 근무 수당
- 노동법 제103조 규정에 따른 상여금
- 제안·발명 상여금, 교대 사이의 식비, 차량유류 지원금, 통신비 지원금, 출퇴근 지원금, 주거비 지원금, 보육·양육 지원금, 근로자 친족의 사망·결혼 및 근로자의 생일에 대한 지원금, 산업재해 및 직업병을 당해 어려운 상황에 처한 근로자에 대한 보조금, 근로 계약 상의 업무 또는 직책 이행과 관련 없는 각종 지원금·보조금

만약, 사용자가 법률상 연장근로수당/야간근로수당 산정의 기준에 포함되는 임금을 포함 시키지 않고 연장근로수당/야간근로수당을 산정 후 지급하였다면, 법령이 정한 연장근로수당/야간근로수당을 모두 지급하지 않은 것으로 판단된다. 이 경우 위반한 근로자 수에 따라 500만 동에서 5,000만 동까지의 행정 벌금형에 처해질 수 있다.[12] 아울러, 사용자는 미지급분을 지급하고 그에 대한 이자(국가상업은행에 의해 공포된 요구불예금 금리에 의한)를 지급하여야 한다.[13]

---

10) 노동법 일부 내용의 세부규정 및 시행 안내에 관한 시행령의 임금 관련 일부 조항 시행을 안내하는
시행규칙(23/2015/TT-BLDTBXH, 2016. 6. 23.; 47/2015/TT-BLDTBXH, 2015. 11. 16.) 제6조제1항

11) 위 시행규칙 제6조제1항a)목

12) 노동, 사회보험, 해외 인력송출 분야의 행정위반 처벌 시행령
(95/2013/ND-CP, 2013. 8. 22.; 88/2015/ND-CP, 2015. 10. 7.) 제13조제3항

13) 위 시행령 제13조제7항a)호

# 7. 작업 중단 시 지급 임금 산정의 기준

사용자의 과실로 인해 작업이 중단되는 경우, 기업은 근로자에게 임금 전액을 지급하여야 한다(노동법 제98조제1항). 이때 임금 전액은 (1) 기본급, (2) 수당 중 기본급에 산정될 수 없거나 충분히 산정되지 않은 노동조건, 업무의 질적 복잡성, 생활조건, 노동유인정도에 관한 요소들을 보상하기 위한 수당, (3) 기타 보충금 중 근로계약에 합의된 임금과 함께 구체적인 금액으로 확정될 수 있고 매 임금 지급 시에 정기적으로 지급되는 보충금을 의미한다[14](퇴직금 산정의 기준과 동일).

따라서, 앞서 언급한 임금에 해당하지 않는 항목 및 노동법 규정에 따른 초과근무수당, 야간 초과근무수당, 공휴일·명절·유급휴일의 근무수당은 퇴직금 산정의 기준에 포함되지 않는다.

작업 중단 시 법률상 지급하여야 하는 임금의 미지급 시 사용자가 부담하는 책임은 앞서 "5. 연장근로수당/야간근로수당 산정의 기준"에서 설명한 내용과 동일하다.

참고로, 근로자의 과실로 작업이 중단되는 경우, 근로자는 임금을 지급받을 수 없으며, 천재지변 등 사용자와 근로자의 책임이 아닌 사유로 작업이 중단되는 경우, 임금은 당사자 쌍방의 합의에 따르되 정부가 정한 지역별 최저임금보다 낮을 수 없다(노동법 제98조제2항 및 제3항).

**14)** 노동규율 및 물적 책임 관련 일부 조항 시행을 안내하는 시행규칙(47/2015/TT-BLDTBXH, 2015. 11. 16.) 제14조제3항

# 8. 미사용 연차휴가수당 산정의 기준

우리나라의 경우, 사용자가 근로기준법에서 정한 연차촉진제도를 실시하지 않는 이상, 미사용 연차휴가에 대하여 통상임금의 100%로 보상할 의무가 있다.

한편, 베트남 노동법 제114조는 근로자가 퇴직, 실직 또는 기타 다른 사유로 인해 연차 휴가의 일부 또는 전부를 사용하지 못한 경우, 사용하지 않은 연차휴가 일수에 대하여 현금으로 받을 수 있도록 정한다. 이때 지급하는 현금의 산정 기준은 앞서 "6. 작업 중단 시 지급 임금 산정의 기준"에서 사용자의 과실로 인해 작업이 중단되는 경우 지급하는 임금의 산정 기준과 동일하다.[15]

다만, 연차휴가일에 초과근무를 하게 됨으로써, 노동법 제97조제1항c)에 따라 300%의 연장근로수당을 지급하는 경우, 산정의 기준은 "5. 연장근로수당/야간근로수당 산정의 기준"에서 살펴본 것과 동일하다.

위와 같은 수당을 지급하지 않은 경우, 법률적 효과에 관하여는, 만약 해당 근로자가 퇴직하였다면 "4. 퇴직금 산정의 기준"에서 언급한 내용과 같으며, 퇴직하지 않았다면 "5. 연장근로수당/야간근로수당 산정의 기준"에서 언급한 내용과 동일하다.

---

15) 위 시행규칙 제14조제3항

# 9. 시사점

우선, 앞서 언급한 내용을 표로 간략히 정리하면 아래와 같다.

**미사용 연차휴가수당 산정의 기준**

| | 기본급 | 수당①[16] | 수당②[17] | 기타 보충금①[18] | 기타 보충금②[19] | 기타[20] |
|---|---|---|---|---|---|---|
| 최저임금 산정의 기준 | ○ | × | × | × | × | × |
| 퇴직금 산정의 기준 | ○ | ○ | × | ○ | × | × |
| 의무적 사회보험료 산정의 기준 | ○ | ○ | ○ | ○ | ○ | × |
| 연장근로수당 등 산정의 기준 | ○ | ○ | ○ | ○ | ○ | × |
| 사용자 과실로 작업 중단 시 지급 임금 산정의 기준 | ○ | ○ | × | ○ | × | × |
| 노동법 제114조에 따른 미사용 연차 휴가수당 산정의 기준 | ○ | ○ | × | ○ | × | × |

임금체계는 기업의 생존을 좌우하는 중요한 문제이다. 인건비가 원가의 많은 부분을 차지하는 업종일수록 더욱 그렇다. 지금까지 한국에서는 통상임금, 평균임금의 문제로

---

16) 기본급에 산정될 수 없거나 충분히 산정되지 않은 노동조건, 업무의 질적 복잡성, 생활조건, 노동유인정도에 관한 요소들을 보상하기 위한 수당

17) 근로자의 업무과정 및 업무수행 결과에 부속된 수당

18) 근로계약에 합의된 임금과 함께 구체적인 금액으로 확정될 수 있고 매 임금 지급 시에 정기적으로 지급되는 보충금

19) 근로계약에 합의된 임금과 함께 구체적인 금액으로 확정될 수 없는 근로자의 업무과정 및 업무수행 결과에 부속되어 매 임금 지급 시에 정기적 또는 비정기적으로 지급되는 보충금

20) 노동법 제103조 규정에 따른 상여금, 제안·발명 상여금, 교대 사이의 식비, 차량유류 지원금, 통신비 지원금, 출퇴근 지원금, 주거비 지원금, 보육·양육 지원금, 근로자 친족의 사망·결혼 및 근로자의 생일에 대한 지원금, 산업재해 및 직업병을 당해 어려운 상황에 처한 근로자에 대한 보조금, 기타 지원금·보조금과 같은 기타 제도 및 복리후생

회사가 예상치 못한 추가적인 임금을 지급하게 되는 경우가 많았고 그로 인해 도산에 이를 정도의 위기에 처한 기업들도 다수 있었다. 이는 근본적으로 통상임금, 평균임금의 정의가 명확하지 않았기 때문일 뿐만 아니라, 기업의 인사/노무 담당자들도 법령에 맞지 않는 임금체계를 노사간 합의에 따라 관행적으로 유지해 오다 수 십 년에 걸쳐 문제가 누적되었기 때문이기도 하다.

그러나, 베트남은 수년에 걸친 법 개정을 통해서 상대적으로 상세한 규정을 마련해 의무적 사회보험료 산정의 기준, 연장근로수당/야간근로수당 산정의 기준 등을 정하고 있다. 베트남에 진출한 기업으로서는 현재 임금체계를 확인하여 회사가 베트남 노동법에 맞는 방식으로 임금을 지급하고 있는지 확인해, 혹여 회사가 추가적인 임금을 지급할 우발채무가 없는지 확인할 필요가 있다.

이후, 임금에 해당하는 항목과 임금이 아닌 복리후생에 해당하는 항목을 근로계약서 및 회사 내부 규정에 명시해 두는 것이 좋으나, 최종적으로는 해당 임금이 지급되는 성질과 형태에 따라 그것이 임금인지 아닌지 판단될 가능성이 있다. 따라서, 위와 같이 항목을 명확하게 구분하는 것만으로 우발채무 발생 가능성이 완전히 없어지는 것은 아니다. 그러므로, 임금체계의 구성 시 임금이 아닌 항목으로 의도하는 금품에 대하여는 그것이 최종적으로 임금이 아닌 것으로 판단될 수 있도록 그 성질과 형태를 구성하는 것이 필요하다. 궁극적으로는 기업의 적정 인건비 수준을 맞추는 범위 내에서 베트남 노동법에 부합하면서도 직무급, 성과주의 등을 적절히 반영할 수 있는 방향으로 임금체계를 개편해 나가는 것이 바람직하다.

## | 제2절 | 베트남에서의 저성과자 관리와 해고

## 1. 개요

대한민국에서 저성과자라는 단어는 주로 해고를 떠올리게 한다. 이러한 관념은 과거 정권에서 일명 저성과자 관리지침(정식명칭: 공정인사 지침)이 도입되었다 노동계의 반발에 따라 철회되는 과정에서 더욱 강화되었다. 그러나, 기업의 입장에서 저성과자는 해고나 징계의 대상이기 이전에 관리의 대상이 된다.

즉, 기업은 저성과자에 대한 징계나 해고에 앞서 평가, 교육, 개선조치를 우선하여야 하고, 이러한 일련의 과정이 통상적으로 "저성과자 관리"라고 불린다. 이러한 저성과자 관리는

(1) 건전한 조직문화 형성을 통한 근로자의 근로의욕 향상을 위해 필요할 뿐만 아니라,

(2) 저성과자에 대한 해고 또는 사직협상에 있어 기업의 근거 확보 차원

에서도 반드시 필요하다.

베트남에서의 해고는 대한민국과 마찬가지로 어려운 편이다. 특히, 지난 2016년 7월부터는 사용자가 사익을 위한 목적으로 법에 위반해 근로자를 해고할 경우, 형사처벌의 대상이 되도록 정하고 있어 주의가 필요하다. 우리나라에서 부당해고에 대한 형사처벌이 2007년 근로기준법 개정으로 삭제된 것과는 대조적이다.

그러나, 저성과자 해고 가능성에 관하여 베트남 노동법은 대한민국의 근로기준법보다 선진적인 법제를 도입하고 있다. 물론 실제 적용에 있어 베트남 법원이 법해석을 엄격하게 할 가능성이 높다. 이하에서는 우선 베트남 노동법 상 저성과자 해고에 관한 법제를 소개한다. 이후 기업 입장에서 저성과자 관리 과정에서 유의하여야 할 점에 관하여 정리한다.

# 2. 베트남 노동법 상 저성과자 해고에 관한 법제

베트남 노동법상 해고는

(1) 사용자의 일방적인 근로계약 해지(노동법 제38조),

(2) 경영상 이유에 의한 해고(노동법 제44조, 45조),

(3) 징계해고

3가지(노동법 제126조)로 나뉜다.

경영상 이유에 의한 해고(정리해고)와 징계해고는 우리나라의 근로기준법에 의하더라도 친숙한 개념이다. 그러나, "사용자의 일방적인 근로계약 해지"는 그렇지 않다. 베트남 노동법 제38조에 의할 때, 사용자의 일방적인 근로계약 해지 사유는 다음과 같다.

a. 근로자가 자주 근로계약에 따른 직무를 수행하지 못한 경우

b. 근로자가 질병 또는 사고로 기간의 정함이 없는 근로계약에 따라 근무하는 때에는 12개월의 기간 동안, 기간의 정함이 있는 근로계약에 따라 근무하는 때에는 6개월의 기간 동안, 12개월 미만의 계절적 작업 또는 특정 작업의 근로계약에 따라 근무하는 때에는 계약기간의 절반 이상의 기간 동안 계속하여 치료를 받았으나, 근로능력이 회복되지 않은 경우

c. 천재지변, 화재, 법률 규정에 따른 그 밖의 불가항력적인 상황에 처하여 모든 수단을 동원하여 복구노력을 했음에도 불구하고 사용자가 불가피하게 생산을 줄이고 인원을 감축해야 하는 경우

d. 근로계약 이행정지 기간이 만료된 후, 근로자가 15일 이내에 근무지에 나타나지 않은 경우

베트남 노동법 제38조의 위 내용은 우리나라에서 판례를 통해 인정되는 개념 중 하나인 통상해고 사유들에 해당하는 것으로 보인다. 즉, 근로자에 대한 징계사유가 있는지 여부와는 별개로 근로계약의 본질인 근로의 제공 또는 근로의 수령 자체가 불가능한 경우,

그 자체를 이유로 사용자가 일방적으로 근로계약을 종료시키는 것이다.

특히, 베트남 노동법 제38조는 근로자에 대한 징계해고 사유를 한정적으로 열거하고 있는 제126조와 별도의 장에 규정되어 있다는 점에서, 제38조에 따른 사용자의 근로계약 일빙직 해지와 징계해고를 명확히 구분하고 있는 것으로 보인다.

아울러, 베트남 노동법 제126조는 저성과를 징계해고 대상으로 열거하지 않고 있다. 따라서, 다른 특별한 사정이 없는 한 베트남에서의 저성과자는 징계해고의 대상이 아니라, 노동법 제38조에서 정한 사용자의 일방적 근로계약 해지 사유(근로자가 자주 근로계약에 따른 직무를 수행하지 못한 경우)가 된다. 이는 저성과 문제를 징계해고의 관점에서 접근할 수밖에 없는 대한민국 근로기준법에 비해 보다 진일보한 법제로 보인다.[21]

문제는 앞서 열거한 일방적 근로계약 해지 사유 중 "자주 근로계약에 따른 직무를 수행하지 못한 경우"가 어떤 경우인지에 대한 해석이다.

### (1) "근로계약에 따른 직무를 수행하지 못한 경우"의 의미

관련해, 노동법 일부 내용의 세부규정 및 시행 안내에 관한 시행령(05/2015/ND-CP, 2015. 1. 12.) 제12조제1항은 다음과 같이 정한다.

---

21) 물론 우리나라에서도 앞서 언급한 공정인사 지침을 통해 저성과자에 대한 통상해고(혹은 일반해고)가 사회적으로 논의된 적이 있고, 하급심 판례 중에는 저성과자에 대한 통상해고를 인정한 경우도 있다. 그러나 아직 대법원 판례로 저성과자에 대한 통상해고가 인정된 경우는 없고, 저성과자에 대한 통상해고를 인정한 하급심 판례도 저성과자에 대한 통상해고 정당성을 판단함에 있어 저성과자에 대한 징계해고와 동일하게 매우 엄격한 심사 기준을 가지고 판단하고 있다.

- 노동법 제38조제1항 제a호에 따른 사용자의 일방적인 근로계약 해지권은 다음과 같이 규정한다. - 사용자는 기업 규정에 직무 완성 수준 평가기준을 구체적으로 규정하고, 이를 기초로 하여 근로자가 자주 근로계약에 따른 직무를 완성하지 못하였음을 평가하여야 한다. 사용자에 의한 직무 완성 수준 평가기준 규정은 단위 근로자집단 대표조직의 의견을 받은 후에 발행한다.

즉, 사용자는 단위 근로자 집단 대표조직의 의견을 받아 사내 규정에 근로자의 직무 완성 수준 평가기준을 구체적으로 정하여야 한다. 그러나, 위 시행령에 따라 사내규정을 기초로 평가한 후 근로계약을 일방적으로 종료하더라도 베트남 법원은 별도로 근로계약 종료가 적법한 것인지를 판단할 가능성이 높다. 따라서, 사용자는 객관적이고 합리적인 평가기준을 구체적으로 정해 이에 따라 인사평가를 할 필요성이 있다.

한편, 법문상으로는 "평가기준"만을 적시하고 있어 평가의 내용적 적합성만이 규정대상인 것처럼 보인다. 그러나, 인사평가에 대한 내용적 적합성은 외부 인사가 평가하기 어려운 반면 사용자(회사)도 그것을 입증하기도 어렵다는 특징이 있다. 따라서, 통상 내용적 적합성은 절차적 적합성을 통해 담보되거나 간접적으로 입증된다. 따라서, 기업입장에서는 단순히 평가기준만이 아니라, 평가절차를 자세히 규정하고 이행함으로써, 기업이 정한 인사평가기준의 객관성과 적합성을 뒷받침하는 것이 바람직하다.

### (2) "자주"의 의미

베트남어 원문의 표현은 "thường xuyên"으로 통상 국문으로는 "자주", 영문으로는 "often"이라고 번역되는 것으로 보인다(영문 번역 중 "frequently", "constantly", "repeatedly"라는 표현도 사용되고 있다).

관련해 구 노동법 시행령(44/2003/ND-CP)은 한 달에 최소 2회 이상 담당 업무를 완성하지 못한 경우를 업무를 "thường xuyên" 완성하지 못한 것의 예로 규정하고 있었으나,

현 노동법 시행령(05/2015/ND-CP)은 "thường xuyên"의 의미에 관해서는 별도로 정하지 않고 있는 것으로 보인다. 물론, 앞서 언급한 사내규정에 "thường xuyên"이 어떤 것을 의미하는지 노사 간 협의를 통해 결정해 두는 것이 좋겠지만, 최종적으로는 법원이 별도로 평가할 가능성이 높다.

사전적으로 "thường xuyên"은 "thường(자주)"보다는 높고 "luôn luôn(언제나, 항상)"보다는 낮은 빈도를 지칭하는 의미로 해석된다. 그렇다면, 이는 "자주"보다는 "계속하여", "끊임 없이" 등의 개념으로 엄격하게 해석될 가능성이 다소 높아 보인다. 기업으로서는 해당 근로자가 계속하여 근로계약에 다른 직무를 수행하지 못하는 경우를 보여줄 수 있는 자료들을 모을 필요가 있다.

## 3. 저성과자 관리 과정에서 유의할 점

저성과자 관리는 최종적 해고 가능성을 염두에 두고 이루어지는 것이 바람직하다. 물론, 기업의 노력에도 불구하고 최종적으로 저성과자 해고가 무효로 판단될 가능성도 있다. 그러나, 기업으로서는 (1) 베트남 노동법 준수, (2) 건전한 기업 문화와 노동 선례(관행)의 형성, (3) 노동 분쟁 발생 시 최종적 승소 가능성의 증대, (4) 부당해고에 대한 형사 처벌 가능성에 대한 방어, (5) 저성과자 관리 과정에서 협의 가능성 확보를 위해 베트남 법률에 부합하도록 저성과자 관리를 진행하고 최종적으로 저성과자에 대한 해고 또는 징계를 고려하는 것이 바람직하다.

물론, 베트남 노동법은 저성과자 관리에 대한 규정을 자세하게 두지 않아 기업 입장에서 어려운 점이 많다. 그렇지만, 세계적으로 저성과자에 대한 해고 법리와 그 정당성을 인정받기 위한 요소들은 공통된 측면이 많다. 특히, 대한민국에서 법원, 고용노동부의 여러 선례를 통해 확인된 제반 요소들은 베트남에서 저성과자 관리를 함에 있어서도 유용하게 사용될 수 있을 것이다.

- 우선, 근로계약상 근로자의 담당 업무를 정확하게 기재하여야 한다. 다만, 근로자에 대한 전보가 대한민국보다 어려운 베트남 노동법의 특성상[22] 이를 지나치게 구체적으로 기재하면 오히려 회사에 불리하게 적용될 가능성도 있다. 따라서, 근로계약상 근로자의 담당 업무는 어느 정도의 구체성만을 가지도록 하고, 나머지 자세한 사항은 근로자에 대한 별도의 Job Description을 통해 정하는 것이 바람직하다.

- 근로자의 직무 완성 수준 평가기준을 정하기 위해 단위 근로자 집단 대표조직의 의견을 받아야 한다. 법문상 동의는 필요하지 않은 것으로 보이지만, 동의에 준하는 정도로 판단될 수 있도록 근로자 집단 대표조직과 의견을 교환하는 것이 바람직하다. 그 과정에서 기업의 입장을 논리적으로 설명할 수 있는 근거와 협상 방법을 마련해야 하고, 경우에 따라서는 단위 근로자 집단 대표조직뿐만 아니라, 노동당국을 설득할 필요도 발생할 수 있다.

- 근로자의 직무 완성 수준 평가기준에는 평가기준뿐만 아니라, 평가절차와 원칙에 관한 내용을 규정해 이를 통해 평가기준의 적합성이 담보되도록 하는 것이 좋다. 이러한 평가기준과 절차가 구체성, 합리성, 객관성을 갖추어야 함은 물론이다.

- 평가기준의 마련뿐만 아니라, 평가내용의 고지, 이를 바탕으로 한 개선 지시, 기회 제공 및 그 내용의 서면화도 중요하다. 저성과를 이유로 업무수행능력 향상을 지시하고 기업이 이를 구체적으로 지원하였음에도 불구하고, 그러한 저성과가 지속된다는 점을 입증하는 것은 매우 중요하다.

---

22) 베트남 노동법 제31보 제1항은 "천재지변, 화재, 전염병으로 인하여, 산업재해 또는 직업병을 예방 및 극복하기 위한 조치의 이행으로 인하여, 전기 또는 수도시설의 불량으로 인하여, 생산 및 경영상의 필요로 인하여 예상하지 못한 어려움이 발생하는 경우 사용자는 근로자를 근로계약과 다른 직무로 배치 전환할 수 있다. 그러나 해당 근로자의 동의가 없는 한 그 기간은 연간 60일을 넘지 못한다"고 정한다. 즉, 대상 근로자의 동의가 없는 이상, 위의 사유가 있더라도 근로계약에서 정한 직무와 다른 직무로의 전환배치는 연간 60일 범위 내에서만 가능하다.

# 4. 시사점

저성과자 관리는 굳이 해고로 나아가지 않더라도 건강한 조직의 구성을 위해 필수적인 요소이다. 그러나, 이는 기업의 인사평가 및 급여 시스템과 관련되어 있고, 노동조합과의 협상 문제도 있기 때문에 매우 어려운 과제임에 틀림없다. 게다가 모든 제도를 완벽하게 구비하더라도 이를 시행하기 위해서는 인사부서뿐만 아니라 매니저급 직원들의 저성과자 관리에 관한 이해가 필수적이다. 그렇기 때문에 매니저급 직원들에 대한 교육도 중요하다. 그러나, 이 과정에서 수많은 내부적 에너지가 생산이나 영업활동 등 회사의 이익을 창출하는 분야에 투입되지 못하고 저성과자를 관리하는 데 투입될 우려가 있다.

그러나, 베트남에 진출한 많은 기업은 베트남을 생산기지로 활용하고 있고, 대규모의 근로자를 고용하는 경우 이들은 대부분 생산직 근로자들인 경우가 많다. 이와 같은 생산직 근로자에 대한 성과는 계량적, 수량적으로 측정 가능한 경우가 많기 때문에 사무직 근로자에 대한 성과측정보다 용이하다. 아울러, 일정한 라인의 움직임에 따라 생산이 이루어지는 경우, 개인의 성과보다는 팀 또는 조직의 성과가 문제되는 경우가 많다. 이 경우에는 개개인에 대한 세밀한 성과측정이 없더라도 해당 개인에 대한 어느 정도의 성과측정이 가능할 수도 있다.

따라서, 기업들로서는 우선 업종과 분야, 직종에 맞는 효율적인 성과측정의 절차와 방법을 마련하는 것이 중요하다. 이는 비단 저성과자 문제뿐만 아니라, 성과보상이 합리적으로 이루어지기 위해서라도 필요한 작업이다. 이후, 기업별 사정에 맞추어 저성과자 관리의 내용과 방법에 대하여 검토하면 될 것이다.

# | 제3절 | 노동법 개정 사항 관련 유의점

## 1. 개요

베트남 노동법은 1994년 제정된 후 사회·노동·국제 환경의 변화 등을 반영해 총 4차례(2002년, 2006년, 2007년, 2012년)에 걸쳐 개정되었고, 현재에도 개정안이 논의 중이다. 지난 2016년 11월 베트남 노동보훈사회부(Ministry of Labour - Invalid and Social Affairs, "MOLISA")가 노동법 1차 개정안을 발표하였고, 2017년 3월 2차 개정안을 발표한 바 있다. 현재 MOLISA는 최종적인 개정안 마련 작업을 진행 중이고 최종적인 노동법 개정안 통과는 2019년 말은 되어야 할 것으로 예상된다.

다만, 개정이 논의 중인 내용은 그 동안 여러 차례의 설명회, 설명 자료 등을 통해 기업들이 어느 정도 숙지하고 있을 것으로 예상된다. 이하에서는 세세한 예상 개정 내용에 대한 언급은 생략하고, 노동법 개정 사항 중 복수노조(또는 1사 1노조 외 노동조합의 권리와 의무를 가지는 별도 조직, 이하 편의상 "복수노조") 허용 문제와 관련해 기업들이 유의할 점에 관하여 알아본다.

## 2. 복수노조와 부당노동행위 문제

복수노조의 허용이 실질적인 노사대화의 촉진, 다양한 근로자의 의견 반영을 통한 근로자의 이익 향상을 목표로 하는 이상, 기업들로서는 노사협상과 단체협약의 체결 등에 있어 기존에 겪지 못한 어려움을 겪게 될 가능성이 있다. 그렇기 때문에, 많은 기업들이 복수노조의 허용을 앞두고 노무 관리의 측면에서 회사가 어떻게 대응하여야 하는지 검토하는 경우가 있다.

다만, 노무 관련 업무는 부당노동행위 문제와 연결될 가능성이 높다. 특히, 우리나라에서도 2011년 복수노조를 허용하였을 때 발생한 부당노동행위 문제로 인해 아직도 대립적인 노사관계를 겪고 있는 기업들이 다수 있다.[23] 베트남 노동법 또한 부당노동행위를 엄격히 금지하고 그에 대한 행정벌을 부과하고 있기 때문에 기업들의 각별한 유의가 필요하다.

특히, 노동, 사회보험, 해외 인력송출 분야의 행정위반 처벌 시행령(95/2013/ND-CP, 2013. 8. 22.; 88/2015/ND-CP, 2015. 10. 7.)은 2015년 개정을 통해 부당노동행위에 해당하는 세부적인 유형을 자세히 기재하고 있는바, 사용자가
  (1) 소수노조 설립을 방해하거나,
  (2) 소수노조를 다수노조에 비해 차별하거나,
  (3) 소수노조에 가입하거나 가입하려고 하는 자에게 어떠한 형태의 차별을 가하는 행위
는 위 시행령에 따라 행정 벌금형의 대상이 되는 것으로 판단될 가능성이 있다. 이하에서는 노동법 규정과 함께 해당 시행령 규정을 소개한다.

### 2.1. 노동조합 설립, 가입 및 활동과 관련하여 엄격히 금지되는 사용자의 행위[24]

- 근로자가 노동조합을 설립하고, 가입하거나 활동하는 것을 방해하거나 장애를 일으키는 행위
- 노동조합의 설립, 가입 및 활동을 근로자에게 강요하는 행위
- 근로자에게 노동조합의 활동에 참여하지 않거나 노동조합을 탈퇴하도록 요구하는 행위

---

23) 특히, 기존에 대립적 노사관계를 가지고 있던 기업들이 복수노조의 설립이 허용된 이후 친 기업 성향의 제2노조 설립에 관여하고, 기존의 제1노조를 차별하였다는 이유로 형사처벌을 받은 경우가 다수 있다.
24) 노동법 제190조

• 근로자의 노동조합 설립, 가입 및 활동을 방해하기 위하여 임금, 근로시간 또는 기타 근로관계에서의 권리와 의무에 대하여 차별하는 행위

## 2.2. 경고 또는 50만 동에서 100만 동까지의 행정 벌금형에 처해질 수 있는 경우[25]

• 노동조합 간부에게 필요한 사무실, 설비를 제공하지 않는 경우
• 비전임 노동조합 간부에게 근무시간 중에 노동조합 활동 시간을 배정하지 않는 경우
• 노동조합 활동을 위하여 조직·기업에 방문하는 직속 상위 노동조합 간부를 허용하지 않는 경우
• 근로자의 합법적이고 정당한 권한과 이익 보호를 대표하는 권한과 책임을 실시하는 노동조합을 위하여 정보 제공, 협조, 편리한 조건 조성을 하지 않는 경우

## 2.3. 1,000만 동에서 2,000만 동까지의 행정 벌금형에 처해질 수 있는 경우[26]

• 노동조합의 대화, 교섭 요구를 거절하는 경우
• 비전임 노동조합 간부에 대하여 근로계약을 일방적으로 해지하거나, 근로계약과 다른 업무로 변경하거나, 징계해고를 하는 때에 단위 노동조합 집행위원회 또는 직속 상위 노동조합 집행위원회와 서면으로 합의하지 않는 경우

---

25) 노동, 사회보험, 해외 인력송출 분야의 행정위반 처벌 시행령
  (95/2013/ND-CP, 2013. 8. 22.; 88/2015/ND-CP, 2015. 10. 7.) 제24조제1항
26) 위 시행령 제24조제2항

## 2.4. 경고 또는 300만 동에서 500만 동까지의 행정 벌금형에 처해질 수 있는 경우[27]

- 근로자의 노동조합 설립, 가입 및 활동을 방해하기 위하여 임금, 근로시간, 근로관계에서의 기타 권리와 의무에 관하여 차별하는 경우
- 비전임 노동조합 간부의 임기 중 그의 근로계약이 만료한 때에 근로계약을 연장하지 않는 행위
- 노동조합의 설립, 가입, 활동을 이유로 근로자에 대하여 법률에 반하여 노동규율을 하거나 근로계약을 종료하는 경우
- 노동조합 간부를 교란·박해·방해하거나 승진을 거부하는 경우
- 근로자에 대하여 노동조합 간부의 위신을 낮추기 위하여 허위정보를 제공하는 경우

## 2.5. 500만 동에서 1,000만 동까지의 행정 벌금형에 처해질 수 있는 경우[28]

- 노동조합 간부로 일하는 근로자의 권리를 제한하는 규정을 가지는 경우
- 노동조합 간부의 투표·선발을 지배·개입, 방해하는 경우
- 노동조합의 설립, 가입 및 활동을 근로자에게 강요하는 경우
- 비전임으로 노동조합 업무를 수행하는 근로자에게 노동조합 활동시간에 대한 임금을 지급하지 않는 경우
- 전임으로 노동조합 업무를 수행하는 근로자에게 같은 조직의 다른 근로자와 동일한 권익과 집단 복리후생 혜택을 제공하지 않는 경우
- 노동조합에 가입하지 못하도록 하거나, 노동조합에서 활동하지 못하도록 하기 위하여 근로자에게 영향을 미치는 경제조치들을 실시하는 경우

---

27) 위 시행령 제24a조제1항
28) 위 시행령 제24a조제2항, 제24b조제1항

# 3. 기타 복수노조에 부수되는 문제

아울러, 어떠한 형태로든 복수노조를 허용하게 될 경우,

(1) 교섭창구 단일화 제도의 도입 여부, 도입 시 그 절차와 요건,

(2) 교섭대표 노동조합, 교섭대표 노동조합이 아닌 노동조합의 권한과 의무,

(3) 단체협약의 일반적 구속력 인정 여부

등에 대한 문제가 제기될 수밖에 없으며, MOLISA가 향후 마련할 노동법 최종 개정안에도 위 사항에 대한 기초적인 사항이 정해질 것으로 예상된다. 기업들로서는 향후 발표될 제반 노동법 개정 사항을 숙지하고 그에 따라 절차를 이행하여 자칫 노동법 위반으로 처벌 받지 않도록 유의할 필요가 있다.

# VIETNAM ECONOMIC REPORT

# 13

베트남 경제 리포트

>>

| 제13장 |

알기 쉬운 베트남
이전가격 이야기

| 제13장 | **알기 쉬운 베트남 이전가격 이야기**

이정 CTAC Vietnam 회계법인 / 김일중 대표회계사
ilchung.kim@ctacgroup.com

# 1. 이전가격에 대한 이해

## 1.1. 이전가격세제의 도입배경

베트남에 많은 한국 사람과 기업이 들어오고 있습니다. 이른바 포스트 차이나로 불리워지며 제2의 차이나 드림을 꿈꾸는 기업과 개인들이 물밀듯이 호치민과 하노이로 오고 있습니다. 다낭에 출장 갔을 때 한국사람이 관광객의 대부분이었다는 점에 깜짝 놀라기도 했고, 2017년에 처음 법인을 설립하고 업무를 시작하였을 때와 비교하여, 뼈대만 올라가고 있던 호치민, 하노이 시내의 건물들이 번듯이 세워진 모습을 볼 때 불과 2년 만에 몰라보게 달라지고 있는 베트남의 경제발전현황이 몸으로 느껴집니다. 지금 모습은 마치 말로만 듣던 30년 전 중국 상하이의 푸동 개발의 모습인 듯 기대가 되기도 합니다.

한국사람과 기업이 베트남에 몰려들면서 당연히 한국과의 거래가 폭증하고 있는 것으로 보입니다. 한국과의 거래가 많아진다는 것은 베트남에 소재한 회사와 한국회사 물건이나 서비스를 사고파는 거래가 늘어난다는 것을 뜻합니다. 사실 이런 국제적인 상거래는 대부분 지분관계가 있거나 소유주가 동일한 회사와 같이, 관계가 있는 형제회사나 모자회사들끼리 사고파는 거래의 비중이 생각보다 매우 높습니다.

Related-Party & Total Trade(billions of dollars)

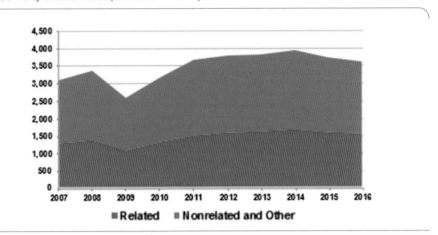

Related-Party Goods Trade-2016

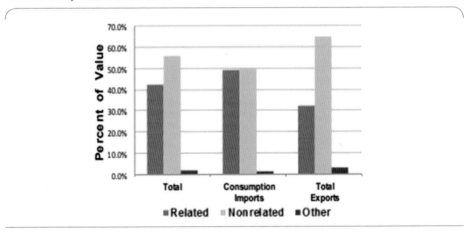

상기표[1]는 미국의 경우 관계사와 비관계사 비중을 정리한 내용입니다. 보시면 2007년부터 2016년까지 관계사 거래는 21.6%, 총 거래금액은 16.7% 증가하였습니다. 같은

1) U.S. Goods and Trade Imports and Exports by Related Parties in 2016
   (U.S. Consensus Bureau, Economics and Statistics Administration, Department of Commerce)

기간 총거래에서 관계사의 거래비중은 2008년의 39.8%에서 2016년 42.4%로 증가함을 확인할 수 있습니다.

아래 표[2)]는 미국, 한국, 베트남의 국내총생산 대비 무역의존도를 나타냅니다.

무역의존도(수출입의 대 GDP 비율)

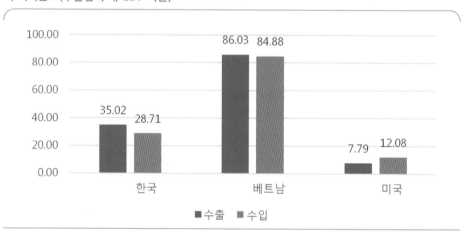

상기표에 의하면 세계적으로 무역의존도가 높은 나라인 한국에 비해서도, 베트남의 무역의존도는 월등히 높은 수준입니다. 그렇다면, 무역에 대한 의존도가 미국보다 훨씬 높은 우리나라나 베트남의 경우는 전체 국내총생산에서 차지하는 관계사 거래금액의 비중이 훨씬 크지 않을까요?

2) 통계청 KOSIS, 출처: 관세청, 한국은행, IMF, The World Bank, 각국의 수출·수입액을 GDP로 나누어 계상,
    자료: 관세청 「http://www.customs.go.kr」 2018. 8, 한국은행「http://ecos.bok.or.kr」 2018. 8,
    IMF「International Financial Statistics」 2018. 8, The World Bank「http://www.worldbank.org」 2018. 7

GDP에서 무역의존도가 매우 낮은 수준의 미국의 경우에도 과거 기간 동안 관계사 거래의 비중이 증가하였다는 사실을 주목하여 볼 때, 베트남의 경우 전체 국내총생산에서 차지하는 관계사 거래의 비중이 전체 경제에 미치는 영향이 막대할 것이라는 것을 알 수 있습니다.

이런 배경이 있기에 베트남 과세당국에서는 현재 관계사 간의 거래를 규제하는 이전가격 세제에 큰 관심을 갖고 여기에 관리역량을 집중하는 것으로 이해할 수 있습니다.

## 1.2. 경제발전 상황에 따른 이전가격

이전가격이란 무엇일까요? 위키피디아에서 찾아보면 이전가격(移轉價格, Transfer price)이란 관계기업(Related Party) 사이에 원재료·제품 및 용역을 공급하는 경우에 적용되는 가격으로 정의되고 있습니다. 우리나라에서는 1998년 국제조세조정에 관한 법률(국조법)이 제정되면서 이전가격과세가 활성화되는 계기가 되었고, 중국에서는 2008년도부터 개정 기업소득세법과 특별납세조정방안이 시행되면서 시작된 이전가격과세의 활성화는, 이후 베트남에서 2017년 4월 28일 재무부 Circular 20[3]이 발표되면서 베트남에서도 이전가격문서화가 의무화가 되면서 많은 베트남 소재기업들이 이전가격세제에 대한 행정업무에 부담을 느끼게 되었습니다.

---

3) PROVIDING GUIDANCE ON IMPLEMENTATION OF CERTAIN ARTICLES OF THE GOVERNMENT'S DECREE NO.20/2017/ND-CP DATED FEBRUARY 24, 2017 ON TAX ADMINISTRATION FOR ENTERPRISES ENGAGED IN TRANSER PRICING. NO41/2017/TT-BTC

## 한국GM '이전가격' 논란..세무조사 칼날 들이댈까

기사입력 : 2018-02-12 09:47 | 수정 : 2018-02-12 10:06

한국GM의 경영 정상화를 놓고 글로벌GM과 한국 정부간 협상이 시작된 가운데 자동차 업계에선 '이전가격'에 주목하고 있다.

최근 뉴스에 나온 이전가격세제와 관련된 사안은 한국GM이 부평공장 철수를 진행하면서 노조가 반발하며 문제를 제기한 사안이 바로 이전가격과 관련된 문제입니다. 노조측에서는 GM관계사에 이자율이 5.3%에 달하는 점과, 국내 완성차 업계평균과 비교하여 높은 매출원가율을 가지고 있는 GM이 수입하는 부품이 높은 가격으로 수입되고 있다는 것을 문제로 삼은 부분입니다. 사실 이전가격문제는 우리나라에 진출한 많은 외국투자기업들은 매우 주의해서 관리를 하고 있었던 사안입니다. 왜냐하면 우리나라도 이전가격세제를 통해서 많은 외국투자기업들에 대해서 세무조사 등을 통한 제재를 꾸준히 하고 있었기 때문입니다. 사실 이전가격과 관련해서는 외국투자기업들의 입장에서는 우리나라도 손꼽히는 요주의 대상국가입니다. 우리가 잘 아는 마이크로소프트도 2003년에 이미 과세금액으로만 320억 원에 달하는 세금을 이전가격조정으로 추징당한 바 있고, 우리가 잘 알고 있는 세계적인 다국적 기업들이 해외투자를 할 때 세금측면에서 매우 중요하게 생각하는 국제조세 중의 하나가 바로 이전가격세제입니다. 그럼 정작 우리나라기업들은 왜 이런 중요한 이전가격을 잘 모르고 있었을까요? 그 이유는 우리나라기업들의 해외진출 역사가 미국 일본 등 선진국보다는 비교적 최근에야 본격적으로 시작되었기 때문이기도 하지만, 국세청의 이전가격 세무조사가 주로 한국에 진출한 외국투자기업에 집중되었기 때문입니다. 개발도상국에서의 이전가격세제를 도입하는 배경과 선진국에서의 이전가격세제를 활용하는 것은 각각 과세당국의 입장에서 다른 목적으로 이용되는 측면이 있습니다.

뉴스에 나온 이전가격세제와 관련된 사안

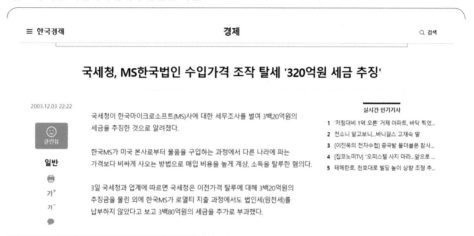

### 1.2.1. 개발도상국 측면에서의 이전가격세제

앞서 언급한 바도 있지만, 한국과 중국 그리고 베트남이 거의 10년의 차이를 두고, 이전가격 세제를 도입하는 배경은 무엇일까요? 필자 생각에는 각국이 자국 경제에서 외국투자기업의 생산 경영이 매우 활발한 상태에서 시작되었다는 공통점을 들 수 있을 것 같습니다. 한국도 2000년대 초반까지는 한국에서 노키아와 같은 다국적 기업들이 활발한 생산활동을 하였습니다. 중국도 지금은 매력이 많이 떨어졌지만, 수많은 외국투자기업이 가장 많은 투자와 생산을 하였던 곳이었습니다. 현재는 베트남으로 생산의 중심이 한참 바뀌는 상황입니다. 따라서, 이런 경제환경, 특히 외국자본이 활발히 투자되고 활동하는 국가 및 지역에 존재하는 개발도상국의 과세당국에서 이전가격에 관심을 갖는 특징이 있다고 할 수 있겠습니다. 이런 개발도상국의 이전가격 과세환경에서는 특징이 자국에 투자하여 생산활동을 하고 있는 외국투자기업에 대한 관리의 수단으로 이전가격세제가 활용된다고 할 수 있겠습니다. 이런 경우 개발도상국 과세당국의 이전가격조사의 대상은 자국에서 생산경영활동을 활발히 진행해 나가고 있는 자국진출 외국투자기업이 주요 대상이 됩니다. 우리나라도 과거에는 이런 국가 중의 하나로 볼 수 있었지만, 이제는 한국에 투자하는 기업보다는 한국기업이 외국에 투자하는 것이 훨씬 활발한 상황이어서 아래에 설명하는 자국기업을 조사하는 선진국 과세당국의 이전가격조사의 행태가 점차 활발해지고 있습니다.

### 1.2.2. 선진국 측면에서의 이전가격세제

그렇다면, 반대로 미국이나 일본, 현재의 한국과 같이 생산활동 등에 외국의 기업이 투자하는 상황이 아니고, 주로 자국기업이 외국에 많이 진출하는 경우에는 이전가격세제가 어떤 의미가 있을까요? 해외에서 제조나 판매를 많이 하는 선진국 기업들의 경우에는 앞서 언급한 개발도상국의 경우와는 달리 자국에 진출한 외국투자기업이 소득을 해외로 이전하는 것을 제제하기 위하여 이전가격세제가 활용되는 것이 아니라, 자국기업들이 마땅히 가져와야 할 소득을 해외에 이전하거나 가져오지 않는 것을 제재하기 위하여 이전가격세제가 활용됩니다. 우리나라도 이제는 점점 이런 측면에서 해외에 진출한 우리나라 기업들이 한국으로 가져와야 할 소득을 해외에 유보하여 두는 것을 제재하기 위하여 이전가격세제가 적극적으로 활용되는 단계에 이른 것으로 볼 수 있을 것 같습니다. 따라서, 이런 경우에 조사대상은 주로 해외에 진출한 자국기업이 주요 제재대상이며, 자국에 유보하여야 하는 이익을 국외 관계회사에 부당하게 이전하는지 여부를 중심으로 이전가격조사가 이루어집니다.

매출액이나 총원가 등에 조정률을 곱하게 되어 있는 이전가격조정 원리상 이전가격과세 조정을 받게 되면 조정되는 금액이 매우 큰 특징이 있기 때문에 과세당국이나 해당 기업에서는 큰 관심을 가질 수밖에 없습니다.

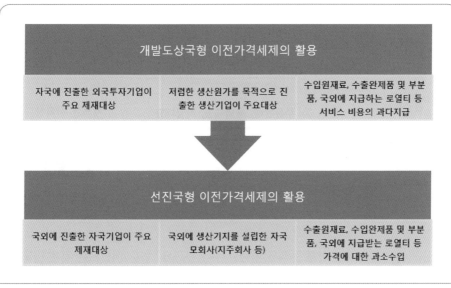

그럼, 이렇게 국제무역에 중요하게 활용되는 이전가격세제의 기본 개념을 다음으로 살펴보고자 합니다.

## 1.3. 이전가격과 그 성격에 대한 이해

이전가격세제의 기본개념에 대해서 이해를 돕기 위하여 예를 들어서 설명을 하였으면 합니다.

앞서 살펴본 바와 같이, 베트남은 수출입에 국내총생산의 대부분을 의지하고 있는 국가입니다. 반면에 국내소비시장의 비중은 매우 낮은 수준이라고 할 수 있습니다. 이와 같은 베트남의 국내총생산의 구성요소를 볼 때, 베트남의 저렴한 임금과 풍부한 노동력, 기업 친화적인 환경을 보고 많은 한국기업이 베트남에 자금을 투입하여 자회사 등을 설립하는 경우, 대부분의 경우에는 베트남 내수판매를 위한 목적이라기보다는 수출을 위한 생산기지로 활용하는 경우가 압도적으로 많은 상황입니다. 이전가격의 이해를 돕기 위해서 한국

회사가 베트남에 자회사를 설립하는 것을 가정을 하면 아래와 같은 거래가 발생할 수 있습니다.

**한국회사가 베트남에 자회사를 설립하는 것을 가정**

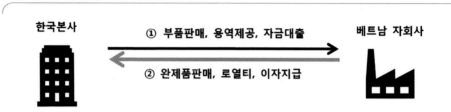

이런 거래가 일어나면 어떤 문제가 발생할 수 있을까요? 일단 떠오르는 것은 한국본사와 베트남 자회사는 관계회사이기 때문에 상기에 언급된 많은 거래에 있어서 적절한 가격을 찾는 것이 어려울 수도 있다는 것입니다. 또, 이런 상황에서 만약 한국본사에서 이익을 베트남보다 한국에 유보하기를 원하는 경우에는 거래를 통해서 이익을 이전할 수 있으며, 이런 경우 한국과 베트남은 법인세율(Corporate Income Tax)이 다르기 때문에 발생하는 이익에 따라서 각국에 납부해야 하는 세금액이 달라질 수 있다는 것입니다.

예를 들면, 한국본사가 베트남 자회사에 이익을 남기지 않고 모두 한국으로 이전거래를 통해서 가져오기로 결정했다고 봅시다. 이 경우에 상기 거래금액은 원래 가져와야 할 금액보다 비정상적인 가격을 책정하게 됩니다.

**이익을 남기지 않고 이전거래를 통해서 가져오기로 결정**

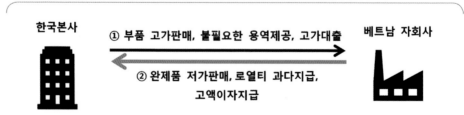

이런 경우에는 결과적으로 베트남 자회사의 이익이 한국본사로 이전(Transfer)되며, 그 결과 각국에 납부해야 하는 법인세 금액에 영향을 미치게 되는 것입니다. 따라서, 한국 과세당국은 원래 받아야 할 세금보다 더 많은 법인세를 받게 되고, 베트남 과세당국은 원래 받아야 할 세금보다 더 적은 법인세를 받는 결과로 이어지게 되므로, 수출입에 대한 의존도가 높은 나라일수록 이전가격세제가 중요한 것이 됩니다.

소득의 이전에 따른 세수변동

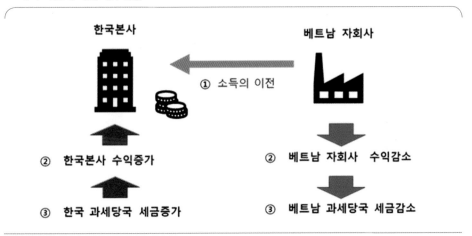

앞서 살펴본 바와 같이, 현재 베트남 경제체제는 국내총생산에서 수출입이 차지하는 비중이 절대적인 것이며, 더욱이 당해 수출입의 생산주체가 외국투자기업으로 관계사간의 이전가격거래가 대부분이므로 법인세 체계에서는 이전가격이 그 무엇보다 중요한 지위를 차지하는 세제일 수가 있는 것입니다.

결국 이전가격은 당해 이전가격거래를 수행하는 기업들이 소재하는 국가의 과세당국의 입장에서는 자국의 조세주권을 지키기 위한 주요한 방법으로 각국이 자국 과세권을 가지고 서로 격돌하는 것이 이전가격과세의 기본적인 배경인 것을 이해하는 것이 중요합니다.

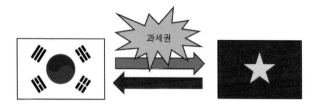

## 1.4. 과세권의 충돌로 인하여 살펴본 이전가격 과세제도의 특성

상기와 같이 이전가격이 거래상대방 국가 간의 과세권의 충돌로 이해한다면 이전가격의 중요한 특성인 이중과세의 발생과 양 국가 간의 이해관계 상충문제를 살펴볼 수 있습니다. 많은 한국기업들이 이전가격에 대해서 잘 이해하지 못하고, 막연히 어느 한 국가의 입장에서만 이전가격문제를 보는 경향이 있습니다. 가령 예를 들자면, 베트남에 소재한 자회사의 이전가격 위험회피를 위해서 자회사의 이익수준을 높게 유지하는 이전가격 정책을 적용하는 것입니다. 이런 경우 베트남 자회사의 이전가격 과세위험은 회피할 수도 있지만, 반대로 한국본사 입장에서는 과세위험에 노출되는 예상치 못한 결과를 보게 되기도 합니다.

예1: 베트남 자회사 이익이 높은 경우

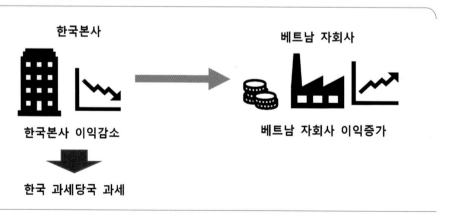

예2: 한국본사 이익이 높은 경우

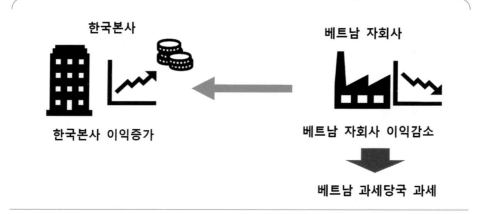

상기의 예에서 알 수 있는 바와 같이, 이전가격 과세제도는 관련이 되어 있는 양 과세당국의 입장에서 적정 이익수준(정상가격범위)을 유지하면서 균형 있는 수준으로 이전가격 거래의 수준을 유지하는 것이 매우 중요합니다. 따라서, 한국본사를 생각해서 베트남 자회사의 이익이 부적절하게 감소하거나 베트남 자회사의 세무위험을 회피하기 위하여 과다하게 이익이 베트남 자회사로 배분되는 경우에는 이전가격 위험이 증가하게 됩니다.

# 2. 이전가격 과세제도의 기본구성

## 2.1. 회사가 수행하는 기능과 위험의 결정

이전가격의 기본성격을 국가 간의 과세권의 충돌로 이해했다면 다음으로는 이렇게 발생한 이전가격문제에 대해서 어떤 방식으로 국가 간에 발생한 문제를 해결할 수 있을까요? 이 문제에 대해서 국가 간의 과세권의 충돌을 해결하기 위하여 이전가격과세 제도를 만들었습니다. 이전가격 과세제도는 기본적으로 회사가 수행하는 기능과 위험에 상응해서 적정한 수준의 이익을 얻는 것이 합리적이라고 판단하도록 하고 있습니다. 아래 표를 보면, 이전가격세제에서 회사가 하는 기능과 위험에 따라서 향후에 얻을 것이라고 예상하는 이익과 위험의 상관관계에 대해서 쉽게 이해할 수 있습니다.

이전가격세제의 예상 이익과 위험의 상관관계

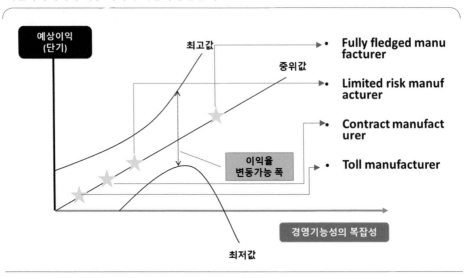

상기 그림을 보면, 경영기능이 단순한 임가공업자등(Contract Manufacturer, Toll Manufacturer)의 경우에는 예상이익이 낮은 대신 이익률의 변동가능폭이 제한적이며, 일반제조업자(Fully Fledged Manufacturer)나 한정된 기능위험의 제조업자(Limited Risk Manufacturer)의 경우에는 예상이익의 수준이 높은 대신 이익률 변동가능폭이 매우 넓은 것을 알 수 있습니다. 이전가격세제에서 말하는 합리적인 수준의 이익률의 결정은 해당 거래에 임하는 회사의 기능과 위험(경영기능성의 복잡성)을 고려하여 당해 기능과 위험에 상응하는 수준의 예상이익 수준을 달성하는 것이 합리적이라고 본다는 것을 알 수 있습니다. 쉽게 이야기하면, 일 많이 하고 위험 많이 부담하는 회사가 돈도 많이 벌 것을 기대할 수 있지만, 위험을 많이 부담하는 기업은 실제 버는 돈은 많이 벌 수도 있고 반대로 손해를 낼 수도 있다고 가정하는 것으로 이해할 수 있습니다.

## 2.2. 수행하는 기능과 위험에 따른 예상이익의 결정

상기와 같이 회사가 수행하는 기능과 위험을 결정했다면, 당해 기능/위험에 따른 적정한 수준의 예상이익(정상가격이익률의 범위, arm's length range)의 계산은 어떻게 하는 것이 좋을까요? 구체적인 예상이익을 계산하기 위하여 이전가격세제에서는 아래와 같은 몇 가지 방법을 정하고, 다시 각 방법에 적합한 이익률 지수를 적용하여 당해 정상가격 여부를 결정하도록 하고 있습니다.

이전가격의 결정방법과 성격을 간단하게 표로 만들어 보면 아래와 같습니다. 각 방법에 대한 구체적인 기술적 설명은 생략하도록 하고, 적정한 이전가격을 결정하도록 하기 위하여 다양한 방법을 규정하고 있다는 정도만 기억하면 되겠습니다. 아래에서는 이해를 돕기 위하여 간단한 사례를 통해서 이전가격에 대한 설명을 하고자 합니다.

### 이전가격의 결정방법과 성격

| 구분 | 방법 | 접근방법별 구분 | 검토대상별 구분 |
|---|---|---|---|
| 전통적 방법 | 비교가능 제3자 가격방법(CUP) | 가격 접근법 | 일방검토 방법 |
| | 재판매 가격방법(RPM) | | |
| | 원가 가산방법(CPLM) | | |
| 기타의 방법 | 거래 순이익율방법(TNMM) | 수익률 접근법 | |
| | 비교가능 이익분할방법(CPM) | | |
| | 이익분할방법(PSM) | | 쌍방검토 방법 |

## 2.3. 거래순이익률방법을 통해서 살펴보는 이전가격세제에 대한 이해

이전가격세제에서 과세여부를 결정하는 중요한 정상가격여부의 결정은 앞서 보여드린 표에 나와 있는 것처럼 통상적으로는 5가지 종류의 방법을 검토하여 회사에 가장 적합한 이전가격 방법이 어떤 것인지 판단하게 됩니다. 이 부분은 검토대상 거래의 성격과 종류에 따라서 상황마다 다를 수 있으나, 가장 보편적으로 많이 사용하고 있는 거래 순이익률 방법을 기준으로 설명을 하고자 합니다.

거래순이익률방법은 이전가격 거래별로 이미 설명한 회사의 기능과 위험을 살펴본 후에 해당회사가 어떤 종류의 회사인지를 결정하고(예를 들면 단순임가공업자), 그에 합당한 기능과 위험을 부담하고 있는 회사가 달성하고 있는 이익률과 비교하여, 적정한 이익률을 달성하고 있는 경우에는 이전가격거래가 정상가격으로 거래되고 있다고 판정하고 그렇지 않은 경우(비정상가격)에는 과세당국이 증액조정을 하게 됩니다.

가령 예를 들면, A회사는 단순임가공업을 수행하고 있는 베트남 내의 자회사이고 당해 자회사가 한국에 있는 모회사인 B가 완제품 판매거래와 원재료 매입거래를 수행한다고 가정합시다. 이런 경우에 A회사에 대해서는 베트남 세무당국이 B회사에 대해서는 한국의 국세청이 이전가격세제를 활용하여 당해 베트남 자회사와 한국의 모회사가 정상가격으로 거래되고 있는지 여부를 확인하려고 합니다. 이 경우 거래순이익률 방법 하에서 베트남 세무당국과 한국의 국세청은 통상적으로 기능과 위험이 더 단순한 회사를 검토대상회사로 선정하여 이전가격의 정상가격 여부를 확인하려고 합니다. 다시 말해서, 베트남 내 단순임가공업을 수행하는 자회사 A의 이익을 검토함으로써 베트남과 한국에서 동시에 이전가격이 정상수준에 포함되는지 여부를 확인할 수 있다는 것입니다.

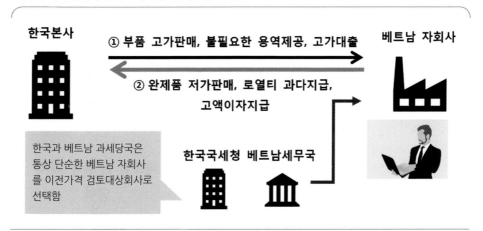

이전가격이 정상수준에 포함되는지 여부를 확인

한국본사

① 부품 고가판매, 불필요한 용역제공, 고가대출

베트남 자회사

② 완제품 저가판매, 로열티 과다지급, 고액이자지급

한국과 베트남 과세당국은 통상 단순한 베트남 자회사를 이전가격 검토대상회사로 선택함

한국국세청 베트남세무국

이런 작업은 공신력이 있는 데이터베이스 전문회사에서 제공하는 데이터베이스를 활용하여 동종업계에 포함되어 있는 회사들을 선별하여 검토대상 회사와 이익률 수준을 비교하게 됩니다. 가령 당해 데이터베이스 검색작업(일반적으로 Benchmarking Study라고 부름)을 마친 후에 동종업계의 유사한 기능과 위험을 가진 기업의 정상가격 범위가 아래와 같이 확인되었다고 가정합시다.

아래 그림에서 NCP는 총원가가산율(Net Cost Plus)를 의미하고, 세로막대는 각각 해당연도의 상위사분위값과 하위사분위값, 중위값을 나타내고 있습니다. 일반적으로 사용하는 3개년 가중평균값을 보면 당해 비교가능회사들의 정상가격범위는 3.0~7.1%(중위값 4.6%)인 것을 알 수 있습니다. 당해 결론에 의하면 검토대상회사인 A회사가 이전가격세제에서 정상가격으로 인정받기 위해서는 이 범위에 포함되어야 하는 것입니다.

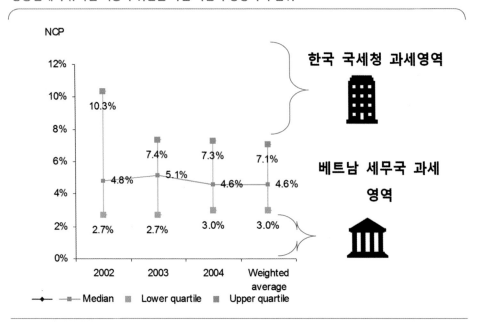

동종업계의 유사한 기능과 위험을 가진 기업의 정상가격 범위

NCP

- 한국 국세청 과세영역
- 베트남 세무국 과세영역

10.3%

7.4%  7.3%  7.1%

4.8%  5.1%  4.6%  4.6%

2.7%  2.7%  3.0%  3.0%

2002  2003  2004  Weighted average

─●─ ─■─ Median  ■ Lower quartile  ■ Upper quartile

만약, 그림에서 회사의 2018년도 총원가가산율이 1%에 불과하다면 그 의미는 베트남 회사의 이익률이 동종업계의 비교가능회사들의 정상가격범위 하한값인 3.0%보다 더 낮다는 것을 알 수 있으며, 이런 낮은 수준의 이익률은 회사가 기타의 다른 합리적인 이유[4]가 베트남 과세당국으로부터 인정받지 못한다면 이전가격거래로 소득을 한국으로 이전한 것으로 간주되고 이에 대해서 베트남 자회사인 A가 베트남에서 법인세 조정을 받게 되는 것입니다.

이와 반대로, 베트남 자회사인 A가 앞서 언급된 정상가격범위를 훨씬 초과하는 10%의 총원가가산율을 2018년도에 달성했다고 하는 경우에는 앞선 예와 반대로 한국의 국세청

4) 사업개시손실(Start up loss)이나 시장침투정책(Market Penetration strategy) 등 정상적인 경영활동의 일환으로 인정받을 수 있는 경영상의 합리적인 사유들을 의미합니다.

입장에서 모회사인 B가 이익을 자회사인 A로 이전한 것으로 간주하고 이에 대해서 한국 모회사에 대한 이전소득에 대한 법인세를 조정하게 됩니다.

이와 같이 이전가격세제는 앞서 설명한 바와 같이, 개발도상국 과세당국이 자국에 진출한 외국투자법인에 대하여 이익을 이전한 것으로 과세할 수 있을 뿐만 아니라, 선진국 과세당국도 자국에 소재한 모법인이 해외에 진출한 자회사로 소득을 이전하는 경우에 자국 모법인을 과세하는 도구로 사용되는 과세제도이므로 특히 유의할 만하다고 볼 수 있습니다.

현재 한국 내 경영환경하에서는 많은 한국기업들이 제조업에 대한 경쟁력을 확보하고 국외시장을 선점하기 위하여 앞다투어 해외로 진출하고 있는 상황으로, 한국 내에는 시제품 생산과 연구개발 등 핵심인력만을 남기고 나머지 제조 및 판매는 해외자회사로 하는 경우가 많은 현실입니다.

이런 상황에서 한국의 국세청은 과세권 확보를 위해서는 해외에 진출한 한국기업의 본사에 대하여 이전가격 과세를 강화하고 있는 현실이기 때문에 과거와는 사뭇 다르게 한국기업들에 대해서도 모회사 세무조사를 통한 이전가격과세가 점점 더 크게 대두되고 있으므로 베트남 진출회사들은 이 부분도 꼭 고려를 할 필요가 있습니다.

## 2.4. 이전가격 문서화와 중요성

이전가격은 앞서 살펴본 바와 같이, 국가 간의 과세권 확보를 위해서 점점 더 중요한 세제가 되어 가고 있습니다. 이런 이유로 인해서 선진국이나 개발도상국 중에서 국제무역의 비중이 큰 국가들이 모여서 국가 간의 이전거래에 대해서 정기적인 문서화를 규정하여 회사의 거래가 정상거래인지 여부에 대해서 문서를 구비하도록 하고 있습니다.

신문지상에 주의를 가지고 살펴보면, 각 국가에서 "구글세"니 다국적 기업의 조세회피

등을 위해서 BEPS 보고서 등을 통해 국세청이 의심기업을 감시한다는 등의 내용을 다수 찾을 수가 있습니다.

### 관련 신문기사 (1)

### 관련 신문기사 (2)

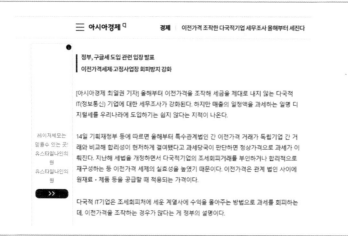

이전가격문서화 내용은 지난 기간 동안 계속적으로 강화되어 왔는데, 지난 2015년 10월 초 다국적 기업의 조세회피 차단과 관련한 경제협력개발기구(OECD)의 BEPS(Base Erosion and Profit Shifting) action plan 최종보고서가 G20 재무장관회의에서 채택됐고, 11월 열리는 G20 정상회의에서 최종 승인되어 다국적 기업들이 조세피난처국가 또는 조세협정상의 허점 등을 이용해 여러 나라에 법인을 세워놓고 자금과 거래를 돌려가면서 세금을 회피하는 관행을 국제적으로 공조해 해결하는 것을 목표로 하고 있습니다. 당해 규정에 의하면, 기존에 1개의 보고서로 구성되었던 이전가격보고서를 국가별보고서, 통합기업보고서 및 개별기업보고서의 3가지 보고서로 세분화하고, 납세자가 이들 보고서를 미리 작성하여 준비하도록 하고 있습니다. 그 내용은 아래와 같이 구성되어 있습니다.

**3단계 접근방법**

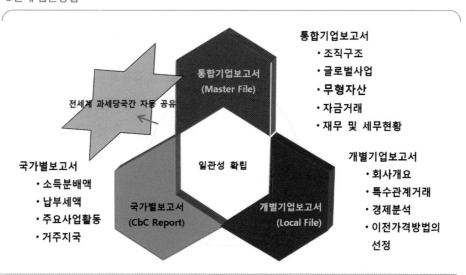

그 중에서 특히 중요한 보고서는 개별기업보고서인데, 개별기업보고서는 자국에 소재한 검토대상기업의 경제분석을 포함하여, 당해 기업이 이전가격세제에서 규정하는 정상가격범위에 포함하는지 여부에 대해서 의견을 서술하도록 하고 있습니다.

그렇다면 이전가격 보고서를 강제적으로 만들도록 하고 있는데 과연 무엇이 중요한 것일까요? 위와 같이 이전가격작성을 더 세분화하고 많은 정보를 제공하도록 함으로써 과세당국은 납세자로 하여금 더 적극적인 이전가격관리를 하도록 유도하고, 향후에 발생할 수도 있는 납세자와 과세당국 간에 더 손쉬운 조정과 협의를 할 수 있도록 하려는 의도가 있다고 할 수 있습니다.

세법에서 강제적으로 규정한 바에 따라서, 보고서를 작성하지만 납세자 입장에서 당해 보고서를 작성하면서 과연 무엇이 납세자 입장에서 유익이 있으며 중요한 것인지 이해할 필요가 있습니다.

### 2.5. 이전가격보고서 작성과정과 중요성

이전가격보고서의 성격은 회사의 이전가격문제를 검토해서 사전에 이전가격과 관련된 문제를 사전에 검토하는 것입니다. 이전가격보고서는 납세자가 이전가격과 관련된 보고서를 사전에 구비하여 이전가격관련 문제가 없었음을 스스로 증명하거나 이미 발생된 이전가격문제의 경우에는 스스로 이전가격조정을 하는 기회를 제공하는 것입니다. 개별기업보고서를 중심으로 반드시 진행하여야 하는 이전가격보고서의 작성 과정과 구성은 아래와 같습니다.

### 2.5.1. 이전가격보고서(개별기업보고서)의 작성과정

이전가격보고서는 반드시 필요한 정보를 포함하여 적정한 기능/위험 분석을 통해서 회사가 합리적인 이전가격방법을 선택하고 이에 따라 도달하여야 하는 정상가격범위를 계산하여야 합니다.

• STEP 1: 자료수집 및 인터뷰

이 단계에서는 기업과 그 제휴사가 가진 기능 및 위험, 기업과 제휴사가 이용한 이점 등 거래사(특수관계자)와 관련된 모든 관련정보수집을 위해 운영팀, 생산부서, 다국적 기업 및 제휴사와의 인터뷰가 이루어집니다.

• STEP 2: 산업 및 기능위험 분석

기업의 산업상황과 시장 경쟁 환경에 따른 산업 및 기능적 분석 실시 및 실행된 기능과 부담하는 위험을 고려하여 회사의 이전가격분석상 제조, 도매, 서비스 회사의 유형을 결정합니다.

• STEP 3: 이전가격방법 및 수익성지수 선택

검토된 각각의 특수관계자에 가장 적합한 이전 가격법과 수익성 지표(PLI)를 적용 합니다.

• STEP 4: 경제분석

선택된 비교물의 수익을 확립하기 위한 경제 분석 실시 및 사분위수를 이용하여 정상가격범위를 얻기 위한 검증된 회사들과 비교합니다.

• STEP 5: 이전가격보고서 작성 및 결론

기업의 구조조직, 사업운영 소개, 특수관계자 안내, 가능한 데이터 분석, 이전가격방법 선택과 실행 등과 관련된 모든 부분을 다루는 포괄적인 이전가격보고서를 작성하며 앞서 분석한 결과에 따라 회사의 관계사간 거래가 정상가격 원칙에 부합하는지 여부에 대한 결론을 내립니다.


정상적인 이전가격보고서는 상기의 작성과정과 내용이 반드시 적절하게 들어가야 합니다. 그러나, 이전가격이 최근에 도입된 베트남에서의 이전가격보고서를 보면 여러 가지 잘못 작성한 것들을 많이 보게 됩니다. 일반적으로 잘못 작성하는 몇 가지 유형을 살펴보면 아래와 같습니다.


**베트남에서의 이전가격보고서 오류작성 사례**

| 번호 | 문제점 | 설명 |
|---|---|---|
| 1 | 구분손익 작성오류(관계사, 비관계사거래 손익구분에 대한 설명) | • 관계사/비관계사 구분오류<br>• 비관계사거래 매출, 원가, 비용을 어떻게 구분을 했는지 설명이 필요 함. |
| 2 | 검토대상회사의 선정누락 | • 일방 검토방법을 적용할 시, 재무지표(원가가산율, 총이익율 혹은 순이익율)를 검토해야 하는 거래당사자를 선택하여야 함. |

| 번호 | 문제점 | 설명 |
|---|---|---|
| 3 | 기능위험 정의 누락 및 오류 | • 기능위험 분석 없음<br>• 분석된 기능위험이 이전가격에서 수행하는 내용과 다른 내용임<br>• 기능 및 위험과 관련한 수행기능의 복잡성에 따라 기대 수익률이 다르므로 검토대상회사에 대한 성격정의가 필요함<br>• 검토대상회사의 기능위험 정의 오류 |
| 4 | 경제분석 | • 경제분석을 진행하지 않음, 정상가격범위가 없음<br>• 비교가능회사 선정과정이 불합리함<br>• 신뢰성 있는 데이터베이스를 사용하지 않음<br>• 경제분석 계산과정이 잘못됨<br>• 경제분석 결과 검토대상회사가 사분위값 범위에 포함되지 않음<br>• 손실원인에 대해서 분석하였지만 결과값이 없으며, 당해 조정에 대한 원인규명 내용이 없음 |
| 5 | 이전가격방법 선정 및 수익성지표 사용 | • 이전가격방법과 선정된 수익성지수가 서로 부합하지 않음<br>• 수익성지수의 계산이 잘못됨<br>• 영업자산조정이 누락됨 |
| 6 | 보고서 결론 | • 이전가격보고서의 결론이 잘못되었으며, 보고서의 내용에 의하면 과세조정이 이루어져야 함<br>• 보고서 결론이 없음<br>• 경제분석 및 기능분석의 내용과 보고서 결론이 부합하지 않음 |

상기 내용 중 4번, 5번, 6번 항목의 오류는 치명적인 오류인데도 불구하고 이런 오류들을 그대로 포함하여 작성된 이전가격 보고서들을 자주 접하게 됩니다. 세무문제 이외에 여러 가지 경영상으로 고려하여야 하는 것이 많고, 수수료의 제약으로 인하여 선택의 여지가 많지 않다고 하여도, 기본적인 내용마저 오류투성이인 이전가격보고서를 작성 하고 있는 기업들을 보면 매우 안타까운 마음을 금할 수 없습니다.

이전가격보고서를 작성하면서 유의하여야 할 점은 당해 이전가격보고서 작성을 통해서 기업이 스스로 이전가격과 관련한 문제점이 있는지 스스로 확인하여 향후에 발생할 수 있는 과세당국과의 마찰에 대비할 수 있다는 것입니다. 또한, 이전가격보고서를 작성하지 않는 경우에는 실제로 이전가격조사 등 과세당국의 조사가 진행되는 경우 납세자는 자신의 입장을 변호할 수 있는 기회를 상실하게 됩니다.

또 다른 문제로 이전가격 과세의 경험이 많지 않은 베트남 기업들의 경우, 많은 경우에 이전가격보고서의 준비가 없거나, 준비하였다고 하더라도 부적격하거나 경험이 없는 대리인을 통하여 저렴한 가격에만 보고서를 준비하고 나서 과세당국과의 관계에만 의지하여 해결하려고 하는 경우가 많은 것을 봅니다. 그러나, 이와 같은 시각은 앞서 언급한 바와 같이, 베트남뿐만 아니라 한국 측면에서의 이전가격 과세에 활용되는 보고서의 중요성과 과세되는 과세금액의 크기를 감안할 때 매우 근시안적인 자세가 아닐 수 없습니다.

더구나 베트남 과세당국은
1) 이전가격보고서를 작성하지 않은 경우,
2) 이전가격보고서를 작성하였으나 정해진 기간 내에 제출하지 않은 경우,
3) 이전가격보고서 내용이 부실하거나 사실과 다른 경우

과세당국이 일방적으로 중위 값을 제시하여 강제 조정을 할 수 있으므로 반드시 정확한 문서화 준비와 그 결과에 대한 대비를 꼭 사전에 검증된 전문가를 통해서 진행해 두어야 할 필요가 있습니다.

# 3. 베트남 이전가격세제 개요와 세무조사 현황분석

베트남은 앞서 살펴본 바와 같이, 국내총생산의 1.8배에 달하는 수출입규모를 가지고 있으므로, 수출입이 베트남 경제에 미치는 영향이 막대하다고 할 수 있습니다. 따라서, 향후에도 이전가격세제에 대한 적극적인 강화조치가 있을 것이라고 예상할 수 있습니다. 발표된 베트남 이전가격세제에 대한 개요를 정리하면 아래와 같습니다.

## 3.1. 베트남 이전가격세제 개요

베트남의 신 이전가격세제의 신고의무에 대한 부분만을 요약하면 아래 표와 같습니다.

**베트남의 신 이전가격세제의 신고의무**

| 베트남: Decree No. 20/2017/ND-CP(2017.2.24) | |
| --- | --- |
| 적용대상 | • 통합 및 개별기업보고서 - 다음에 해당하는 경우를 제외하고는 작성하여야 함<br>• 매출액이 500억 동(약 25억 원) 이하, 특수관계자 거래가 300억 동(약 15억 원) 이하인 경우<br>• 단순 기능 업체로 매출액이 2,000억 동 이하인 업체<br>(도매 5%, 단순제조 10%, 단순 임가공 15% 이상인 경우 제외)<br>• 국가별보고서 - 외국계 회사: 본국의 모회사가 제출 대상일 경우 제출 대상 |
| 적용시기 | • 2017 회계연도부터 적용 |
| 제출서류 | • 국제거래명세서 + 통합기업보고서(Master file)<br>+ 개별기업보고서(Local file) + 국가별보고서 |
| 신고기한 | • 법인세 신고서 제출 전까지 작성해서 준비할 것<br>• 세무조사시 과세당국 요청 시 15일 이내에 제출할 것 |
| 미신고 | • 과세당국이 인정과세를 할 수 있으며, 비공개 데이터베이스를 근거하여 세액을 산정함 |

한국의 이전가격세제와 비교하여 볼 때, 통합 및 개별기업보고서의 작성의무자를 해당 과세 연도 매출액 1,000억 원 초과 및 국외특수관계 거래규모 500억 원 초과하는 납세 의무자로 규정하는 것에 비하여, 베트남 과세당국이 문서화를 요구하는 기업의 규모는

현저히 작은 규모이며, 이를 통해 볼 때 이전가격 과세제도를 강화하려는 베트남 과세당국의 의지를 볼 수 있습니다.

또한, 문서화의 시기를 사업연도 종료일 이후 12개월 이내 준비하도록 하고 있는 한국 규정과 비교하여 베트남 이전가격규정은 사업연도 종료일 이후 3개월 이내 작성하도록 하고 있으므로, 문서화 작성 기한이 매우 촉박한 편이라고 할 수 있습니다.

당해 신규정의 주요 변동사항을 구규정과 비교하면 아래 표와 같습니다.

당해 신규정의 주요 변동사항을 구규정과 비교

|  | 구 이전가격 규정(Circular 66) | 신 이전가격 규정(Decree 20) |
|---|---|---|
| 지분보유 | 20% 이상 지분을 직, 간접으로 보유 | 25% 이상 지분을 직, 간접으로 보유 |
| 사업관계 | 50%를 초과하여 한 거래처로부터 매입 또는 매출하고 있는 경우 | 모두 삭제됨 |
| 차입관계 | 타회사 자본금의 20%를 초과하여 지급 보증하고, 장단기 차입금의 50%를 초과하여 제공하고 있는 경우 | 타회사 자본금의 25%를 초과하여 지급 보증하고, 장단기 차입금의 50%를 초과하여 제공하고 있는 경우 |
| 실질지배력 | - 일방이 타방의 이사회 임원 50% 초과 지명, 그 임원이 타방의 재무정책, 사업활동과 관련한 결정 권한이 있는 경우<br>- 일방이 타방의 사업활동과 관련한 관리나 의사결정의 통제 하에 있는 경우, 당해 내용에 따라 세무 공무원의 재량권이 개입할 가능성이 높아질 것으로 예상함 | |

이외에도 유의하여야 할 규정내용을 살펴보면,

1) 비교대상업체의 경우 내부비교 가능 거래를 우선적용하고,

2) 내부비교가능거래가 없는 경우에는 국내비교가능회사를 사용하며,

3) 당해 국내비교가능회사가 없는 경우에 국외비교가능회사의 사용이 가능

하도록 하고 있습니다. 또한, 비교대상회사의 수는 중요한 차이를 조정할 수 없는 경우 5개 이상이어야 하며, 연속된 3개 사업연도 이상에 걸쳐서 이익률분석을 하고 있다는 점을 유의하여야 합니다.

상기와 같은 베트남의 신 이전가격규정의 내용은 대체적으로 OECD에서 발표하는 이전가격에 대한 가이드라인을 충실히 따르고 있는 것으로 보이며, 다만, 이전가격보고서의 작성기한이 매우 단기간이어서 행정적인 부담이 크고, 작성대상기업의 규모가 소규모로서 그 대상이 매우 광범위한 특징이 있다고 할 수 있습니다.

## 3.2. 세무조사 사례별 통계분석

아래는 2018년도에 베트남 호치민과 하노이 지역에 진행된 몇 가지 이전가격조사 사례를 정리하여 현재 베트남에서 진행되고 있는 이전가격 세무조사 현황에 대해서 살펴보도록 하겠습니다. 개별사안별 내용은 공개하지 않았습니다. 2018년 진행된 총 12건의 이전가격세무조사 사안별 내용을 분석하였습니다.

먼저 이전가격방법을 적용방법으로 분류하면 아래와 같습니다. 이전가격방법은 앞서 설명 드린 바와 같이 압도적으로 거래순이익률방법(TNMM, Transactional Net Margin Method)이 사용되었습니다. 예외적으로 1건이 부분적으로 비교가능 제3자가격방법(CUP, Comparable Uncontrolled Method)이 적용되었으나, 거래순이익률방법이 적용 불가한 상황에 적용된 내용이었으며, 적용방법이 적정한 것은 아니었으므로 향후에는 적용사례가 더 낮아질 것으로 보입니다.

다음으로는 과세당국에 의해서 적용된 정상가격범위 사례입니다. 하노이와 호치민 사례를 연도별 적용을 무시하고 제시된 정상가격범위(상위사분위, 중위, 하위사분위)를 모두 반영하였습니다.

전반적으로 사례별 편차가 크고 매우 높은 수준의 이익률 수준을 요구하는 경우와 예외적으로 낮은 이익률 수준을 요구하는 경우가 있습니다. 아직은 표본의 수가 충분 하지 않고 사례별 산업이 다르며, 적용된 연도도 다르기 때문에 단순한 참고 목적으로만 보시기 바랍니다.

이전가격방법

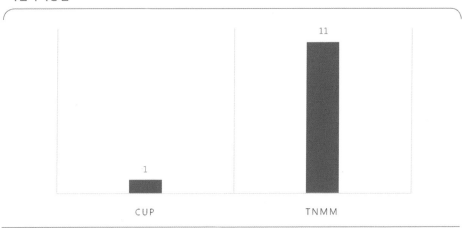

사례별 이전가격조정율

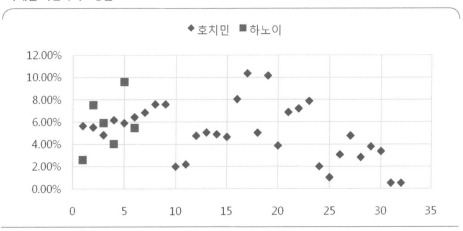

　상기 사례별 이전가격조정율을 보면, 베트남 과세당국의 이전가격 조정율은 통상적으로 대부분 4% 이상의 영업이익률 수준을 요구하고 있는 것으로 상당히 높은 수준으로 조정을 진행하고 있는 것으로 사료됩니다.

　적용된 수익성 지수를 경우 별로 나누어 보면 아래와 같습니다.

수익성지수

상기 내용에서 확인할 수 있는 바와 같이, 대부분의 경우에 가장 보편적인 영업이익률 지표와 총원가가산율 지표를 사용하고 있음을 알 수 있습니다. 아직은 베트남 과세당국이 영업자산수익률, Berry ratio, ROCE 등 다양한 수익성지수보다는 가장 이해하기 간편한 수익성지수를 사용하고 있음을 알 수 있습니다.

세무조사대상 검토대상기간에 대한 구분은 아래와 같습니다.

검토대상기간

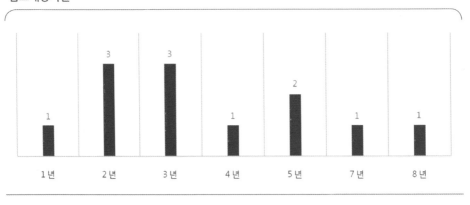

세무조사 대상기간이 가장 많은 경우는 2년에서 3년이었으며, 최장기간은 8년이었고, 최단기간은 1년이었습니다. 따라서, 베트남의 경우에 이전가격 조사는 일반적으로는 3년 단위 내외로 진행된다고 보시면 될 것 같습니다.

이전가격 과세를 할 때, 또 한가지 중요한 과세방법여부는 거래별 구분과 통합여부입니다. 이전가격과세에서 거래순이익률방법하에서는 거래별 구분이 원칙이지만, 상호 밀접하게 관련된 거래로 구분이 불합리한 경우에는 통합하여 이전가격 과세를 진행할 수 있습니다.

**구분/통합분석**

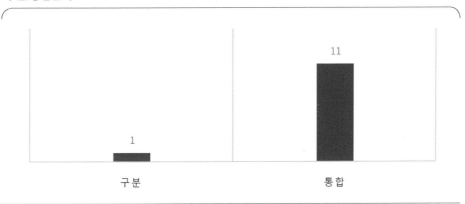

상기 내용의 경우에서 본 바와 같이, 대부분은 거래를 통합하여 과세를 하고 있었으며, 이와 같은 현상은 과세당국의 입장에서 볼 때, 간편하게 과세거래를 계산할 수 있고, 과세금액이 극대화 할 수 있다는 점에서 매우 유리한 접근방법입니다. 이런 현상은 중국 과세당국의 경우에 매우 유사하다고 할 수 있습니다.

### 3.3. 세무조사를 통해본 베트남 이전가격 과세위험의 관리

베트남은 한국이나 중국보다 늦게 이전가격 과세제도를 도입하여 이제 본격적으로 이전가격을 통한 조세회피기업에 대한 관리를 시작하고 있습니다. 그동안의 경험을 통해 볼 때 지금의 혼란기를 지나면 한동안은 베트남에서 이전가격과세가 매우 활성화 될 것으로 보입니다. 베트남 과세당국도 일정기간 동안 이전가격에 대한 지식과 경험을 축적하고 나면 자신감 있게 당해 제도를 통한 과세에 적극적으로 나설 것입니다.

앞서 언급한 바와 같이, 과세당국과의 관계를 통한 이전가격을 포함 세무위험의 관리는 오랜 기간 당해 업무에 대한 한국이나 중국 등의 경험을 통해 볼 때 오래 갈 수 없습니다. 베트남에서 작성된 이전가격보고서를 검토해 보면, 보고서의 가장 기본적인 기능/위험 분석이나 경제분석, 심지어 수익성 지수의 계산조차 틀린 경우가 많아서 안타까운 경우가 많습니다. 이런 부실보고서의 작성은 금액의 크고 작음을 떠나서 회사 입장에서는 이를 위해 투입된 귀중한 시간과 비용이 헛되게 낭비된 것이나 다름이 없습니다.

어떤 경우에라도 반드시 관련 규정에 의한 적절한 위험관리와 정확한 문서화를 진행하고 나서 과세당국에 대한 적극적인 의사소통을 병행하는 것이 필요합니다. 이전가격의 사전적 위험관리는 통상 위험수준에 따라서 아래의 3가지 단계로 나누어집니다.

**이전가격의 세무위험 관리**

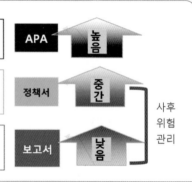

상기와 같은 위험의 단계에 따라 사전적 위험관리를 수행하고, 이전가격 정책서와 문서화만을 수행할 때는 세무조사와 같은 상황이 발생할 수 있으므로 사후적으로 위험을 관리하는 것이 필요합니다.

이전가격의 세무위험의 관리는 사전적으로 한국본사와의 원활한 논의를 통한 사전적인 관리가 매우 중요합니다. 목표이익률을 설정하고 한국본사와 베트남 자회사의 기능/위험에 적합한 영업이익률을 관리하여야 합니다. 베트남 세법에서 규정하는 적절한 문서화

(개별 및 통합기업보고서)를 반드시 작성하여 구비해 두어야 하며, 세무조사가 개시되었을 때는 베트남 자회사뿐만이 아니라, 본사 측에서도 적극적으로 관심을 가지고 협력하여 합리적인 대응이 될 수 있도록 협력하는 것이 필요합니다. 통상적으로는 아래와 같은 대응전략을 가지고 회사의 상황에 맞게 적용해 나가는 것이 필요합니다.

### 대응전략

A. 이전가격 사전관리시스템 구축(이전가격 정책 및 지침서 작성)

B. 정확한 통합기업보고서

C. 세무조사 대응 시 한국본사와 베트남 자회사의 전사적인 적극적인 협상과 협력,
   과세당국에 대한 원활한 커뮤니케이션

D. 기업내 일상적 관리능력의 향상
   • 대부분의 회사가 관리에 대해서 큰 관심을 가지고 있지 않으며, 현지직원이 대부분의 업무를 처리
   • 많은 경우 현지직원은 세법규정 등을 확인하여 일을 처리하는 것이 아니라, 이전에 처리하던
     방식을 답습하는 경우가 대부분임
   • 베트남세무는 계속 변화하므로 반드시 부서장 및 경영진이 교육 등을 통해 관심을 가지고 현지
     동향을 점검하고 학습하는 것이 필요함

또한, 개발도상국 세무국의 경우 이전가격에 대한 지식과 경험이 부족하고, 권위 주의적인 경향이 매우 강하므로 세무조사가 개시된 경우에는 이에 대해서 원활한 의사 소통을 하는 것도 당연히 중요할 것입니다. 그러나, 이와 같은 경우라고 하더라도 사전에 정확한 이전가격문서화는 반드시 같이 병행하여야 합니다. 베트남의 경우, 이전가격 과세제도는 전반적으로 국제적인 이전가격 가이드 라인을 잘 반영하고 있으며, 수출입이 국내 경제에 미치는 막대한 영향을 고려할 때, 점차 합리적인 과세제도로 정착될 것이라고 예상하고 있습니다.

포스트 차이나로서 많은 한국기업들이 들어와 있고, 또 앞으로도 계속해서 한국과 밀접한 관계를 맺을 것으로 기대하고 있는 베트남에서 많은 한국기업들이 합리적이고 현명한 세무위험 관리를 통해 어려운 작금의 경제상황을 이겨내고 더 눈부시게 발전하는 기업들이 되었으면 하고 기대해 봅니다.

# VIETNAM ECONOMIC REPORT

# 14

베트남 경제 리포트

>>

| 제14장 |

# 베트남 이전가격세제 및
2019년 세무 주요
유의사항

# |제14장| 베트남 이전가격세제 및 2019년 세무 주요 유의사항

주 베트남 한국대사관 / 김범구 국세관
boybye77@gmail.com

## |제1절| 베트남 이전가격세제

최근 베트남 세무당국은 다수 지방청에 이전가격 전담팀을 구성하여, FDI 기업들에 대한 대대적인 조사를 진행하고 있으며, 실제로도 많은 한국진출 기업들이 이전가격 조사대응에 어려움을 겪고 있는 경우가 많습니다. 따라서 베트남 이전가격과 관련하여 알아야할 기본적인 내용과 대응방법 등에 대해 집중적으로 살펴보도록 하겠습니다.

## 1. 관련 법령: Decree 20/2017/ND-CP 및 Circular 41/2017/TT-BTC

- 특징: Decree 20/2017/ND-CP을 중심으로 본 시행령의 일부 세부 이행사항을 Circular 41/2017/TT-BTC에서 구체적으로 명시함
- 정상가격사전승인제도는 별도의 Circular로 규정하고 있으며, 특수관계인들의 사업거래상 시가결정에 관한 사례 중심의 규정으로 현행 베트남 이전가격과세의 근거 조문

### 1.1. 적용대상

특수관계인 간 재화를 생산(거래), 용역을 제공하는 기업으로 국내외 특수관계인 간 거래를 포함 규정

## 1.2. 적용범위

- 재화를 구매, 판매, 교환, 대여, 임대, 이전, 양도하거나 사업과정에서 용역을 제공 (purchasing, selling, exchanging, renting, leasing, delivering or transferring goods or services in the process of doing business)
- 베트남정부의 정책적 가격법을 따르는 일부 상품 제외

## 1.3. 특수관계

### 1.3.1. 특수관계 정의

- 일방이 어떠한 형식으로든(in any form) 타방의 관리, 통제, 자본출자 또는 투자에 직·간접으로 관여하는 경우
- 어떠한 형식으로든 일방, 타방의 당사자들이 제3자로부터 관리, 통제, 자본출자 또는 투자를 받는 경우
- 어떠한 형식으로든 일방, 타방의 당사자들이 제3자의 관리, 통제, 자본출자 또는 투자에 직접적으로 관여하는 경우

### 1.3.2. 특수관계 범위

▶ **지분에 의한 특수관계**
- 한 기업이 직·간접적으로 타 기업 투자지분의 최소 25% 이상을 보유하는 경우
- 두 기업이 직·간접적으로 제3의 기업 투자지분의 25% 이상을 보유하는 경우
- 한 기업이 타 기업의 최대 주주이면서 동시에 타 기업의 총 투자지분의 최소 10% 이상을 직·간접적으로 소유하고 있는 경우

### ▶ 실질지배력 기준에 의한 특수관계

- 한 기업이 다른 기업에 보증을 하거나 대여를 한 경우 그러한 거래가 상대 기업의 총 투자금의 최소 25% 이상을 차지하고 중장기 차입금 총액의 50% 이상인 경우
- 한 기업이 다른 기업의 경영활동에 사실상 관여를 하는 경우 - 전통적인 고정자산거래 내지 용역거래 외 무형자산거래, 경영/기술자문 거래, 원가부담약정거래 등 특수관계자 거래로 간주되는 범위가 크게 확대됨.

### 1.3.3. 중요한 차이(Material difference)

- 재화의 가격의 1% 이상을 증감시키거나 매출총이익율 또는 이익률의 0.5% 이상을 증감 시는 정보 또는 자료상의 차이
- "정보"와 "자료"의 차이는 자의적인 부분이 가미되어 진출기업의 대처가 사실상 힘듦.
- 〈사례〉

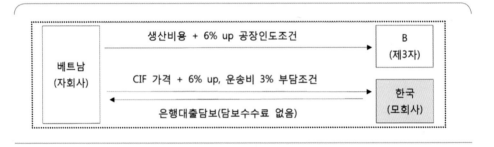

- (상품가격) 상품인도 조건에 따른 차이가 판매가격을 1% 이상 증가시키므로 중요한 차이로 간주됨.
- (은행담보대출) 담보로의 차이는 무상으로 제공되므로 중요한 차이로 간주되지 않음.

### 1.3.4. 세무당국 자료(Databases of tax offices)

- 세무서가 다양한 출처로부터 수집, 분석, 보관, 업데이트 및 관리하는 기업들의 법인세 결정에 관한 정보 및 데이터
- (Secret Comparable Issue) 베트남 이전가격 세무조사의 경우 기업의 정상가격입증

### 1.4. 비교가능성 분석

### 1.4.1. 비교가능성 분석 원칙

- 회계, 통계, 조세법에 의해 신뢰할 수 있는 데이터, 증거서류, 세금신고 및 문서를 기초로 수행
- 비교대상으로 선정된 제3자 거래는 유사한 거래특성 및 상황에 기반한 거래일 경우에만 활용됨.
- 거래특성 및 상황이 반드시 동일할 필요는 없으나 서로 비교 가능해야 하며 상품가격에 중요한 영향을 미치는 차이를 가지지 않아야 함(단, 차이조정으로 제거할 수 있는 경우 활용 가능).
- 원칙적으로 상품별로 분석하되 거래를 분리할 수 없거나 상품종류에 따른 분리가 사업 관행상 적절하기 않은 경우 단일거래로 결합할 수 있음.
  - a. 생산과 관련한 무형자산의 공급과 같은 연속적 거래
  - b. 국가기관이 발표한 상품과 용역 통제목록에서 정한 상품 및 용역의 분류기준에 따른 동일한 집단 또는 품목번호
  - c. 완성된 거래로 통합 가능한 소규모의 개별사업거래

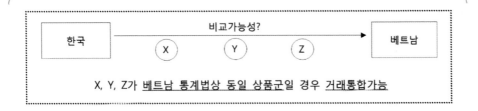

X, Y, Z가 <u>베트남 통계법상 동일 상품군</u>일 경우 <u>거래통합가능</u>

- 특정기업이 수행하는 제3자 거래 및 특수관계 거래 중 수입 또는 관련비용을 합리적으로 배분할 수 없는 거래로, 이 경우 통합된 거래는 모두 특수관계 거래로 취급되며, 통합거래상의 재화가격은 판매의 경우 관련 재화 가격 중 최고가격이거나, 구매의 경우 관련 재화가격의 최저가격임(수익을 최대화하는 결정).
- (내부 제3자 가격 우선) 비교대상으로 제3자 거래를 선정하는 경우, 내부 제3자 거래에 우선권 두어야 함.

내부 제3자 가격 우선

▸ **베트남 제조기업(A)의 거래가 내부 제3자 가격에 해당하는 경우**

1) 일반적 조건에 의해 A가 직접 협의하고 B에 판매하는 경우

2) A가 직접협의하지 않고 모회사 S가 B와 직접 협의하고 서명한 계약에 따라 A가 B에 납품하는 경우

- 1)번 거래: A의 내부 제3자 거래에 해당됨
- 2)번 거래: 계약협의 및 체결과 대금지급에 모회사가 관여하고 통제하였으므로, 제3자 거래에 해당되지 않음

▸ **대기업 벤더로 진출하여 모기업에 의해 거래를 통제받는 우리진출기업의 경우, 내부 제3자 거래가격을 활용한 경우 추후 세무조사시 과세당국의 통상적 판단에 따라 거래가격을 부인할 가능성이 매우 높아 주의가 필요함**

- (비교대상 거래의 최소건수 규정) 비교대상으로 선정될 수 있는 제3자 거래의 최소건수를 지정하고 있음.

**비교대상 거래의 최소건수 규정**

| 구분 | 최소건수 |
|---|---|
| • 제3자 거래와 특수관계 거래의 차이가 전혀 없는 경우(CUP) | 1건 |
| • 제3자 거래와 특수관계 거래간 차이가 있으나 기업이 차이를 제거하기 위한 정보 및 자료를 충분히 보유하는 경우 | 3건 |
| • 기업이 차이를 제거하기 위한 정보 및 자료만 보유하고 기타 차이를 더 제거하는 경우<br>* 표준시가 범위에 관한 지침 준수 | 4건 |

* 이익분할법을 적용하는 기업에는 적용되지 않음.

## 1.4.2. 차이조정 기준(유사성 검토)

• (재화의 특성) 재화의 종류, 재화의 품질 및 상표, 재화 이전의 특징에 따라 유사성 검토

  - 독점유통, 라이센스, 프랜차이즈, 노하우 포함여부 등

• (수행기능) 자산, 자본 및 관련 비용의 사용 등 그 기업 활동의 수익을 발생시키는 요소와 수익성 간의 관계를 입증

  - 연구 개발(Research and Development)

  - 디자인 및 품목개발(Designing, Development of product models)

  - 생산, 제조, 가공, 프로세스, 설치(Processing, Assembly)

  - 배급, 유통, 홍보, 광고, 재고관리, 운송 및 보관

  - 중개, 컨설팅, 교육, 회계, 감사, 인력관리, 노동력 제공 및 정보 수집 등 전문용역의 제공

**사례(수행기능 적용)**

| 기능 | 제3자 | 차이조정 |
|---|---|---|
| 단순 라이센싱 제약업자(A) | R&D | R&D 기능 조정 |
| 상기 A업체의 모기업 제품 유통 | 중개거래업자 | 중개거래수수료율 별도조정 |
| 휴대폰 유통 및 A/S | 휴대폰 유통 | A/S 수익부분 제거* |

* 단, A/S의 횟수와 수입, 비용이 중요하지 않은 경우 조정 생략

- (계약조건) 거래 당사자들의 책임 및 이해관계에 대한 규정 또는 구속력 있는 합의
  - 재화의 수량 및 인도 또는 유통에 관한 조건
  - 대금 지급의 시기, 조건 및 방법
  - 보증, 교환, 업그레이드, 수리 또는 조정에 관한 조건
  - 재화의 독점적 거래 및 유통에 관한 조건
  - 기타 경제적 영향을 미치는 조건(예: 품질관리, 사용안내, 홍보지원, 판촉 등에 관한 업무협력 및 자문 용역)

**계약의 실질**

> ▶ 서면계약 상의 내용이 아니라, 실질적 거래형태에 따라 관련 재무자료를 기준으로 확인함.
>
> In all cases(with or without written contracts), the bases for identifying contractual terms are factual events or financial and economic data reflecting the character of transactions

- (경제적 여건) 거래 이행 시점에서의 상품의 가격에 영향을 미치는 거래의 경제적 상황
  - 재화 생산 또는 판매 시장의 규모 및 지리적 위치
  - 시장에서의 거래의 시기와 성질
  - 시장에서 재화간의 경쟁력
  - 생산 및 영업과정에서 거래 장소에서 발생하여 원가에 영향을 미치는 경제적 요소 (예: 세금, 수수료, 금융우대)
  - 정부의 시장규제 정책

지역요소사례

▸ 베트남 이전가격이 본격화된 이후 비교가능성에 대해 공표된 사례가 많지 않으나, 실무적으로 PAN-ASIA Comparable을 인정한 사례가 있음.

※ 베트남 진출기업이 유사 대응을 할 수 있지만, 적극적인 과세가 지속되고 있어 사례가 누적되기까지는 벤치마킹하는 것은 위험

## 1.4.3. 차이조정 방법

• 차이와 관련된 비용, 매출항목이 별도로 계상된 경우에는 해당 각 매출 또는 비용을 기준으로 차이 조정
• 차이와 관련된 비용, 매출항목이 별도로 계상되지 않은 경우에는 인분계산으로 조정 (중요하지 않은 차이는 생략)

## 1.5. 정상가격 결정방법

특수관계자 거래에서의 상품의 정상가격을 정하는 방법중에는 다음과 같은 방법이 있습니다.

a. 비교가능 제3자 가격법(CUP)
b. 각 독립비교대상의 이익률과 납세자의 이익률을 비교하는 방법
   (Profit-comparison Method)
   • 재판매가격법(RPM)
   • 원가가산법(CPML)
   • 순이익률비교법(The Net Profit Margin Comparison Method)
c. 관계사 간 이익률배분방법(PSM)

## 1.5.1. 정상가격 결정방법(5가지)

a. 비교가능 제3자 가격법(CUP)

▸ **정상가격 비교법은 특수관계자 거래와 제3자 거래의 조건이 비교가능한 경우에 제3자 거래상 상품의 단가를 기준으로 특수관계자 거래에서의 상품의 단가를 결정하는 방법임.**

정상거래가격의 비교방법은 정상가격 비교시 제품특징과 계약조건에 관한 차이가 없고 이전가격이 제품가격에 중요한 영향을 미친다는 원칙하에 시행됨. 제품가격에 중요한 영향을 미치는 차이점이 있는 경우 해당 중요한 차이점을 제거해야 함.

제품가격에 중요한 영향을 미치는 제품특징과 계약조건의 각 요소는 다음을 포함함.
제품의 특징, 품질, 상호, 상표와 거래 규모와 물량/제품 공급과 이전계약의 각 조건/이전 기한과 물량, 결제조건 및 계약의 기타 각 조건/거래가 발생하는 시장과 경제적 가치에 영향을 미치는 기타 각 요소인 당사의 경제조건과 기능

▸ **정상거래 가격비교 방법을 적용하는 각 경우는 다음을 포함함**

- 국내외 재화, 용역거래시장에서 공포되는 가격이 있거나, 혹은 시장 내 거래나 유통조건이 있는 일반 재화나 용역 및 유형자산에 대하여 내부거래를 하는 경우
- 무형자산의 개발시 전체 로열티를 결재하는 거래인 경우
- 대출계약상 이자를 결제하는 경우
- 혹은 납세자가 제품특징과 계약조건에 상응하는 제품에 대한 내부거래와 정상거래를 모두 시행하는 경우

b. 이익률을 비교하는 방법(Profit-comparison Method)
- 이익률을 비교하는 방법을 적용하는 각 경우는 다음을 포함함.

정상거래가격을 비교하는 방법을 적용하기 위한 정보와 기초데이터가 없거나 혹은 동등한 제품별 각 거래에 근거하여 제품에 따른 거래비교와 납세자의 사업실제와 본질을 보장하는 각 거래를 종합하고 부합하는 각 독립비교대상의 이익률을 선택할 수 없는 경우, 혹은, 납세자가 전체 사업활동 속에서 자주적인 기능을 할 수 없거나 혹은 규정된 특별하고 종합적인 내부거래에 참여하지 않는 경우

- 이익률 비교방법은 활동기능, 자산, 위험과 독립비교대상과 납세자간 비교시 이익율에 중요한 영향을 미치는 경제조건과 회계처리방법에 관하여 차이가 없다는 원칙을 적용함. 이익율에 중요한 영향을 미치는 차이점이 있는 경우 해당 중요한 차이점을 제거해야 함.
- 이익률에 중요한 영향을 미치는 활동기능, 자산, 사업리스크와 경제조건의 각 요소는 다음을 포함함.

자산, 자본, 비용에 관한 각 요소/납세자의 주요 기능의 시행을 지원하는 실제상 감독권과 결정권/제품소비 및 공급시장 및 사업의 산업분야의 성격/제품의 회계처리 방법과 비용구조/거래가 발생하는 경제조건. 기타 영향을 미치는 각 요소는 다국적기업의 무역과 재무관계/기술지원/사업비밀의 공유/납세자의 사업영역과 각 분야의 경제적 조건과 경험 혹은 파견직원 사용을 포함한 특수관계자 간 실제상황에 근거하여 확인됨.

- 각 독립비교대상의 순이익률 혹은 매출총이익률을 사용하여 이익률을 비교하는 방법은 납세자의 상응하는 매출총이익률 혹은 순이익률을 확인하기 위해 선택함. 이익률을 선택하는 것은 매출과 비용에 대한 매출총이익률과 순이익률 혹은 거래의 경제적 조건과 자산의 성격 및 각 관계자간 회계처리방법과 납세자의 기능을 포함함.

b.1. 재판매가격법(RPM: Resales Price Method)
- 재판매가격방법은 제3자 간에서 재판매가격에서 적절한 매출총이익을 차감함으로써 특수관계자거래의 가격을 결정함. 수행한 기능, 사용 자산 및 예상되는 위험에 판매

비용 및 기타 영업비용을 충당하고 적절한 이익을 창출하고자 하는 금액을 나타냄. 특수관계자에게서 구매한 제품을 제3자 고객에게 판매 및 재배포하고 판매된 제품에 관련된 무형 자산을 작성하지 않는 경우 및 완제품과 관련된 무형 자산을 개발, 증가, 유지 및 보호하는 과정에 참여하지 않거나 제품의 가치를 높이기 위해 상표를 붙이기 또는 제품의 특성의 처리, 조립 또는 변경을 수행하지 않은 경우에 재판매가격방법이 적용됨.

• 재판매가격방법은 브랜드, 상표 및 마케팅 관련 기타 무형자산(예, 고객 목록, 유통 채널, 상징, 이미지 및 시장 조사, 마케팅, 무역 진흥에 브랜딩 인지하는 요소를 포함)을 소유한 업체에는 적용되지 않음. 또는 유통 채널을 개발하고 설계하는 비용 또는 판매 후 비용을 부담하는 업체에는 적용되지 않음.

## b.2. 원가가산법(CPM: Cost Plus Method)

• 원가가산법은 특수관계자에게 판매된 상품(또는 서비스)의 판매가격을 결정하는 데 있어 상품의 원가(또는 원가가격)를 기준으로 함. 특수관계자에게 판매된 상품의 판매가격은 상품의 원가(또는 원가가격)에 매출총이익을 가산한 값임.

• 원가가산법은 다음을 조건으로 적용됨.

무형자산에 대한 법적 소유권을 소유하고 있지도 않고 상품을 생산, 조립, 제조 또는 가공하기 위한 제한적인 위험을 부담하는 단순기능제조업체인 경우; 구매하고 제품공급업체인 경우; 특수관계자들을 위하여 계약에 따라 용역을 제공하거나 연구 개발을 수행한 경우

• 원가가산법은 자립적인 생산 기업이며, 브랜드, 상표, 시장 전략 및 보증에 대한 제품 연구 및 개발 기능을 수행하는 업체는 해당하지 않음.

## b.3. 순이익률 비교법(The Net Profit Margin Comparison Method)

• 순이익률비교법은 특수관계거래의 순이익이 정상거래원칙에 부합하는지를 검토하기

위하여 같은 기능을 수행하는 비교대상의 이익률과 특수관계사의 이익률을 비교함.
- 회계, 세무 행정 및 법인 소득세에 관한 법률 및 규정에 따라 계산된 순이익 마진과 관련된 지표는 매출, 비용 혹은 자산에 대한 대출이자 차감전 순이익률임. 순이익은 재무활동의 비용과 매출 차이를 포함하지 않음.

c. 관계사간 이익률배분방법(PSM)
- 관계사 간 이익률배분방법은 다수 특수관계자의 이익을 결합한 후 비교가능한 비관계자거래의 제3자들이 이익을 공유하는 방식으로 해당 기업 각각의 적정이익을 결정하는 방법임.
- 관계사 간 이익률배분방법은 다음에 대하여 적용됨.

각 내부거래의 잠재적 이익과 실제 총이익은 법적/합리적인 각 증빙상 재무수치로 확인되고 내부거래의 가격과 이윤은 이익 배분방식이 적용되는 전체 기간동안 동일한 회계방식으로 적용되어야 함.

특수관계자간 내부거래의 총이익으로 배분되는 납세자의 조정 이익은 실제이익과 각 관계사의 잠재적 이익을 합쳐서 산출함.

### 1.5.2. 최적방법의 원칙

- 5가지 방법 중 거래조건에 부합하고 충분하고 신뢰 가능한 근거자료로 입증되는 방법
- 기업은 "표준시가(the values of the standard market price range)" 범위 내의 가격 중 최적의 가격("정상가격")을 직접 선정하여야 하며, 거래가격이 선정한 최적의 가격과 상이하더라도 과세소득이 감소하지 않는 경우 조정하지 않음.

**표준시가의 범위**

| 구분 | 범위 |
|---|---|
| • 제3자 거래와 특수관계 거래의 차이가 전혀 없는 경우(CUP)<br>　※ 최소 비교대상: 1건 | 산출된<br>특정가격 |
| • 제3자 거래와 특수관계 거래간 차이가 있으나 기업이 차이를 제거하기 위한<br>　정보 및 자료를 충분히 보유하는 경우<br>　※ 최소 비교대상: 3건 |  |
| • 기업이 차이를 제거하기 위한 정보 및 자료만 보유하고 기타 차이를<br>　더 제거하는 경우<br>　※ 최소 비교대상: 4건 | 4분위 가격 |

## 1.6. 특정한 경우의 정상가격 결정방법

• 특수관계거래의 특수성 때문에 5가지 시가 결정방법을 기준으로 정상가격을 산정할 수 없는 경우 규정
• 기업의 사업활동에 대한 정보를 포함한 사유를 밝혀야 함.

### 1.6.1. 통합분석

• 비교대상 선정범위를 국가 통계상의 기타부문으로 확장하여 통합분석하는 것으로 투자, 사업효율성, 경제성장, 부가가치 반영을 위해 해당산업에서 사용되는 경제기준을 토대로 비교가능성의 4요소를 분석하고 중요한 차이 제거
• 비교대상기업의 수는 최소한 5개 이상이어야 함.
• 사분위값 활용
• 특수관계 거래상의 상품의 가격, 매출총이익률 또는 이익률이 표준시가 범위의 평균보다 낮지 않거나 상품의 매입가격이 평균보다 높지 않을 경우: 이익을 조정할 필요가 없음.
• 특수관계 거래상의 상품의 가격, 매출총이익률 또는 이익률이 표준시가 범위의 평균

보다 낮거나 상품의 매입가격이 평균보다 높은 경우: 회사는 표준시가 범위 내 가장 적합한 값에 따라 이를 조정

※ 조정값은 해당가격, 매출총이익률 또는 이익률을 반영하는 평균보다 낮지 않아야 하며, 해당 매입가격을 반영하는 평균보다는 높지 않아야 함.

### 1.6.2. 기간 간 수치적용(Method of using figures between periods)

• 기간 간(단, 특수관계 거래가 발생한 날로부터 5년을 초과해서는 안됨)에 이루어진 비교가능 한 특수관계 거래를 적용

※ 비교가능성 분석을 위한 서류를 준비하고, 중요한 차이를 조정하며, 각 기간의 경제적 가치 조정을 위한 객관적 근거(평균가격 상승률, 이자율, 인플레이션율, 경제성장률)을 사용

## 1.7. 정상가격산출방법에 대한 자료(data) 및 원장(source document) 보관, 제공

### 1.7.1. 정상가격 산출방법 서류 보관

• 정부기관, 정부부서, 정부부속기관, 조사기관, 협회 및 정부가 인정한 국제 전문기구의 요청에 따라 공개 또는 제공된 정보 또는 자료

• 독립된 전문인적용역을 제공하는 승인된 기관 및 개인(예: 외부감사기관, 등기사무소(register offices), 품질등기사무소(quality register offices), 기업의 신용평가 및 분류 업무기관)이 공개 또는 증명하는 정보 또는 자료

• 증권시장에 상장된 회사의 연차재무제표 또는 정기재무제표 및 투자보고서 등 공시자료

• 기업이 세금신고 및 납부를 위하여 제공하며, 책임을 지는 사업거래 관련 자료, 전표 및 문서

※ 비공식적 또는 미확인 출처로부터 취득한 자료, 전표 및 문서는 참조용으로만 사용

### 1.7.2. 최소 3개년 연속 회계연도 기간 내 자료 반영

- 존속기간이 3년 미만이거나 특정 기간에만 사업활동을 하는 기업의 경우 1개월, 1분기, 1계절 가능

### 1.7.3. 절대값의 수치(%로 표기된 비율) 사용 시
### 해당 수치의 소수점 셋째자리에서 반올림

공개된 상대수치가 절대값이 아닌 경우 공개된 수치를 사용

| 구분 | 사용수치 |
| --- | --- |
| 매출총이익률 5.2856% | 5,286% |
| 공개된 경제성장률 7.8% | 7.8% |
| 공개된 이자율 4.9854% | 4,985% |

### 1.7.4. 정보, 문서 및 증빙자료 보존 및 제공요건

- 작성 시기: 특수관계 거래의 시가 결정 방법과 관련된 정보, 문서 및 증빙자료는 거래 발생 시 작성
- 보존 및 갱신: 거래상의 상품의 시가 결정 또는 방법 적용의 근거로서 이용된 정보, 문서 및 증빙자료는 보존해야 하며, 이행기간 동안 업데이트 및 보충
- 관련 자료제출: 세무당국의 자료제출 요구 시 제출
- 매년신고: 법인세 신고 납부기한까지

**보존해야 하는 정보의 내용**

| 구분 | 베트남 |
|---|---|
| 기업과 특수관계자에 관한 자료 | • 특수관계에 대한 정보(지분도)<br><br>• 특수관계자들 간의 개발, 관리 및 통제 전략에 대한 업데이트 문서 및 보고서(거래가격 결정에 대한 정책)<br><br>• 개발, 사업전략, 투자, 생산 및 사업 프로젝트 및 계획 과정에 대한 문서 및 보고서(재무제표 작성 및 내부관리 규정 및 절차) |
| 해당 거래에 대한 정보 | • 조직도 및 기능을 설명하는 문서<br><br>• 거래 당사자, 상품 주문, 결제 및 인도 절차에 대한 정보를 포함하는 거래의 도해 및 설명자료<br><br>• 상품의 특성 및 기술사양을 기술한 문서, 상세 단위생산비용(원가), 상품의 판매가, 기간별 총 생산량, 구매량 및 판매량(특수관계 거래 및 제3자 거래를 구별(자료가 있다면), 상품 수량)<br><br>• 거래와 관련된 경제 계약/합의의 협상, 체결, 이행 및 청산 절차에 대한 정보, 문서 및 전표<br><br>• 시장의 경제 상황에 관한 정보, 문서 및 증빙자료(환율, 거래 가격에 영향을 미치는 정부 정책, 재정적 선호)<br><br>• 기업의 판매 및 구매가격, 상품 교환에 관한 정책, 가격 관리 및 승인 절차, 다른 판매 시장에서의 제품 판매가격 리스트 |
| 정상가격 결정방법 | • 비교가능성 분석, 중요한 차이의 조정, 기업에서 적용하는 가격 결정 방법을 기준으로 한 거래가격 산출표 및 그러한 방법의 적용 이유를 설명하기 위하여 사용된 정보, 자료 및 전표를 포함하여 기업의 특수관계 거래에서 가장 적합한 가격을 결정하는 방법을 선정 및 적용을 증명하기 위한 근거로서 사용된 정보, 문서 및 증빙자료<br><br>• 특수관계 거래에서 가격 결정 방법 선정 및 적용과 관련하여 기타 참고용 정보, 문서 및 증빙자료 |

## 1.7.5. 제출기한

세무당국의 서면 요청서를 수령한 날로부터 30 영업일 이내(1회에 한해 30일 연장)

### 1.7.6. 제출방법

공증법 규정을 준수하여 서면으로 정보, 문서 및 증빙자료의 원본 또는 사본을 세무당국에 제공

### 1.7.7. 언어

외국어로 작성된 문서 및 전표는 회계법 규정과 회계기준에 따라 베트남어로 번역
※ 기업은 번역문의 내용에 대한 책임 있음.

# | 제2절 | 이전가격 과세 대응방안

## 1. 사전적 대응

- 베트남 이전가격 조사지침에 따른 중점조사대상에 선정되지 않도록 적자신고를 하지 않는 것이 중요
- 2011년부터 외국계 투자기업 중 누적 적자기업의 경우 지속적으로 조사대상자에 선정되고 있으며, 베트남 과세당국의 데이터베이스에 따라 추징당하는 사례가 빈번함.

조사사례

> ‣ 매년 연속 적자를 기록한 단순 임가공 업체의 경우, 적자폭이 가장 큰 연도의 손익을
> "0"으로 만드는 비율을 산출하고 기타 연도에 적용하는 방식으로 과세
>
> ※ 지속적 적자 상황속에서 계속적으로 사업을 확장하는 글로벌 기업에 적용

- 거래 건별 이전가격서류가 자동으로 준비되도록 ERP 시스템을 구축(계약서, 가격산정방법 등 추후 바로 준비 가능하도록)

- 자체조사 시뮬레이션을 통해 계약서와 실제 이행기능의 차이가 없는지 점검(증빙과 실질의 일치)
- 동일 업종에 대한 세무서 데이터베이스 활용을 위해 섬유, 전자 등 업종별로 이전가격 조사의 순환이 이루어지고 있어, 진출기업과 유사한 기업의 조사사례가 있는 경우 즉각 대비
- 한국 관련법에 따른 특수관계가 적용되지 않더라도 범위가 넓은 베트남 세법상 특수관계에 해당되는 경우가 많으므로, 베트남 기업과의 거래에 대한 전반적 검토 필요
- 무형자산, 용역(경영 자문료 등)의 경우 증빙과 실질이 일치하더라도 세무당국의 이전가격 의심 받을 수 있으므로 비교가능 기업자료를 베트남 세법에서 정한 공시자료에 의해 수집 대응
- 특수관계 거래신고서의 제출을 유의하고, 세무당국의 요청이 있을시 즉시 대응할 수 있도록 현지에 이전가격서류를 비치
- 2014년부터 신설된 APA(정상가격 산출방법 사전승인) 규정을 활용하여 이전가격 리스크 관리

# 2. 사후적 대응

## 2.1. 상호합의절차(MAP) 활용

한국·베트남 조세조약 제25조(상호합의절차)와 국세조세조정에 관한 법률 제22조에 따라 이전가격 과세에 대한 상호합의 신청(대응조정)

## 2.2. 조세불복제도

이전가격과세가 이루어진 경우 불복을 통해 조정될 수 있으나, 실무적으로 매우 어려운 일임.(1년 이내 행정소송(2심))

# | 제3절 | 2019년 세무상 주요 유의사항

## 1. 법인세

▶ **특수관계자와 거래기업의 대출이자 비용 제한**
• 한도: EBITADA(이자, 법인세, 감가상각비 차감 전 영업이익)의 20%

▶ **부동산 처분손실의 통산**
• 부동산 처분손실을 사업활동 이익에서 공제 가능

▶ **현금 미지불 영수증**
• 재화/서비스별 가치가 2,000만 동 이상 미지불로 기입된 영수증

▶ **근로자의 자발적 공제항목에 대한 법인세 산정상 비용**
• 근로자의 생명보험, 자발적 퇴직보험/퇴사기금 비용공제 한도 확대

## 2. 부가가치세

▶ **부가가치세율 12% 인상보류, 단, 0%와 5% 적용대상 축소**

▶ **부가가치세 과세대상 재화/서비스 등을 위한 투자프로젝트의 이전, 보상금 보조금, 배출권 이전비 등 신고납부대상 제외**

▶ **임금대불, 증여·기부·교환하기 위해 사용한 재화나 서비스, 부동산 양도 등 신고 납부 대상**

▸ 토지사용권의 양수도 거래에 있어서, 종전에는 양도자가 타 사업자로부터 양수받은 토지 사용권을 양도하는 경우에는 동 양수도 거래에서 발생한 수익에 대해 부가가치세가 과세되었으나, Article 4, Circular No. 219/2013/TT-BTC에 따라 토지사용권의 양수도 거래는 더 이상 부가가치세 과세대상이 아님.

# 3. 소득세

▸ **소득세 비과세 소득**
- 베트남으로 이사하는 외국인에 대한 1회 이사지원금
- 베트남인의 해외업무, 베트남업무상 베트남인의 해외장기체류 소득
- 특정 업무에 대한 위험 수당

▸ **소득세 과세소득**
- 임대료, 전기 수도세 및 기타 부수적 서비스 비용
- 휴일, 휴가, 컨설팅서비스 등과 같은 노동자를 위해 기업이 지불하는 비용; 운전수 같은 가족을 돕는 사람 고용에 지불하는 비용

▸ **소득세 차감**
- 3개월 이상 근로계약서를 체결한 거주자
- 개인으로 베트남에 업무를 위해 입국한 외국인

# VIETNAM ECONOMIC REPORT

## 15

베트남 경제 리포트

# 외국인 계약자세
(Foreigner Contract Tax)

## |제15장| 외국인 계약자세 (Foreigner Contract Tax)

KPMG Vietnam / 원일 회계사 |
ilwon@kpmg.com.vn |

이 글은 2018년 현재 유효한 규정인 Circular No. 103/2014/TT-BTC를 기준으로 한국인에게 생소한 외국인계약자세에 대한 이해를 돕고자 하는 목적으로 준비하였으므로, 모든 사례 및 예외사항 등을 기술하지는 못하였습니다. 베트남 세법은 규정이 복잡하고 적용 방식 또한 지방 세무당국 또는 담당 공무원에 따라 다른 경우가 있으므로 실무에서는 반드시 담당 세무당국 및 현지 전문가와 상담하시기 바랍니다.

## 1. 개요

베트남에서 사업을 진행함에 있어 기업과 개인들은 다양한 세금 납부 의무를 직·간접적으로 부담하게 된다. 대표적으로 법인세(Corporate Income Tax, CIT), 부가가치세(Value Added Tax, VAT), 개인소득세(Personal Income Tax, PIT), 외국인계약자세(Foreign Contractor Tax, FCT), 특별소비세(Special Sales Tax, SST), 관세(Import and Export Duties, IED) 등이 있으며, 일부 기업의 경우 자원세(Natural Resources Tax), 재산세(Property Tax), 환경보호세(Environmental Protection Tax) 등을 추가로 부담하여야 한다.

이 중 한국의 세무환경과 가장 이질적인 항목이 외국인계약자세로, 베트남에서 사업을 진행하고자 하는 외국회사나 개인은 모두 영향을 받으며, 한국에는 없는 규정이므로 그 적용과 해석에 주의를 요하고 있다.

외국인계약자세는 외국 법인/단체/개인이 베트남 내에서 수익이 발생하는 경우 정해진 세율에 따라 부가가치세 및 법인세를 납부해야 하는 것으로, 관련 시행규칙의 정식 명칭은 '베트남에서 사업하는 또는 베트남에서 소득이 있는 외국단체, 개인에 대하여 적용하는 납세의무 이행 안내에 관한 시행규칙[1], [2]'이다.

기본적으로 법인세와 부가가치세로 구성되어 있으므로 법인세 해당 부분은 한·베트남 조세조약의 적용을 받으며, 조세조약에 따라 베트남에 과세권이 있는 법인세부분은 납부 후 한국에서 외국납부세액공제를 받을 수 있다. 그러나 조세조약상 베트남에 과세권이 없는 법인세는 한국에서 외국납부세액공제의 대상이 되지 않으므로 주의해야 한다.


# 2. 적용 대상

Circular No. 103/2014/TT-BTC(이하 "외국인계약자세 시행규칙")에서는 적용대상 및 비적용 대상을 명시하고 있으며, 적용 대상으로 몇 가지 사업의 형태나 거래 방식을 나열하고 있다. 그러나 실질적으로 비적용 대상을 제외하고는 베트남에서 사업성 활동으로 수익이 발생할 경우, 외국법인/단체/개인이 받는 수익금은 거의 대부분 적용대상이 되므로, 아래의 비적용 대상이 아닌 거래에서 사업성 소득이 발생할 경우 외국인계약자세를 사업 계획 및 계약서 작성에 반영하여야 한다.

---

1) Circular No. 103/2014/TT-BTC, guidelines for fulfillment of tax liability of foreign entities doing business in Vietnam or earning income in Vietnam. 명칭에서 알 수 있듯이 외국인계약자세는 별도의 세목이 아닌 외국단체 또는 개인이 베트남에서 법인세, 부가가치세를 납부하는 절차를 규정한 것으로, 법인세 및 부가가치세에 더하여 추가로 납부하는 것이 아니다.

2) 개인의 경우 개인 소득세에 관한 법률에 따라 개인소득세 납세의무를 이행하여야 하며 해당 Circular에서 별도로 다른 절차를 규정하고 있지는 않다.

- 투자법, 석유가스법, 각 금융기관법의 규정을 적용 받는 외국 단체 및 개인
- 베트남 내에서 유관용역이나 서비스를 제공하지 않는 물품 공급
- 베트남 밖에서 공급 및 소비되는 서비스(해외에서 이뤄지는 마케팅, 수리용역 등 포함)
- 투자 및 무역 촉진, 외국으로의 수출 중개
- 교육훈련(온라인 교육훈련 제외)
- 관련 법에 따른 국가간의 통신 및 우편서비스와 관련된 요금 배분
- 보세창고, 내륙통관장을 사용하여 국제운송, 국경통과, 환적 등의 서비스를 제공하는 경우

# 3. 등록·납세·신고 방법

외국인계약자세 시행규칙에 따른 외국인계약자세의 담세 의무자(이하 "외국인계약자") 가 법인세 및 부가가치세를 납부하는 방법에는 총 3가지 방법이 있으며, 외국인계약자는 적용 요건 및 사업형태에 따라 가장 유리한 방법을 선택하여 적용하면 된다.

(1) 부가가치세와 법인세 모두 베트남 국내법인과 동일하게 신고 납부하는 방법(이하 "신고법"[3], Declaration Method)
(2) 부가가치세와 법인세 모두 매출 수익에 대해 일정비율로 납부하는 방법(이하 "직접 법", Direct Method)
(3) 부가가치세는 베트남 국내법인과 동일하게 신고 납부 하나 법인세는 매출 수익의 일정비율로 납부하는 방법(이하 "혼합법", Hybrid Method)

---

3) 경우에 따라 공제법, VAS신고법, 신고법 등으로 불리기도 한다.
　 마찬가지로 직접법의 경우에도 간주법, 원천징수법 등으로 불리기도 한다.

## 3.1. 신고법(Declaration Method)

신고법은 법인세와 부가가치세 모두 베트남 국내법인과 동일하게 신고 납부하는 방법으로 베트남의 회계기준인 VAS에 따른 장부를 기록하여야 하며, 세무당국에 등록하여 납세코드[4]를 발급 받아야 한다.

모든 신고 및 납부를 부가가치세법 및 법인세법에 따라 하도록 되어 있으며 해당 시행규칙에서 별도로 규정하고 있는 사항은 없다.

베트남의 세법 적용이 까다롭고 VAS에 따른 장부를 기록하기 위해 다른 방법보다 많은 관리비용이 발생하므로 잘 사용되지 않는 방법이다.

## 3.2. 직접법(Direct Method)

직접법은 베트남 기업이 대금을 외국인계약자에게 지급할 때 정해진 비율로 세금을 원천징수하는 방법으로, 외국인계약자에게 가장 간편한 방법이다.

그러나 세금계산서 발행이 불가능하며(부가가치세 매입세액 공제 불가), 간주 세율이 상대적으로 높으므로 단발성의 소액거래에 적합하다. 다만, 이 경우에도 원천징수 된 부가가치세 해당 부분은 베트남 기업의 매입세액 공제가 가능하므로 계약서 작성 시 베트남 기업이 부담하는 것으로 명시하는 것이 필요하다.

---

4) 납세코드(TAX Code)라 함은 베트남 과세관청이 세무 목적으로
납세의무자에게 발급한 일련의 숫자, 문자 또는 기타 특수문자이다.

## 3.3. 혼합법(Hybrid Method)

위의 두 가지 방법을 혼합한 것으로 법인세는 매출수익의 일정비율로 납부하되, 부가가치세는 매출세액에서 매입세액을 공제한 차액을 납부하는 방법이다. 외국인계약자가 납세코드를 등록, 발급 받으므로 세금계산서 발행이 가능하고, 매입세액 공제를 받을 수 있으므로 부가가치세 부담이 적다. 또한, 매출세액에 일정 비율로 법인세를 납부하므로 요구하는 장부기장 및 법인세 신고가 간단하여 필요한 관리비용이 신고법에 비해 적다.

각 방법별로 적용 조건 및 신고·납부 방법 등을 요약하면 다음과 같다.

**법인세 및 부가가치세 신고·납부 방법**

| 항목 | 외국인계약자가 신고 납부하는 방법 (신고법, Declaration Method) | 베트남 국내 기업이 원천 징수하는 방법 (직접법, Direct Method) | 부가세는 신고 납부하고 법인세는 베트남 기업이 원천징수하는 방법 (혼합법, Hybrid Method) |
|---|---|---|---|
| 적용조건 | (이하의 모든 기준을 충족시킬 경우)<br>• 베트남에 고정사업장[5]을 가진 경우 또는 베트남 세법상 거주자[6]인 경우<br>• 183일 이상 베트남에서 사업을 실시하는 경우<br>• 외국인계약자가 베트남 회계 기준(VAS)을 적용하는 경우 | N/A | (이하의 모든 기준을 충족시킬 경우)<br>• 베트남에 고정사업장을 가진 경우 또는 베트남 세법상 거주자인 경우<br>• 183일 이상 베트남에서 사업을 실시하는 경우<br>• 외국인계약자가 재무성의 가이드 라인 등에 따른 회계 처리를 실시하는 경우(VAS의 간소화된 버전) |
| | 베트남 국내기업, 외국인계약자 | 베트남 국내기업 | 베트남 국내기업, 외국인계약자 |
| 등록 의무자 | 베트남 국내기업: 계약 체결 후 20영업일 이내에 지방 세무서에 통지<br>외국인계약자: 계약 체결, 법인설립, 관련 허가 획득 중 빠른 날로부터 10영업일 이내에 세금코드를 등록 | 첫 번째 계약으로 인한 원천 징수·납세 의무 발생일로부터 10영업일 이내에 지방 세무서에 FCT용 세금 코드를 등록 | 베트남 국내기업: 계약 체결 후 20영업일 이내에 현지 세무서에 통지<br>외국인계약자: 계약 체결, 법인설립, 관련 허가 획득 중 빠른 날로부터 10영업일 이내에 세금코드를 등록 |
| 신고·납부 의무자 | 외국인계약자 | 베트남국내기업 (원천징수) | 외국인계약자 |

| 항목 | 외국인계약자가<br>신고 납부하는 방법<br>(신고법,<br>Declaration Method) | 베트남 국내 기업이<br>원천 징수하는 방법<br>(직접법, Direct Method) | 부가세는 신고 납부하고<br>법인세는 베트남 기업이<br>원천징수하는 방법<br>(혼합법, Hybrid Method) |
|---|---|---|---|
| 신고·납부 | • VAT<br>베트남 기업과 동일<br>(분기 또는 월별 신고)<br>• CIT<br>베트남 기업과 동일<br>(매 분기별 예정납부 및 각<br>년도 종료 후 90일 이내<br>확정 신고·납부)<br><br>(계약 만료 시)<br>계약 종료 후 45일 이내에<br>신고·납부 | • VAT 및 CIT<br>(발생할 때마다)<br>발생 후 10일 이내에<br>신고·납부<br>※ 다수의 지불이 있는<br>경우는 다음달 20일까지<br>신고·납부 가능(세무<br>당국에 등록 필요)<br><br>(계약 만료 시)<br>계약 종료 후 45일 이내에<br>신고·납부 | • VAT(월별 신고)<br>다음달 20일까지 신고·납부<br>• CIT(발생할 때마다)<br>발생 후 10일 이내에<br>신고·납부<br>※ 다수의 지불이 있는 경우는<br>다음달 20일까지 신고·납부<br>가능(세무 당국에 등록 필요)<br><br>(계약 만료 시)<br>계약 종료 후 45일 이내에<br>신고·납부 |
| 계산방법 | • VAT: 베트남 기업과 동일,<br>일반적으로 매출세액 -<br>매입세액<br>• CIT: 베트남 기업과 동일,<br>일반적으로 과세표준의<br>20% | • VAT: 시행규칙에서 규정한<br>매출수익[7]의 5%, 3%,<br>2%(아래 세율표 참조)<br>• CIT: 시행규칙에서 규정한<br>매출수익[8]의 0.1%~10%<br>(아래 세율표 참조) | • VAT: 베트남 기업과 동일,<br>일반적으로 매출세액 -<br>매입세액<br>• CIT:: 시행규칙에서 규정한<br>매출수익의 0.1%~10%<br>(아래 세율표 참조) |

--------------------------------------

5) 고정사업장(Permanent establishment)은 조세조약에서 사업이 전적으로 또는 부분적으로 영위되는 고정된 장소를
   말하며 주로 과세권을 결정하기 위한 기준으로 사용된다. 지점, 공장, 광산, 6개월 이상 존속하는 건설공사 등이 해당하며,
   고정되거나 등록된 장소가 없는 경우에도 파견된 인원이 있을 경우 고정사업장 요건을 충족할 수도 있다. 고정사업장 유무의
   판단은 때때로 매우 민감하고 복잡하므로 관련 전문가와 상담하여야 한다.

6) 베트남 세법상 거주자는 다음 중 어느 하나를 충족하는 자를 말한다. 1)1역년 중 베트남에 183일 이상 체류하는 경우,
   2)베트남에 상시 거소를 둔 경우로서, 상주 등록거소를 둔 경우 또는 기한부 임대차계약에 따라 베트남에 체재하기 위해
   임차주택을 둔 경우

7) 직접법에 따른 세액 계산에 필요한 매출수익은 시행규칙에 각 사례별로 자세히 기술하고 있다. 따라서 사업이나 거래내역에
   따라 계산방법이 달라질 수 있으나 일반적으로는 계약서에 기재된 베트남 기업의 하청금액을 제외한 부가가치세와
   법인세가 포함된 외국계인계약자가 수령한 대가 총액이 된다. 부가가치세와 법인세가 포함된 금액이 부가가치세
   매출수익이 되므로 계약서에 부가가치세와 법인세 금액을 명시하지 않았을 경우 매출수익금액을 계산하기 위한
   gross-up 계산을 하여야 한다.(자세한 계산 내역은 후술할 예시를 참조)

8) 법인세 계산을 위한 매출수익은 부가가치세를 제외하고 법인세를 포함한 금액이다.

## 매출수익에 대한 부가가치세 세액계산 비율

| No. | 거래내역 | 세액계산 비율 |
| --- | --- | --- |
| 1 | 서비스용역, 각종 기계설비의 임대, 보험, 원재료나 기계 공급이 포함되지 않은 설치나 건설 용역 | 5% |
| 2 | 생산, 운송, 상품공급에 포함된 용역, 원재료니 기계 공급이 포함된[9] 설치나 건설 용역 | 3% |
| 3 | 기타 사업활동 | 2% |

## 매출수익에 대한 법인세 세액계산 비율

| No. | 거래내역 | 세액계산 비율 |
| --- | --- | --- |
| 1 | 과세 대상이 되는 물품의 공급[10] | 1% |
| 2 | 각종 서비스, 기계설비 및 시추선의 임대, 보험 | 5% |
| | - 식당, 호텔, 카지노의 관리운영 서비스 | 10% |
| | - 파생금융상품 관련 서비스 | 2% |
| 3 | 항공기와 선박의 임대 및 그 부품의 임대 | 2% |
| 4 | 건설 및 설치 용역 (원재료 및 기계부품이 건설 및 설치에 포함되었는지 여부에 무관함) | 2% |
| 5 | 생산, 판매, 운송 관련 용역 및 기타 영업활동 | 2% |
| 6 | 각종 금융증권 및 금융증서의 양도, 재보험 및 재보험의 양도 관련 사업 | 0.1% |
| 7 | 대여금 이자 | 5% |
| 8 | 저작권 수입 | 10% |

---

9) 베트남에서 서비스를 수반하는 물품의 공급이 이뤄질 경우 물품 가격에 해당하는 부가가치세는 수입통관 과정에서 납부하게 되며, 서비스 해당 부분만 외국인계약자세에 따라 납부하게 된다. 만약 계약서상 물품가격과 서비스 가격이 구분되지 않을 경우 전체 계약금액을 기준으로 외국인계약자세를 납부하여야 한다.

10) 서비스가 동반된 물품의 공급 및 DDP, DAT, DAP조건의 물품 수입, 간주수출입(on-the-spot export and import) 등이 이에 해당된다.

## ▶ 직접법 적용 예시 (1)

한국 기업 A는 베트남 기업 B에 일반서비스를 제공하기로 하였다. 계약금액은 세후로 36,100 USD이며 모든 세금 및 부가가치세는 베트남 기업 B가 부담하기로 하였다.

베트남 기업 B는 한국 기업 A를 대신해 직접법으로 신고하였으며, 해당 서비스의 직접법 세율은 법인세 5%, 부가가치세 5%라고 가정한다.

이 경우 직접법하의 외국인계약자세 산출 내역은 다음과 같다.

1) 법인세 매출수익(과세표준): 36,100 / (1-5%) = 38,000 USD

   법인세: 38,000 × 5% = 1,900 USD
2) 부가가치세 매출수익(과세표준): 38,000 / (1-5%) = 40,000 USD

   부가가치세: 40,000 × 5% = 2,000 USD

\* 외국인계약자세의 직접법에서 세후계약(순액계약)의 경우 세전금액을 구하기 위해서는 gross-up 계산이 필요하다. Gross-up 계산은 세후금액을 통해 세전금액을 역산하는 방법으로 계산 방식은 다음과 같다: 세전금액 = 세후금액 / (1-세율)

\*\* 직접법하의 과세표준에 해당하는 매출수익은 부가가치세는 부가가치세와 법인세가 모두 포함된 금액이며, 법인세는 법인세만 포함된 금액이다. 따라서 세금제외 계약의 경우 법인세를 먼저 계산하여 법인세포함 금액을 구한다음 부가가치세 금액을 구하여야 한다.

\*\*\* 해당 거래로 베트남 법인 B는 한국 기업 A에 36,100 USD를 지급하고, 한국 기업 A를 대신하여 베트남 세무당국에 외국인계약자세 1,900 + 2,000 = 3,900 USD를 신고 납부하여야 한다.

## ▶ 직접법 적용 예시 (2)

한국 기업 C는 베트남 기업 D와 기계 공급 계약을 체결하였다. 물품의 인도는 베트남 국경 밖에서 이루어지며 이후 C는 한 달간 기술자 2명을 파견하여 기계를 설치해 주기로 하였다.

베트남 기업은 정상적으로 직접법 적용을 신고하였으며, 계약서상 구매 조건은 다음과 같다.

- 기계 가격: 100,000 USD
- 설치 비용: 10,000 USD
- 파견자를 위해 준비된 숙박 및 식사 비용: 1,400 USD 상당(부가세 제외)

계약서의 금액은 부가가치세는 제외하되 기타세금은 포함하는 것으로 하였으며, 베트남 기업은 파견자의 숙식을 제공하기로 하였다. 계산의 편의상 설치수수료 및 숙식 지원 총액이 파견근로자의 베트남 원천 근로소득이라고 가정한다. 또한 기계장치는 수입 시 10%의 수입부가가치세가 과세된다고 가정한다.

해당 거래의 경우 베트남 국내에서 제공되는 서비스가 포함된 물품의 공급이므로 외국인계약자세 과세대상이 되며 관련된 법인세, 소득세, 부가가치세는 다음과 같다.

1) 법인세: 기계장치 100,000 × 1% = 1,000 USD

   서비스(10,000 + 1,400) × 2% = 228 USD

2) 소득세: (10,000 + 1,400) × 20% = 2,280 USD(파견된 근로자 본인이 신고 납부 하여야 한다.)

3) 부가가치세: 기계장치 100,000 × 10% = 10,000 USD(수입통관 시 납부)

   서비스(10,000 + 1,400) / (1-5%) × 5% = 600 USD

* 계약금액이 부가세 제외이므로 직접법에 의한 부가가치세 계산시 gross-up이 필요하다.

\*\* 계약금액이 법인세가 포함된 금액이므로 직접법에 의한 법인세 계산시 gross-up 이 불필요하다.

\*\*\* 해당 거래로 인해 외국인계약자는 110,000 - 1,200 = 108,800 USD를 수령하게 되고, 베트남 기업은 거래대금 108,800 USD를 지급하고 관련 부가가치세 10,600 USD 및 법인세 1,228 USD를 납부하여야 한다.

# 4. 조세조약의 적용

## 4.1. 조세조약이란?[11]

보통 '소득 및 자본에 관한 조세의 이중과세회피 및 탈세방지를 위한 협약(Convention for the Avoidance of Double Taxation and the Prevention of Fiscal Evasion with respect to Taxes on Income and on Capital)'을 말한다.

실무적으로 조세조약(tax treaty), 조세협약(tax convention), 조세협정(tax agreement), 이중과세협약(double taxation convention), 이중과세방지협약 등으로 줄여 부르고 있다.

조세조약을 체결하는 주된 목적은 체약국 간의 과세권 행사 시 발생할 수 있는 과세권 경합을 조정하여 이중과세를 방지하고 자국기업의 해외진출이나 선진기술 및 자본도입 등을 촉진하고 경제, 문화적 교류의 활성화를 통하여 자국의 이익을 증진시키는 데 있다.

---

11) 네이버 시사상식사전(제공처 박문각)

이러한 조세조약은 일반적으로 인적 적용범위 및 대상조세, 거주자, 고정사업장, 소득 종류별 정의 및 과세방법, 이중과세회피, 상호합의, 정보교환 등의 규정으로 이루어져 있다.

조세조약은 국내세법에 대한 특별법적 지위에 있으므로 국내세법과 조세조약의 내용이 서로 다를 경우에는 조세조약이 우선 적용된다.

조세조약상 규정되지 않은 내용은 국내세법에 따르며, 특히 과세방법, 절차 등은 조세조약상 명시적인 규정이 없으므로 국내세법의 규정을 적용한다.

## 4.2. 한·베 조세조약

한국과 베트남은 1994년 조세조약을 체결하였으며 부동산소득, 사업이윤, 해운 및 항공운수, 특수관계기업, 배당, 이자, 사용료, 양도소득, 독립적 인적용역, 종속적 인적용역, 이사의 보수, 예능인 및 체육인, 연금, 정부용역, 학생, 교수 및 교사, 기타소득에 대해 각각의 경우에 대한 과세권 및 과세대상 소득, 제한세율 등을 규정하고 있다.

기본적으로 법인세와 소득세를 조정 대상으로 하고 있으며 부가가치세는 조세조약의 적용대상에서 제외된다. 따라서, 부가가치세와 법인세로 이루어진 외국인계약자세의 경우, 법인세 해당 부분만 조세조약의 적용을 받으며, 외국인계약자세에 따라 과세 대상에 해당하는 경우에도 조세조약상 베트남에 과세권이 없을 경우 외국인계약자세를 부담하지 않을 수도 있다.

대표적으로 한국의 거주자인 회사나 개인이 얻은 해운 및 항공운수 이윤, 현지에 고정 사업장이 없는 사업이윤, 양도소득(부동산, 부동산 과다보유법인의 주식, 고정사업장에 속하는 동산 제외)의 경우 베트남의 과세권이 없으므로 한국에서만 과세가 가능하다.

그러나 베트남의 과세권이 없는 경우에도 베트남 내에서의 납부의무가 자동으로 면제되지는 않으며, 사전 또는 납부 후 사후 신청을 통해 면제 또는 환급을 신청하여야 한다.[12]

다만 사후신청의 경우 실무적으로 환급에 오랜 시간이 걸릴 수 있으며, 사전신청의 경우에도 신청 과정에서 시간과 비용이 소요되므로 거래 금액이 큰 경우에 한해 사전에 전문가와 상의하여 신청 여부를 결정하여야 한다.

참고로 한·베 조세조약에서 세율을 제한하고 있는 항목 및 그 제한세율은 다음과 같다.

한·베 조세조약 세율 제한항목 및 제한세율

| 구분 | 외국인계약자세의 직접법 법인세 세율 | 한베조세조약의 제한세율 | 비고 |
|---|---|---|---|
| 이자 | 5% | 10% | 베트남 과세 가능 |
| 배당 | - | 10% | |
| 특허권, 실용신안, 특정 장비, 특정 정보 등의 사용료 | 10% | 5% | 조세조약의 제한세율이 낮으므로 사전에 세율인하 신청을 할 수 있음 |
| 기타 사용료 | 10% | 15% | 베트남 과세 가능 |

▶ **조세조약 예시 (1)**

모든 사항은 직접법 적용 예시2와 동일하며, 한국 기업 C는 베트남에 고정사업장이 없어 외국인계약자세 법인세에 대해 사전 제외 신청을 하였다. 신청은 베트남 현지 전문가에게 의뢰하였으며, 수수료는 부가세 별도 4,000 USD이다.

---

12) 사전신청의 경우 면세 신청서, 계약서(베트남어), 한국세무당국의 거주 증명서를 제출하여야 한다(세부사항은 Circular156/2013/TT-BTC Article 20 참조).

이 경우 한국 기업 C의 해당 거래와 관련된 현금 흐름은 다음과 같다.

- 기계 및 설치대금 수령: 110,000 USD(부가가치세는 베트남 법인 부담)
- 법인세 사전 제외 신청 수수료 지급: 4,400 USD

결국 한국 기업 C는 해당 거래로 105,600 USD의 순 현금유입이 있었으며, 이는 법인세 사전 제외신청을 하지 않았을 경우의 수령액 108,800 USD보다 적은 금액이다. 즉, 조세조약에 따라 법인세 부분은 제외 신청이 가능하나 적지 않은 비용이 소요되므로 사전에 신청에 따른 현금 흐름을 감안하여 의사결정 하여야 한다.

▶ **조세조약 예시 (2)**

한국 기업 E는 베트남 기업 F와 자사가 보유한 특허권의 사용 계약을 체결하였으며, 해당 특허권의 사용 대가로 매년 50,000 USD(부가세 및 기타비용 포함)를 받기로 하였다. 한국 기업 E는 베트남에 고정사업장이 없으며 직접법으로 외국인계약자세를 납부한다고 가정한다.

이 경우 한국 기업 E가 수령하게 되는 사용료는 다음과 같다.

$$50,000 - 50,000 \times 5\% - (50,000 - 2,500) \times 10\% = 42,750 \text{ USD}^{[13]}$$

---

13) 50,000 USD가 부가세와 법인세가 포함된 금액이므로 해당금액을 기준으로 직접법하의 부가가치세를 계산하며, 부가가치세를 제외한 47,500 USD를 기준으로 직접법하의 법인세를 계산하게 된다. 특허의 사용에 대한 직접법 부가세율은 5%이며, 직접법 법인세율은 10%이다.

이 경우 조세조약에 따른 감세 신청을 할 경우 법인세에 대해 5%의 세율을 적용할 수 있으므로 매년 47,500 × 5% = 2,375 USD를 절약할 수 있게 된다.[14]

14) 다만 이 경우 베트남 세무당국은 해당 특허권이 실제로 베트남 법인에 도움이 되는지 또는 특허권 사용료가 적절한지에 대한 소명을 요구할 수 있다. 또한 2018년 7월부터 발효된 새로운 기술이전에 관한 규정(07/2017/QH14)에 따른 등록 등 기타 절차의 준수가 필요하다.

# VIETNAM ECONOMIC REPORT

# 16

베트남 경제 리포트

# 베트남
# 부동산 세제

# |제16장| 베트남 부동산 세제

Ernst & Young Vietnam Limited / 이천주 회계사 |
Cheon.Ju.Lee@vn.ey.com |
Ernst & Young Vietnam Limited / Ms. Ly Vu-Uyen Nguyen |
ly.uyen.nguyen@vn.ey.com |

## 1. 베트남 부동산 관련 법규 개괄[1]

베트남 부동산은 크게 토지와 주택, 건물로 나누어진다.

토지에 대한 소유권은 전체 인민의 소유로서 국가가 관리하며 이에 따라 개인 및 법인은 국가로부터 토지사용에 대한 권리를 취득하게 된다. 다만, 외국인 개인 자격으로 직접적인 토지사용권은 취득할 수 없다.

주택은 상업주택(단독주택 및 공동주택)에 한하여 소유 및 매매대상에 해당하며 2015년 7월 개정된 주택법에 따라 외국인의 주택소유를 인정하되 외국인 소유에 대한 일정한도의 제한을 두고 있다.[2] 한편, 외국인 개인은 취득한 주택의 임대가 가능하나, 외국인 투자법인이 취득한 주택은 사용 용도를 피고용자에 대한 사택으로 한하고 있어 취득한 주택의 임대는 불가능 하다.[3]

---

1) 『베트남 경제백서 2018』 제6장 베트남 부동산 관련제도(법무법인 로고스/임범상 변호사)
2) 공동주택의 경우 동일아파트 단지 내 총 주택수의 30% 이하/ 단독주택의 경우 동일 Ward 내 250채 이하
3) 다만, 외국인개인은 50년간, 외국인투자법인은 투자허가기간 동안 해당 주택을 소유할 수 있으며 기간 종료시 그 연장을 신청할 수 있도록 하고 있다.

건물에 대한 소유권은 외국인 개인의 경우 소유할 수 없는 것으로 해석된다. 외국인투자법인은 투자목적 및 해당업종의 범위내 건물의 취득 및 소유가 가능하며 취득 시 토지사용권과 함께 거래되는 것이 원칙이다. 다만, 외국인투자법인이 건물을 신축이 아닌 매수를 한 이후 임대하는 것은 허용되지 않는다.

부동산 법인은 설립 시 최소자본금은 VND 200억 동이며 토지에 대한 사용권을 가지고 부동산 개발프로젝트를 수행하는 법인의 경우에는 주주지분의 규모가 총 프로젝트 투입금액 대비 최소 15%(토지의 면적이 20헥타르 미만) 또는 20% 이상(토지의 면적이 20헥타르 이상)을 충족하여야 한다.

# 2. 부동산 관련 세제

## 2.1. 부동산 취득 시 고려할 세제

### 2.1.1. 인지세(Stamp Duty)

부동산을 취득한 자는 취득한 부동산 등록에 따른 인지세를 납부하여야 한다. 인지세는 실 취득 가격과 인민위원회(Provincial People's Committee)에서 고시한 가액 중 높은 금액을 기준 으로 0.5%의 세율을 적용하되 인지세 금액이 VND 5억 동을 초과하는 경우 VND 5억 동을 한도로 한다. 취득한 부동산을 등록할 때, 관할 정부기관에서 납세자에게 부과고지한다.

한편, 직접 부동산을 취득하지 아니하고 베트남 법인의 지분인수를 통하여 간접적으로 취득하는 경우 2가지 요건(해당법인 지분 100% 인수, 인수한 법인의 상호변경)을 모두 충족 시 피인수된 베트남 법인은 소유하고 있는 부동산에 대한 인지세를 납부하여야 한다.

### 2.1.2. 부가가치세(Value Added Tax)

취득하는 부동산에 대하여 기본적으로 부가가치세(10%)가 과세된다. 이와 관련하여서는 부동산 양도시 양도자가 통상 취득자로부터 부가가치세를 거래징수하여 신고 및 납부하게 되므로 '2.3. 부동산 처분 시 고려할 세제 2.3.2. 부동산 양도 - 부가가치세'를 참조하기 바란다.

## 2.2. 부동산 보유 시 고려할 세제

### 2.2.1. 비농지사용세(Non-Agricultural Land Use Tax)

일반적으로 농지 외 사업 또는 주거목적으로 사용하는 토지에 대하여 비농지사용세를 매년 신고 납부하여야 한다. 토지사용권 또는 토지임차권의 소유자는 인민위원회에서 고시한 가액 을 기준으로 통상 0.03%의 세율을 적용하여 납부한다.

### 2.2.2. 임대소득에 대한 세금(개인소득세 및 법인세)

부동산을 임대함으로 인하여 발생하는 임대소득이 있는 베트남 거주자는 임대소득 수령 시 5%의 소득세와 5%의 부가가치세가 과세되며, 비거주자의 경우에는 소득세 5%가 과세된다.

다만, 연간 총 임대소득이 VND 1억 동 이하이면 거주자 및 비거주자 모두 임대소득에 대한 세금(소득세 및 부가가치세)이 면제된다. 한편, 연간 총 임대소득이 1억 동 이상이면 공제되는 금액없이 수취한 임대소득 전액이 과세대상에 해당한다.

외국인투자법인의 임대소득은 법인세 과세소득을 구성하므로 법인세로 신고 납부하면 된다. 한편, 법인의 임대수익은 부가가치세(10%) 과세대상 거래에 해당한다.

## 2.2.3. 배당수취 시 세금

법인이 배당을 하는 경우 개인주주(거주자 및 비거주자 동일)에 대하여는 배당하는 금액의 5%가 과세되나, 주주가 법인(외국법인 및 내국법인 동일)인 경우에는 이중과세 방지를 위하여 베트남 내에서는 과세하지 아니하므로 원천징수없이 배당결의된 금액 전액을 받을 수 있다.

다만, 동 배당을 수령한 법인이 베트남 내국법인인 경우 동 배당소득은 법인세 과세대상 소득 에서 제외되며, 외국법인이 주주인 경우에는 해당 외국법인의 소재지에 따라 과세방법이 다르다. 한국의 경우 법인세 과세대상 소득에 해당하고 일정요건을 충족한 경우, 베트남 법인의 소득에 대하여 부과된 법인세 금액 중 수입배당금에 대응되는 금액은 외국납부세액공제(간접외국납부세액공제) 를 받을 수 있도록 함으로써 이중과세를 조정하도록 하고 있다.

## 2.3. 부동산 처분 시 고려할 세제

### 2.3.1. 부동산 양도-양도소득세/법인세

개인(거주자 및 비거주자 동일)이 부동산을 양도하게 되면 양도가액(실제 양도가액이 인민위원 회에서 고시한 가액보다 낮은 경우 고시가액)의 2%를 양도소득세로 납부하여야 한다. 한편, 배우자 간, 직계존비속 간 부동산 양도 또는 양도자가 양도시점에 하나의 부동산만 소유하고 있고 일정 제반요건을 충족한 경우 양도에 따른 소득세는 면제된다.

외국인투자법인은 양도가액에서 취득가액 등을 차감한 가액, 즉 양도차익이 법인세 과세소득에 포함되므로 법인세로 신고납부하면 된다.

### 2.3.2. 부동산 양도 - 부가가치세

부동산을 양도하는 거래는 기본적으로 부가가치세(10%) 과세대상이다. 다만, 토지사용권의 양도는 기본적으로는 부가가치세가 면제되나, 부가가치세가 면제가능한 토지사용권 가액은 이전되는 토지사용권의 원천, 즉, 토지사용권을 직접 국가가 양도하는지, 기존 소유권자가 다시 이를 양도하는지, 경매를 통하여 양도되는지 등에 따라 다르다.

한편, 부동산 프로젝트 개발사업자가 동 프로젝트를 양도 시에는 발급 및 승인 받은 면허 및 프로젝트 개발에 대한 절차를 그대로 양수자에게 이전하는 경우 부가가치세가 과세되지 아니한다. 다만, 양도자는 관할 정부기관에 부동산 개발프로젝트 양도에 대한 사전승인을 받아야 한다.

### 2.3.3. 법인-지분 매각

법인의 개인주주(거주자 및 비거주자)가 베트남 소재 부동산 법인의 지분을 매각시 양도가액의 0.1%를 납부하여야 한다.[4] 다만, 베트남 개인 거주자가 LLC(유한책임회사 Limited Liability Company) 법인의 출자금(Capital Contribution) 양도 시에는 양도차익의 20%가 과세된다. 거주자는 지분양도에 따라 양도소득세를 신고납부하되, 비거주자는 양수자가 양도자를 대신하여 신고한다.

부동산 법인의 주주가 내국법인인 경우에는 해당 법인의 상장여부와 관계없이 양도차익이 법인세 과세대상소득으로 포함되어 법인세가 과세된다. 다만, 주주가 외국법인인 경우, 내국 법인과 동일하게 양도차익의 20%로 법인세가 과세되나, Public Joint Stock

---

4) 재무부에서는 2019년부터 비거주자(외국법인 및 비거주자 개인 포함)에 대하여 일률적으로 양도가액의 1%로 과세하는 법률안을 상정하였으며 아직 국회 통과를 받기 전이므로 확정된 것은 아니다.

Company[5])에 대한 지분의 양도는 양도가액의 0.1%로 과세한다.[6)]

외국법인의 베트남 법인의 지분양도에 대한 신고 및 납부는 양수자가 원천징수를 통하여 신고 및 납부하되 양수자도 외국법인인 경우에는 주식을 발행한 해당 베트남 법인이 양도자를 대신하여 신고 및 납부해야 한다. 또한, 해당 지분을 간접양도(offshore Indirect transfer)하는 경우 베트남 내에서 과세가 되는지에 대하여는 명확하지 않으나, 베트남 과세당국 내부적으로는 과세가 되는 것으로 해석하고 있어 주의가 필요하다. 관련하여, 간접양도에 대한 과세에 있어 신고납부방법, 양도차익의 계산 방법 등에 대한 구체적인 규정은 아직 없는 상황이다.

한국·베트남 조세조약에 따라 주식을 발행한 베트남 법인의 자산이 주로 베트남에 소재하는 부동산으로 직·간접적으로 구성된 경우, 베트남 과세당국에서 지분의 양도에 대한 소득을 과세할 수 있도록 하고 있으며, 그 외에는 거주지국인 한국에서만 과세할 수 있도록 규정하고 있다. 부동산 법인의 경우, 대부분의 자산이 부동산으로 구성되어 있을 것이므로 주식양도 시 베트남에서 과세면제는 받기가 어려울 것으로 보인다.

### 2.3.4. 상속/증여세-증여 및 상속

부동산을 증여 및 상속 시에는 비거주자 및 거주자에 대하여 동일하게 대상 자산이 VND 1,000만 동을 초과하는 증여 및 상속재산가액의 10%의 세율로 상속세 및 증여세가 과세된다. 신고는 증여 받은 자 또는 상속인이 해당 자산을 등록할 때 신고하되, 배우자 간 또는 직계 존비속 간의 증여 및 상속은 과세면제를 받을 수 있다.

---

5) Public JSC는 해당 주식을 공모(public offer) 한 기업, 또는 주식거래소 등에 상장된 기업,
   또는 정관자본금이 100억 동 이상이며 주주수가 최소 100인(전문투자자 제외) 이상인 기업을 의미한다.
6) 주석 5번 참조. 동 개정안이 통과되면 간접양도(indirect transfer)도 동일하게 양도가액의 1%가 적용될 것으로 보인다.

| 단계 | 세금/소득 | 내용 |
|---|---|---|
| 취득<br>단계 | 인지세<br>(Stamp Duty) | • 과세대상: 취득으로 인한 부동산 등록<br>• 적용세율: 0.5%(한도 5억 동)<br>• 과세표준: Max[부동산 실 거래가액, 인민위원회에서 고시한 가액]<br>• 납부방법: 부과고지<br>(*) 법인의 지분취득 시 인지세 과세: 법인의 지분을 100%인수하고<br>　동 인수법인의 상호 변경시 인수한 법인이 소유하고 있는<br>　부동산에 대하여 인지세 납부(*1) |
| | 부가가치세<br>(Value Added Tax) | • 과세대상물건: 주택/건물 및 토지임차권(Land Lease Right)/<br>　토지사용권의 양수도 거래<br>• 적용세율: 10%<br>• 과세표준: 실 거래가액<br>• 납부방법: 신고납부<br>(*) 부동산 양도 시 부가가치세 참고 |
| | 비농지사용세<br>(Non-agricultural<br>land use tax) | • 과세대상: 사업 또는 주거목적의 토지 사용<br>• 과세표준: 인민위원회에서 고시하는 가액<br>• 적용세율: 통상 0.03%<br>• 납부방법: 신고납부 |
| 보유<br>단계 | 임대에 따른<br>소득세 | • 과세대상/과세표준: 부동산 임대소득<br>• 적용세율:<br>　- 거주자 개인(부가가치세 5%, 소득세 5%)<br>　- 비거주자 개인(소득세 5%)<br>• 납부방법: 신고납부<br>(*) 외국인투자법인이 받는 임대소득은 법인세(20%)로<br>　신고납부하며 임대료는 부가가치세 과세대상임 |
| | 배당<br>(청산배당 포함)에<br>따른 소득세 | • 과세대상/과세표준: 배당소득<br>• 원천징수 세율<br>　- 베트남 거주자 및 비거주자 개인(5%)<br>　- 내국법인/외국법인 주주: 원천징수 면제<br>• 배당수령한 법인에 대한 과세<br>　- 내국법인: 법인세 과세대상에서 제외<br>　- 외국법인: 한국법인은 법인세법에 따라 수입배당금은<br>　　과세대상이나 요건 충족 시(간접) 외납세액공제 가능 |

| 단계 | 세금/소득 | 내용 |
|---|---|---|
| 매각<br>단계 | 양도소득<br>(부동산 매각) | • 과세대상: 부동산 양도<br>• 과세대상: 부동산 양도<br>• 과세가액<br>  - 개인: Max[부동산 양도가액, 인민위원회에서 고시한 가액]<br>  - 법인: 부동산 양도차익(법인)<br>• 적용세율<br>  - 개인(거주자 및 비거주자): 양도가액의 2%<br>  - 법인: 양도차익이 법인세(20%)로 과세됨<br>• 신고납부:<br>  - 개인: 부과고지<br>  - 법인: 신고납부 |
| | 부가가치세<br>(부동산 매각)<br>(Value Added Tax) | • 과세대상물건: 주택/건물 및 토지임차권<br>  (Land Lease Right)/토지사용권(*)의 양수도 거래<br>• 적용세율: 10%<br>• 과세표준: 실 거래가액<br>• 납부방법: 신고납부<br>(*) 기본적으로 토지사용권에 대하여는 부가가치세 면제되나,<br>    면제되는 토지사용권의 가액은 양도하는 토지의 취득원천에<br>    따라 달리 적용된다. |
| | 지분매각<br>(외국인투자법인의<br>지분매각) | • 과세대상: 베트남 법인의 지분 양도<br>• 과세가액: 지분양도가액 또는 양도차익<br>• 적용세율(*2)<br>  - 개인(거주자 및 비거주자): 양도가액의 0.1%, 다만, 거주자 개인이<br>    LLC법인의 출자금을 양도하는 경우 양도차익의 20%<br>  - 법인: 양도차익의 20%, 다만, 상장법인 주식(Public JSC)을<br>    양도하는 외국법인의 경우 양도가액의 0.1% 적용<br>• 납부방법: 신고납부<br>(*) 조세조약에 따라 원천지국에서 면제가 가능하나, 자산이<br>    주로 베트남소재 부동산으로 직·간접적으로 구성되어 있는<br>    부동산법인에 대하여는 지분매각이 베트남에서 과세하는 것으로<br>    규정하고 있음(한국·베트남 조세조약 13조)<br>(*) 지분의 간접양도(offshore indirect transfer)의 경우에도<br>    베트남에서 양도소득이 과세되는 것으로 해석하고 있음 |

| 단계 | 세금/소득 | 내용 |
|---|---|---|
| 매각<br>단계 | 증여세/상속세 | • 과세대상: 증여 및 상속<br>• 과세가액: 증여받은 또는 상속받은 재산의 가액<br>• 적용세율: 10%(단, 과세가액이 VND 1,000만 동 이하인 경우 과세면제)<br>• 납부방법: 신고납부<br>　(*) 배우자 간, 또는 직계존비속 간의 증여 상속은 상속세 및 증여세가 면제됨 |

(*1) 한국에서와 같은 간주취득세 규정이 베트남에서는 없으므로, 부동산투자법인의 지분매입으로 과점주주가 된다고 하더라도 인지세에 대한 납부의무 없음. 다만, 부동산투자법인의 지분을 100% 인수하고 동 부동산투자법인의 상호를 변경하는 경우에는 인지세 납부대상에 해당하며 각 개별부동산별로 인지세를 납부함.

(*2) 비거주자 개인은 양도가액의 0.1%에서 1%로, 외국법인은 양도차액의 20% 과세에서 양도가액의 1%로, 외국법인의 Public JSC의 지분양도 시는 양도가액의 0.1%에서 1%로 변경하는 법안이 제출되었으나, 2018.12월 현재 아직 통과되지 아니함.

# 3. 기타

법인세법에 따라 베트남 내국법인은 결손금 발생 시 5년간 이월공제가 가능하다. 부동산업에서 발생한 결손은 타 사업에서 발생한 이익과 상계가 가능하다. 다만, 부동산 이외의 사업에서 발생한 결손은 부동산 사업에서 발생한 이익과 상계가 불가능하다.

# VIETNAM ECONOMIC REPORT

# 17

베트남 경제 리포트

| 제17장 |

베트남
환경보호법

| 제17장 | 베트남
환경보호법

법무법인 로고스(LOGOS) / 임범상 변호사 |
bslim@lawlogos.com |

## 1. 서론

업종에 따라 다소 차이는 있으나, 환경법제는 투자법, 기업법, 노동법과 함께 베트남 내의 투자활동을 수행하는 투자자들이 맞닥뜨리게 되는 주요한 법제도 중 하나로 꼽힌다. 제조업 프로젝트의 승인 및 건축물의 건설허가 과정은 물론, 각 프로젝트의 확장 및 시설의 증축 과정에서, 그리고 프로젝트의 사후 이전 과정에서 각 프로젝트에 대한 환경법제의 규제는 투자와 인허가 단계, 프로젝트의 실행 단계에 크고 작은 영향을 미치게 된다. 특히 제조업이나 양돈업 등 환경에 끼치는 영향이 큰 프로젝트일수록 환경법제상의 각 내용의 적용 여부는 중요한 이슈가 된다.

그리고 환경법제상의 각 제도 중에서도 가장 큰 비중을 차지하고, 실질적으로 베트남 내 투자활동을 수행하는 투자자들에게 가장 많은 영향을 미칠 수 있는 제도가 바로 환경영향평가 제도이다. 이에 아래에서는 베트남 환경법제상의 주요 법령 및 연혁을 살펴보고, 환경영향평가 제도를 중심으로 하는 환경법제의 주요 제도 및 그 내용을 살펴보도록 한다.

# 2. 베트남 환경법제상의 법령 및 연혁

## 2.1. 베트남 환경법제상의 주요 법령

베트남 내 환경보호에 관한 기본법은 2014년에 제정된 '환경보호에 관한 법률(LUẬT BẢO VỆ MÔI TRƯỜNG, Law No. 55/2014/QH13, 이하 '환경보호법'이라 한다)이다. 본 법은 1994년 최초 제정/시행되었고, 이후 2005년 1차 개정을 거쳐 2014년 2차 개정으로 현재 환경보호법의 모습을 갖추게 되었다.

현행 환경보호법은 20개 장, 170개의 각 조문으로 구성되어 있는데, 각 장별 구성은 아래와 같다.

[환경보호법의 각 목차]
제1장 일반조항
제2장 환경보호기본계획, 전략적 환경평가, 환경영향평가, 환경보호계획
제3장 자연자원의 개발 및 이용에 관한 환경보호
제4장 기후변화에 대한 대응
제5장 해양 및 도서 환경의 보호
제6장 수질, 토양, 대기의 환경 보호
제7장 제조, 유통, 서비스 분야의 환경보호
제8장 도시 지역과 주거 지역에서의 환경 보호
제9장 폐기물 관리
제10장 환경오염의 처리 및 회복, 개선
제11장 환경 기술의 규범, 환경기준
제12장 환경 모니터링
제13장 환경정보, 지표, 통계, 보고
제14장 규제 관청의 환경 보호에 대한 책임

제15장 베트남조국전선, 정치사회단체, 사회직능단체, 주민공동체의 환경보호 책임

제16장 환경보호의 재원

제17장 환경보호에 관한 국제협력

제18장 환경 관련 불법행위의 감사, 조사, 처분 및 환경 관련 분쟁의 해결

제19장 환경 관련 손해배상

제20장 시행규정

## 2.2. 주요 시행령

환경보호법과 관련되는 주요 시행령은 아래와 같다.

[환경보호법의 주요 하위 시행령]

• 환경보호법의 일부 조항을 구체적으로 정하는 시행령(Decree No. 19/2015/ND-CP)

• 환경보호기본계획, 전략환경영향평가, 환경영향평가, 환경보호계획에 관한 시행령
  (Decree No. 18/2015/ND-CP)

• 환경보호에 관한 법령의 위반행위에 대한 처벌에 관한 시행령
  (Decree No. 155/2016/ND-CP)

• 하수 처리에 관한 시행령(Decree No. 80/2014/ND-CP)

• 환경 모니터링 서비스에 적용되는 요건에 관한 시행령
  (Decree No. 127/2014/ND-CP)

• 폐기물의 관리에 관한 시행령(Decree No. 38/2015/ND-CP)

• 하수 처리의 환경보호비용에 관한 시행령(Decree No. 154/2016/ND-CP)

• 광물 굴착의 환경보호비용에 관한 시행령(Decree No. 164/2016/ND-CP)

• 선박의 수입 및 폐기 허가 조건에 관한 시행령(Decree No. 114/2014/ND-CP)

# 3. 베트남의 환경영향평가제도

## 3.1. 환경보호법상 각종 제도

환경보호법상 규정되어 있는 주요 제도는 크게 4가지가 있다.

첫 번째는 환경보호 기본계획(QUY HOẠCH BẢO VỆ MÔI TRƯỜNG, Environmental protection planning)이고, 두 번째는 전략적 환경평가(ĐÁNH GIÁ MÔI TRƯỜNG CHIẾN LƯỢC, Strategic environmental assessment), 세 번째는 환경영향평가(ĐÁNH GIÁ TÁC ĐỘNG MÔI TRƯỜNG, Environmental impact assessment), 네 번째는 환경 보호계획(KẾ HOẠCH BẢO VỆ MÔI TRƯỜNG, environmental protection plans)이다.

뒤에서 살펴보겠으나, 실제 이 중에서 투자자와 직접 연관이 있는 제도는 환경영향평가 및 환경보호계획이다.

### 3.1.1 환경보호 기본계획

환경보호법 제3조제21항은 환경보호 기본계획을 '지속가능한 발전을 목적으로 사회경제 기본계획과의 연계하에 환경을 보호하는 기술적 인프라 시스템을 보존, 개발, 설립하기 위한 지역적 환경 계획'이라고 정의하고 있다. 이를 쉽게 이해하면, 환경보호 기본계획은 다른 행정계획과의 연계하에 환경보호 분야에서 국가 또는 각 성(Province) 단위로 수립되는 국가 또는 각 성의 행정계획을 의미한다고 볼 수 있다.

중앙정부의 자원환경부 또는 성급 인민위원회는 각 자신의 책임에 따라 국가 환경보호 기본계획 및 성급 환경보호 기본계획을 입안하게 되며, 국가 차원 또는 각 성 차원의 환경 관리 및 보존, 예측, 모니터링 등 환경보호를 위한 포괄적인 내용을 정하게 된다. 이는 행정기본계획으로 향후 중앙정부 또는 성급 인민위원회 등 지방정부의 각 결정 및 세부

계획을 구속하는 가이드라인이자 목표로 기능하게 되나, 계획의 적용 대상이 광범위하고 그 내용 또한 추상적인 데에 그치므로 각 개별 투자자의 투자활동에 직접 영향을 미치는 세부적인 규범으로 기능하기에는 어려운 측면이 있다.

참고로 한국의 경우 환경정책기본법 하에서 '환경오염 및 환경훼손과 그 위해를 예방하고 환경을 적정하게 관리/보전하기 위한' 환경보전계획을 국가가 수립하도록 되어 있는데, 본 환경보호 기본계획은 한국의 환경보전계획과 유사한 개념으로 이해된다.

### 3.1.2. 환경영향평가 제도 관련 - 전략적 환경평가 및 환경영향평가, 환경보호계획

환경영향평가(Environment Impact Assessment, EIA) 제도는 베트남 외에도 한국을 포함한 여러 국가에서 일반적으로 시행되고 있는 환경보호 제도로, 통상 개발계획의 수립 전 해당 계획이 환경에 미칠 수 있는 영향을 예측/분석하고 그에 대한 대비책을 마련하는 절차를 의미한다.

베트남 환경보호법상 전략적 환경평가, 환경영향평가, 환경보호계획은 모두 위와 같은 환경영향평가 제도에 속한다. 다만 전략적 환경평가는 국가 또는 성급 단위의 개발계획을 대상으로 하는 바, 그 시행 주체가 정부이고, 환경영향평가 및 환경보호계획은 민간 프로젝트를 대상으로 하여 그 시행 주체 또한 민간 프로젝트 시행자인 점이 다르다.

참고로, 한국에서는 환경영향평가 제도 일반에 관한 법률인 환경영향평가법이 제정되어 시행되고 있는 바, 해당 환경영향평가법에서는 환경에 영향을 미치는 행정계획을 수립할 때 행정기관이 시행하는 '전략환경영향평가', '민간을 포함한 사업자가 개발사업을 수행할 때 시행하는 환경영향평가 및 소규모 환경영향평가'를 각 규정하고 있다. 즉, 베트남의 전략적 환경평가, 환경영향평가, 환경보호계획은 한국의 전략환경영향평가, 환경영향평가, 소규모 환경영향평가와 각 대응되는 것으로 이해된다.

결국 베트남 환경보호법상의 각 제도 중 민간 프로젝트의 시행과 직접적인 관련이 있고, 투자 주체가 그 수립 및 시행에 대한 책임을 직접적으로 지는 제도는 '환경영향평가' 및 '환경보호계획'이라고 할 수 있으며, 실제로도 공장 등 건축물의 건설 프로젝트, 각종 제조 프로젝트 등에서 투자자들이 가장 흔하게 접하게 되는 것이 위 '환경영향평가' 및 '환경보호계획'이다.

### 3.2. 베트남의 환경영향평가 제도

### 3.2.1. 환경영향평가의 시행 대상

환경보호법 제18조제1항은 환경영향평가를 시행하여야 하는 대상을 1) 국회/정부/정부수상의 투자의향 결정 프로젝트, 2) 자연보존지구 등의 토지 사용 프로젝트, 3) 환경에 악영향을 끼칠 수 있는 프로젝트로 정하고 있다.

이 중 '환경에 악영향을 끼칠 수 있는 프로젝트', 즉 환경영향평가의 대상이 되는 프로젝트의 목록은 '환경보호기본계획, 전략환경영향평가, 환경영향평가, 환경보호계획에 관한 시행령(Decree No. 18/2015/ND-CP, 이하 '환경보호법 시행령'이라 한다)' 제12조제1항 및 부록 2에 상세히 규정되어 있다.

위 부록 2에는 프로젝트의 종류에 따라 각 환경영향평가의 대상이 되는 조건이 구체적으로 기재되어 있다. 위 부록에는 '건설프로젝트', '건축자재 생산 프로젝트', '교통 프로젝트', '전자공학, 방사능, 에너지 프로젝트', '관개, 삼림개발, 농업 프로젝트', '광물 조사, 채굴, 처리 프로젝트', '석유 및 가스 프로젝트', '쓰레기 처리 및 재활용 프로젝트', '공학, 야금 프로젝트', '목재 가공, 유리 및 도자기 생산 프로젝트', '식품 가공 및 생산 프로젝트', 농산물 가공 프로젝트', '가축 사육 및 사료 가공 프로젝트', '비료 및 식물 보호 제품 생산 프로젝트', 화학 물질, 플라스틱, 제약품 및 화장품 프로젝트', '종이 및 사무용품 제작 프로젝트', '직물, 염색, 의복 프로젝트', '기타 프로젝트'로 전체 18개 프로젝트를 규정하고, 각 프로젝트 별로 총 113개의 세부 프로젝트를 정하여 해당 프로젝트마다 환경영향평가가 필요한 프로젝트의 목록을 정하고 있다.

각 프로젝트의 적용 조건은 대체로 생산 용량을 기준으로 하는데, 이를테면 "화학물질 공장 건설 프로젝트"의 경우 "연간 생산 제품 100톤 이상"인 경우, "식품 가공 시설 건설 프로젝트"의 경우 "연간 생산 제품 500톤 이상", "그 외 목록에 포함되지 않은 프로젝트"의 경우 "매일 500제곱미터 이상의 공업 폐수 혹은 시간당 20만제곱미터 이상의 배기가스, 혹은 매일 5톤 이상의 고체 폐기물을 배출하는 경우"에 환경영향평가의 대상이 되는 식이다.

다만, 프로젝트에 따라 시설의 면적 등을 기준으로 하거나(목제 공장 건설 프로젝트, 가축 사육 농장 건설 프로젝트 등), 혹은 조건 없이 모든 프로젝트가 환경영향평가의 대상이 되는 경우도 있다(폭약 공장 건설 프로젝트, 선박 해체 및 청소시설 건설 프로젝트 등).

### 3.2.2. 환경영향평가의 시행 방식

환경보호법 및 동 시행령에 따르면, 환경영향평가는 a) 환경영향평가 작성 기관의 심문 및 보고서 작성, b) 환경영향평가 보고서 심의, c) 환경영향평가 보고서 재결, d) 사후 조치 이행 단계로 구분된다.

a) 환경영향평가 작성 기관의 심문 및 보고서 작성
환경영향평가를 시행하여야 하는 주체는 각 프로젝트의 소유자(시행자)이다. 각 프로젝트의 소유자는 직접 또는 전문 기관에 위임하여 환경영향평가를 시행하여야 하며, 위 작성 및 심의에 소요되는 비용은 프로젝트의 투자자본금으로 조달하여야 한다.[1] 또한 환경

---

1) 환경보호법 제19조

영향평가의 실시 주체는 전문 자격증 및 학력을 보유한 인력과 검사 장비를 보유하고 있어야 한다.[2] 실무상으로는 최초 투자 단계에서 투자자가 이와 같은 인력과 장비를 갖추기는 어려우므로, 별도 환경영향평가 전문 기관과 용역계약을 체결하거나 혹은 건설 프로젝트의 경우 시공사와 체결하는 도급 계약 상에 위 용역에 관한 내용을 포함하고 시공사가 별도 전문기관과 하도급 용역계약을 체결하는 방식을 주로 택한다.

관련 법령은 일부 예외를 제외하고 환경영향평가의 작성 과정에서의 탐문 절차(tham vấn)를 필수적으로 거치도록 규정하고 있다.[3] 위 탐문 절차는 크게 지역 인민위원회 등 조직에 대한 서면 의견 조회 절차[4]와 주민공동체 회의를 통한 공동체 의견 조회 절차[5]로 나뉘어지는데, 환경영향평가의 시행자는 위 과정에서 지역 인민위원회 및 조직, 주민공동체의 의견 및 건의를 수령하고 이를 연구하여야 하며, 탐문의 결과를 환경영향평가 보고서에 충실히 기재하여야 한다.

시행기관의 조사 및 연구, 탐문을 거쳐 완료된 환경영향평가 보고서에는 아래와 같은 내용이 필수적으로 포함되어야 한다.

[환경영향평가 보고서의 내용]
1. 프로젝트의 경위, 소유자, 프로젝트 승인 관할기관; 환경영향평가의 방법
2. 환경에 악영향을 미칠 수 있는 프로젝트 시행 방법의 선정, 시행 활동에 대한 평가

---

2) 환경보호법 시행령 제13조
3) 환경보호법 제21조
4) 의견 조회의 대상이 되는 지역 인민위원회는 프로젝트를 시행하는 지역의 가장 하급 단위인 사(commune, xã), 방(ward, phường), 시진(town, thị trấn)의 인민위원회가 해당된다. 각 인민위원회는 의견 조회 서면을 받은 후, 이에 대한 의견이 있을 경우 15영업일 이내에 회신을 하여야 한다.
5) 주민공동체 회의는 프로젝트 소유자 및 지역 인민위원회가 공동 주재하고 지역 조국전선위원회 및 각 사회경제 조직이 소집한 각 시민조직이 대표자가 참석하는 회의의 형태로 진행되어야 하며, 회의 과정에서의 각 대표의 의견은 의사록에 명확히 기재되어야 한다(환경보호법 시행령 제12조제6항).

3. 프로젝트를 시행하는 지역 및 인접 지역의 자연환경 및 사회경제적 상황에 대한 평가; 프로젝트 시행 지역의 적정성에 대한 검토

4. 프로젝트의 시행에 따라 발생하는 폐기물의 영향에 대한 예측 및 평가; 사업이 환경과 공동체 보건에 미치는 영향에 대한 예측 및 평가

5. 프로젝트가 환경과 공동체 보건에 대하여 미치는 위험을 관리하기 위한 조치의 평가 및 예측, 측정

6. 폐기물 처리 방법

7. 프로젝트가 환경 및 공동체 보건에 미치는 영향을 최소화하기 위한 조치

8. 탐문 결과

9. 환경 관리 및 감독 프로그램

10. 환경보호시설의 건설 및 환경 영향 최소화를 위한 조치에 필요한 예상 경비

11. 각종 환경보호조치를 시행하기 위한 이행조직 방안


b) 환경영향평가 보고서의 심의

프로젝트 소유자는 완성된 환경영향평가 보고서에 대한 심의를 각 심의기관에 신청하여야 한다. 심의 신청 시에는 신청서, 환경영향평가 보고서 외에 타당성 조사보고서 또는 프로젝트 투자계획 보고서, 기타 이와 동등한 서류를 함께 제출하여야 한다.

보고서에 대한 심의기관은 통상 성급 인민위원회 내 심의위원회이다. 이 경우 다만, 성급 인민위원회는 각 관할지역 내 공단관리위원회가 일정한 요건을 갖춘 경우[6] 자원환경부의 승인 의견을 받아 환경영향평가 보고서의 심의를 위임할 수 있다.[7] 다만, 환경보호법

---

6) 공단관리위원회 내 환경관리사무소를 별도 설립하고, 5인 이상의 환경 전문가를 채용하여 관련 편제를 갖추었으며, 폐수처리장 및 환경보호 등 기반시설 건설이 완료되어 관련 환경영향평가의 재결을 받은 경우

7) 환경보호법 시행규칙 제11조

시행령 부록 3에서 규정하는 프로젝트의 경우[8]에는 자원환경부 내 심의위원회가 심의를 담당하며, 그 외 국방부, 공안부를 포함한 중앙부처 및 각 부처급 기관 내 심의위원회 또한 자신의 관할에 속하는 프로젝트에 관한 환경영향평가 보고서의 심의를 담당한다.

법령상 심의기간은 자원환경부 심의 사안의 경우 적합한 서류를 수령한 날로부터 45영업일, 그 외 사안의 경우 30영업일이다. 그러나, 심의기관의 요구에 따른 환경영향평가보고서의 수정을 위하여 소요되는 기한은 이에 포함되지 않는다. 또한, 만약 심의 신청 서류에 절차 및 형식상 하자가 있을 경우에는 서류 수령일로부터 5영업일 내에 신청인에 관련된 회신을 하여야 한다.

c) 환경영향평가 보고서의 재결

심의위원회의 심의가 완료되면 프로젝트의 소유자는 심의위원회의 심의 의견에 따른 수정, 보완을 완료한 후 이를 재결기관에 송부하여 재결 신청을 하여야 한다. 재결기관은 심의기관과 마찬가지로 성급 인민위원회, 자원환경부, 각 부처 또는 부처급 기관, 공단관리위원회의 장이다.

재결기관은 관련 서류를 수령한 날로부터 20영업일 이내에 재결 결정을 내리거나, 혹은 재결을 거부하는 경우 10영업일 이내에 거부 이유를 기재하여 회신하여야 한다. 재결이 이루어진 후 각 기관은 관련 유관기관(자원환경부, 성급 인민위원회, 지역 인민위원회, 공단관리위원회 등)에 이를 송부하여야 한다.

---

8) 국회, 정부, 총리의 의결이 필요한 프로젝트 또는 일정한 규모 이상의 국립공원의 토지를 사용하는 프로젝트, 원자력 발전소 등 대규모 발전소 건설 프로젝트, 대규모 간척 프로젝트, 대규모 석유 정제소 건설 프로젝트, 대규모 석유/가스 개발 프로젝트, 일정 면적 이상의 산업단지 등 기반시설 건설 프로젝트, 일정 규모 이상의 폐기물 재활용, 병원 건설, 하수 처리시설 프로젝트, 두 개 이상의 성에 위치하여 성급 인민위원회의 관할이 확정되지 않는 프로젝트 등

법적으로 환경영향평가보고서의 재결은 투자의향 및 광산 탐사 채굴허가, 석유 및 가스 탐사 채굴 허가, 건설허가, 기타 프로젝트의 투자허가의 근거가 된다.[9), 10)]

### d) 사후조치 - 환경보호시설 준공 등

환경영향평가 재결이 완료되면 이로써 환경영향평가 절차는 종료되고 프로젝트 소유자는 생산시설 건설 등 해당 프로젝트를 본격적으로 시작할 수 있다.

다만, 프로젝트 소유자는(당연하게도) 환경영향평가 보고서에 기재되거나 재결 과정에서 추가된 환경보호조치를 수행할 의무를 부담한다. 프로젝트 소유자가 이를 이행하지 않을 경우에는 그 불이행 정도에 따라 벌금 등의 처벌을 받을 수 있으며, 나아가 향후 프로젝트의 인허가 변경 과정 등에서도 해당 내용이 적발될 경우 인허가 등에서 문제가 생길 소지가 있다.

또한, 법령으로 정하는 일부 프로젝트의 경우,[11)] 프로젝트 소유자는 환경영향평가 재결 후 프로젝트의 본격적인 가동 이전에 재결 등에서 정한 환경보호시설을 준공 완료한 후 이를 재결기관에 보고하고 그에 대한 확인서를 수령하여야 한다.[12)] 소유자의 신청이

---

9) 환경보호법 제25조 제2항

10) 이와 같은 환경보호법 상의 기재에 따르면, 채굴허가, 건설허가 외에도 정부 및 성급인민위원회의 투자의향, 일반 프로젝트의 투자허가의 발급 전에도 그 근거서류로 환경영향평가에 대한 재결서가 필요한 것으로 해석된다. 그러나, 한편으로 투자법 제33조 내지 제37조에서는 투자의향 및 투자허가 신청을 위한 필요 서류로 환경영향평가 재결을 요구하지 않고 있다. 결국 이에 관하여는 투자법과 환경보호법 양 법률이 서로 충돌하고 있는 상태이다. 현재 실무적으로는(관할기관마다 차이가 있을 수 있으나) 통상 일반적인 프로젝트의 투자허가 시에는 환경영향평가를 요구하지 않고, 정부 또는 성급인민위원회 등의 투자의향 승인이 필요한 프로젝트의 경우 투자허가 담당 부서가 투자허가 발급 전 자원환경국 등 환경보호 관련부서에 환경에 관한 내부 의견을 조회하고 특별한 의견이 없으면 투자허가가 발급되며, 환경영향평가는 투자허가서 발급 이후 진행되고 있는 것으로 보인다.

11) 환경보호법 시행령 부록 2의 각 목록 중 (4)항에, 관련 보고 의무를 지는 대상 프로젝트 여부가 기재되어 있다.

12) 그 외 폐기물 처리시설의 경우에는 시운전에 관한 규정이, 저수지 프로젝트의 경우 사전 청소에 관한 내용이 별도로 규정되어 있다(환경보호법 시행령 제16조).

있는 경우 재결기관은 조사단을 구성하여 해당 내용을 조사한 후 15영업일 또는 30영업일 이내에 확인서를 발급하여 주거나, 혹은 이유를 제시한 서면과 함께 이를 거부하는 통지를 하여야 한다.[13]

### 3.2.3. 환경영향평가 절차를 다시 진행하여야 하는 경우

일단 환경영향평가 재결이 완료되었다고 하더라도, 재결이 승인된 후 24개월 내에 프로젝트의 시행이 이루어지지 않았거나, 평가의 대상이 되는 프로젝트의 위치가 변경되었거나, 혹은 프로젝트의 규모, 용량, 기술 측면에서 환경에 악영향을 미치는 변경이 이루어졌을 경우에는 환경영향평가 절차를 다시 진행하여야 한다.

이 중 환경에 악영향을 미치는 변경으로서 환경영향평가 절차의 재진행이 요구되는 구체적인 경우가 어떤 것인지가 문제되는데, 이에 관하여 환경보호법 시행령 제15조제1항은 아래 3가지 경우를 규정하고 있다.

- 프로젝트 규모와 용량의 변경이 시행령 부록2에 기재된 '환경영향평가의 대상이 되는 프로젝트'의 조건과 동등한 수준에 해당하는 경우
- 프로젝트 규모, 용량, 기술 또는 기타 사항의 변경으로 인하여 기존에 환경영향평가 재결에서 정한 환경보호시설이 해결할 수 없는 새로운 환경 문제가 발생하는 경우
- 프로젝트 소유자가 요청하는 경우

---

13) 예를 들어, 동나이성 내 공단에 염색공장을 건설하는 프로젝트를 시행하는 경우, 투자자는 공단관리위원회 (성급 인민위원회의 관련 권한 위임이 있는 경우)로부터 환경영향평가에 대한 재결을 받은 후, 건설허가를 받아 공사를 시행하고, 공사가 완료되어 공장이 정식 가동되기 이전에 환경영향평가 재결승인 당시 지정되었던 시설의 건축완료 사실을 재결기관인 공단관리위원회에 보고하여 그 확인서를 받아야 하는 것이다.

위 사항에 해당하는 프로젝트의 변경이 있는 경우, 프로젝트 소유자는 이에 따라 환경영향평가보고서를 재작성하여 동일한 심의, 재결 절차를 거친 후에야 변경된 프로젝트를 시행할 수 있다.

그러나, 실제로 위와 같은 법령의 정의만으로는 구체적으로 어느 정도 범위까지의 프로젝트 변경에 환경영향평가 절차의 재진행이 요구되는지가 여전히 명확하지 않다. 다만, 환경보호법 제26조제2항에서는 프로젝트의 변경 내용이 환경영향평가 절차 재진행을 요구할 만큼 크지 않은 경우에도 프로젝트 소유자가 이에 관하여 재결기관에 설명한 후 절차 재진행이 불필요하다는 확인을 얻어야 프로젝트를 시행할 수 있다고 정하고 있으므로, 결국 투자자로서는 프로젝트의 변경이 있을 경우, 그 변경 규모와 상관 없이 해당 변경 내역에 관한 재결기관의 최소한의 확인 절차를 거쳐야 한다.

## 3.3. 환경보호계획

환경보호계획은 원칙적으로 환경영향평가가 요구되지 않는 소규모의 프로젝트를 대상으로 하는 환경영향평가의 간이 절차로 여겨진다. 구법(2005년 환경보호법)상으로는 이를 '환경보호서약서'로 표현하였는데, 구법과 비교하여 볼 때 표현상의 차이만 있을 뿐 그 구체적인 내용은 크게 변경된 바가 없다.

### 3.3.1. 환경보호계획의 시행 대상

환경보호법에 따른 환경보호계획의 시행 대상은 '환경영향평가 시행대상에 속하지 않는 투자 프로젝트 중 환경보호계획 등록 면제 대상[14]이 아닌 프로젝트'와 '투자법령에

14) 이에 관하여는 환경보호법 시행령 부록4에 기재되어 있다.

따른 투자 프로젝트 대상에 속하지 않는 생산, 경영, 서비스 사업'[15])이다.

### 3.3.2. 환경보호계획의 수립 및 보고 방식

a) 환경보호계획의 수립 주체, 관할기관, 절차

프로젝트 소유자가 프로젝트의 투자를 시작하거나, 투자 프로젝트 대상에 속하지 않는 사업주체가 경영활동을 시행하기 전에, 위 소유자 등은 우선 환경보호계획을 작성하여 관할기관에 송부하고 확인을 받아야 한다. 관할기관은 계획을 수령한 후 10일 이내에 이를 확인하거나 이유를 명시하여 확인을 거부하는 통지를 하여야 한다.

2개 현 이상 지역에 걸친 프로젝트, 폐기물이 관할 성 내에서 처리되는 해양 프로젝트, 기타 자원환경부에서 정하는 프로젝트의 경우에는 성급 인민위원회가 환경보호계획 확인의 관할기관이 되나,[16]) 그 외 프로젝트의 경우에는 현급 인민위원회가 관할기관이 된다.

다만, 현급 인민위원회는 사(commune, xã)급 이하의 지역의 가구 규모 프로젝트에 한하여 확인 권한을 사급 인민위원회 등 하급 인민위원회에 위임할 수 있으며, 성급 인민위원회와 현급인민위원회는 또한 공단 내 프로젝트에 한하여 확인 권한을 공단관리위원회에 위임할 수 있다.

b) 환경보호계획의 내용

환경보호계획에는 아래 내용이 포함되어야 한다.

1. 프로젝트 등의 시행 장소
2. 생산, 경영, 서비스의 유형, 규모, 기술

---

15) 내국인의 사업, 일부 BCC 계약과 같이 투자허가가 불필요한 경우를 의미하는 것으로 해석된다.

16) 환경보호법 제32조제1항

3. 필요한 원재료 및 연료

4. 환경에 영향을 미치는 폐기물 및 다른 물질에 대한 예측

5. 폐기물 처리 및 환경 오염 저감 조치

6. 환경보호조치의 시행 방안


c) 환경보호계획의 재작성 의무 등

프로젝트 장소 등이 변경되거나, 환경보호계획 확인일로부터 24개월 동안 투자 및 경영활동 등을 시작하지 않은 경우에는 환경보호계획을 재작성하여 확인 절차를 다시 받아야 한다.


또한 프로젝트 내용의 변경으로 해당 프로젝트 등이 환경영향평가 대상에 해당하게 될 경우에는 프로젝트 소유자 등은 이에 따른 환경영향평가 절차를 밟아야 한다.


## 3.4. 환경영향평가 및 환경보호계획의 대상에서 제외되는 경우


환경영향평가 작성 및 환경보호계획 등록 면제 대상인 프로젝트는 시행령 부록4에 기재되어 있는데, 그 목록은 아래와 같다.


[환경영향평가 및 환경보호계획 면제 대상]

1. 인적자원 양성; 컨설팅 자문; 기술 이전; 직업 훈련; 기술 및 경영 교육; 정보 공급; 마케팅; 투자 및 경영 프로모션

2. 텔레비전 프로그램 제작/발표/배급, 영화 및 비디오 프로그램 제작, 텔레비전 운영; 녹음 및 음반 제작

3. 고정 사업장이 없는 상업활동

4. 상업활동, 생산품 및 소비재/가정용품 판매

5. 식당 면적 200제곱미터 이하의 요식업

6. 개인 혹은 가정 규모의 가정용품 수리 및 정비 서비스

7. 복사, 인터넷, 비디오 게임 서비스

8. 50제곱미터 이하의 가축 사육 농장; 5,000제곱미터 이하 수면 면적의 수산 양식장

9. 개인 혹은 가정 규모의 농업, 가축업, 임업

10. 1헥타르 이하 규모의 식물종 시험 경작

11. 개인 및 가구를 위한 주택 건설

12. 면적 500제곱미터 이하의 사무실, 호텔, 게스트하우스, 관광 숙박시설 건설

## 3.5. 환경영향평가 등 제도 위반에 관한 처벌

환경영향평가를 포함한 환경보호법상 각 규정을 위반하는 행위에 대한 처벌은 2016년 개정된 관련 시행령(Decree No. 155/2016/ND-CP)에 규정되어 있다. 개정된 시행령에 따른 주요 위반행위의 처벌 수준은 아래와 같다.

- 환경영향평가 보고서를 작성하지 않고 프로젝트를 시행한 경우: 1억 5,000만 동 내지 2억 5,000만 동의 벌금, 6~12개월의 프로젝트 정지
- 환경영향평가 보고서의 재작성 의무를 이행하지 않은 경우: 1억 6,000만 동 내지 2억 동의 벌금, 3~6개월의 프로젝트 정지
- 프로젝트 가동을 위한 환경보호시설의 준공확인서를 규정에 따라 취득하지 않은 경우: 1억 4,000만 동 내지 1억 8,000만 동의 벌금, 3~6개월의 프로젝트 정지
- 프로젝트 가동을 위한 환경보호시설을 시공하지 않은 경우: 1억 2,000만 동 내지 1억 6,000만 동의 벌금, 3~6개월의 프로젝트 정지
- 환경영향평가서 및 재결서, 환경보호시설 준공확인서에서 정한 조치를 이행하지 않은 경우: 4,000만 동 내지 6,000만 동의 벌금
- 환경보호계획을 수립하지 않은 경우: 200만 동 내지 5,000만 동의 벌금

# 4. 결론

위에서 본 바와 같이, 베트남 정부는 투자활동의 결과물로 필연적으로 나타날 수밖에 없는 환경오염을 방지하기 위하여 환경영향평가 제도를 지속적으로 발전시켜 왔으며, 그 결과 2014년 개정된 환경보호법하에서 나름의 완결성 있는 환경영향평가 제도를 수립할 수 있었다.

다만, 실무상으로는 환경영향평가의 수립 단계에서의 전문성 부족, 느슨한 처벌 규정, 그리고 무엇보다 환경영향평가 이후 투자 주체의 환경보호조치 불이행이 고질적인 문제점으로 꼽히고 있었다. 이에 개정 환경보호법은 각 위반행위에 대한 처벌 수위를 높임과 동시에, 24개월 이상 투자가 지연되는 등의 경우 환경영향평가 보고서의 재작성 의무를 새로 정하고 일정한 경우 투자 주체에게 환경보호조치의 사후 보고의무를 부과하는 등 환경보호조치가 실효적으로 강제될 수 있도록 하는 데에 중점을 두고 있다. 나아가 최근에는 환경영향평가 제도를 위반할 경우 투자 주체의 책임자를 형사처벌 할 수 있도록 하여야 한다는 의견 또한 다수 제기되고 있는 상황이다.

많은 경우, 베트남 내 투자자들은 최초 건설허가 등 투자 시작 시점에서 환경영향평가가 필요하다는 점을 인지할 뿐, 일단 환경영향평가 재결이 이루어지고 이에 따라 투자 프로젝트가 진행된 이후에는 그 사후 절차에 대하여 특별히 신경 쓰지 않아 온 것이 사실이다. 그러나, 투자 프로젝트의 내용(생산용량, 생산품목)이 변경되어 환경영향평가의 재작성이 필요한 경우, 또는 환경영향평가 재결에 따른 사후 조치의 이행이 필요한 경우 등, 일단 환경영향평가 재결이 완료된 후에도 관련 제도의 준수 및 점검이 필요한 경우는 계속 발생할 수 있으며, 이와 같은 환경법제 상 환경영향평가와 관련되는 의무를 이행하지 않을 경우, 투자 프로젝트의 소유 주체인 회사는 벌금 및 영업정지의 처벌을 받을 수 있을 뿐더러, 프로젝트 양도 등 향후 인허가 과정에서 관련 내용이 문제가 되는 등 생각지 못한 피해를 입을 가능성이 크다는 점을 유의할 필요가 있다.

# VIETNAM ECONOMIC REPORT

# 18

베트남 경제 리포트

# 베트남
# 특허법

# | 제18장 | 베트남 특허법

법무법인 ROUSE / 이윤영 변호사 |
ylee@rouse.com |

## | 제1절 | 개관

## 1. 개념정의, 보호의 종류 및 기간

### 1.1. 개념정의

발명(invention) 또는 실용신안(utility solution)은 자연법칙의 적용으로 문제를 해결하고자 물건(product) 또는 방법(process)의 형식으로 창작된 기술적 사상을 의미한다.[1] 기술적 사상이란 다음 중 하나의 형식일 수 있다:[2]

i) 만져지는 물체 형식의 물건으로, 예를 들면, 도구, 기계, 장비, 부품, 전기 회로 등으로 이들의 배열 형태나 기능의 기술적 특성으로 특징 지어진다; 또는

ii) 물질 형식의 물건(단일 합성물, 합성물과 물질의 혼합물 포함)으로, 예를 들면 재료, 구성 성분, 음식, 제약 등 이들의 존재, 구성요소의 비율이나 상태, 그리고 기능과 같은 기술적 특성으로 특징 지어진다; 또는

---

[1] 2005년에 시행되고 2009년도에 개정된 지식재산권법("지식재산권법") 4.12조

[2] 2016년 6월 30일에 시행규칙 시행규칙 16/2016/TT-BKHCN에 의해 개정된 시행규칙 01/2007/BKHCN("시행규칙 01")의 25.3 항목

iii) 생물학적 소재 형식의 물건으로, 예를 들면, 유전자, 유전자 조작 식물/동물로 인간의 조작으로 변경된 유전자 정보나 자기 재생산이 가능한 기술적 특성으로 특징 지어진다; 또는

iv) 방법(기술적 과정 및 진단, 예측, 시험, 가공 방법 등)으로 방법을 실행하는 방식들을 결정하는 일련의 정보로 대표된다. 예를 들면, 명령, 조건, 결합된 구성요소, 해결책, 특정 목적을 달성하기 위한 조작을 시행하는 수단 등이 있다.

## 1.2. 보호의 종류 및 보호기간과 특허자격요건

특허에는 두 종류가 있는데, 발명과 실용신안이 그것이다.[3]

▶ **발명 특허:** 신규성(novelty), 진보성(inventive step), 산업상 이용가능성(industrial applicability)의 요건을 충족해야 하며, 보호기간은 출원일로부터 20년이다.

▶ **실용신안 특허(실용신안 또는 소특허라 불리기도 한다):** 일반적인 지식(common knowledge)은 안되며, 신규성과 산업상 이용가능성이 요구된다. 실용신안은 모든 기술영역을 포함하며 발명과 같이 물건과 방법 모두 해당된다. 실용신안 특허의 보호기간은 출원일로부터 10년이다.

• 신규성: 발명과 실용신안은 출원일 또는 우선일 전에 베트남 내 또는 외에서 사용, 문서, 또는 다른 어떤 형식에 의해 대중에게 알려져 있지 않다면 신규성이 있다고 간주된다.

---

3) 지식재산권법 58조와 93조

- 진보성: 발명은 출원일 또는 우선일 전에 사용, 문서, 또는 다른 형식에 의해 이미 공개된 기술적 해결책에 근거하여 진보적 과정을 구성하고 해당 기술 분야에서 보통의 기술을 가진 사람에 의해 쉽게 창작될 수 없다면 진보성이 있다고 간주된다.
- 산업상 이용가능성: 발명과 실용신안은 만일 발명과 실용신안의 대상이 되는 물건의 대량생산 또는 방법의 반복적 적용이 가능하고 이를 통해 안정적인 결과를 창출할 수 있다면 산업상 이용가능성이 있다고 간주된다.
- 아직까지는 일반적인 지식이 무엇인지에 대한 정의 또는 지침이 없다.

## ▶ 신규성 유예기간(신규성 상실에 대한 예외조항)

발명과 실용신안은 만일 공개일로부터 6개월 이내에 특허출원이 이루어졌다면, 다음과 같은 경우에 대중에게 공개되었다 하더라도 신규성이 결핍되었다고 간주되어서는 안 된다.[4]

- 발명과 실용신안이 출원 자격을 갖춘 사람의 허가 없이 공개되었을 경우;
- 발명과 실용신안이 출원 자격을 갖춘 사람에 의해 과학적 발표의 형식으로 공개되었을 경우; 또는
- 발명과 실용신안이 출원 자격을 갖춘 사람에 의해 인지도가 높은 베트남의 국내 또는 국제 박람회에 전시되었을 경우

신규성 유예기간의 혜택을 누리기 위해서는 출원인은 예외조항에 해당된다는 것을 증명하는 문서를 출원서와 심사기간 동안 제출된 보충 문서들과 함께 제출하여야 한다.[5]

특허의 유효성을 유지하기 위해서는 연차료(annuities)를 지불해야만 한다.

---

4) 지식재산권법 60.3조
5) 시행규칙 01의 25.5.dd 항목

### 1.3. 특허 존속기간 연장: 없음

### 1.4. 실효된 특허의 복구: 없음

## 2. 선출원주의 원칙(First-to-file principle) - 이중특허(double patenting)

베트남은 '선출원주의'를 채택하고 있다.[6] 그에 따라, 베트남에서는 이중특허가 적용된다. 구체적으로, 만일 동일하거나 비슷한 발명에 대해 여러 개의 출원이 이루어 졌다면 오직 하나의 특허만 허여 될 것이다. 더 빠른 우선일 또는 출원일을 가진 출원에 대해 특허가 허여 될 것이다. 더 빠른 우선일 또는 출원일을 가진 출원은 선행기술(prior art)의 일부가 아니어도 선출원주의 원칙에 의거하여 나중 출원일 또는 우선일을 가진 특허의 허여를 막을 수 있다.

베트남 지식재산권 관청("IP Vietnam")이 발간한 "동일한 발명(identical inventions)"에 대한 지침이 있다.[7] 하지만 "유사한 발명(equivalent inventions)"에 대한 지침은 없다. 따라서, 실무에서 이중특허는 지식재산권 관청 심사관들 사이에서 일관성이 없다고 여겨진다. 사실 베트남 지식재산권 관청이 동일한 마쿠쉬 그룹(Markush group)에 속한 화합물에 대해 일반적 범위의 다른 특허로 이미 보호받고 있는 화합물과 직결되어 있는 청구항을 포함한 출원에 근거하여 이중특허를 문제 삼아 출원을 거절한 경우들이 있다.

---

6) 지식재산권법 90조와 시행규칙 01의 25.7 항목
7) 2010년 3월 31일 베트남 지식재산권 관청에 의해 발행된 특허출원 심사에 관한 지침("특허심사지침") 24조.
이 지침은 법적 강제성이 있는 문서는 아니지만, 심사관들이 따라야 한 구체적인 지침과 예를 제공하고 있다.

# 3. 특허 불가 및 금지 대상

다음의 대상들은 특허를 받을 수 없다:[8]

- 발견, 과학 이론, 수학 공식;
- 정신적 활동의 수행, 애완동물의 훈련, 게임의 수행, 사업의 수행을 위한 방법, 계획, 원칙
- 컴퓨터 프로그램;
- 정보를 제공하는 방식;
- 심미적 특징의 해결책;
- 식물 변종, 동물 변종;
- 미생물학적 방법 이외에 식물과 동물의 생산을 위해 필수적인 생물학적 특성의 과정;
- 인간과 동물의 질병 예방, 진단 및 치료 방법

또한, 사회적 도덕성과 공공질서에 반하거나 국가 안보에 해를 미치는 대상은 특허가 금지된다.[9]


# 4. 해외 출원 라이선스(license) – 비밀 발명(secret inventions)[10]

베트남 지식재산권 관청은 해외 출원 라이센스를 발행하지 않는다. 하지만 (1) 베트남 기관이나 개인이 창작한 발명과 실용신안, 또는 (2) 베트남 영토에서 창작된 발명과 실용신안의 경우, 만일 소유권자가 베트남에서 특허 출원을 할 계획이라면 해외에 출원을

---

8) 지식재산권법 59조

9) 지식재산권법 8조

10) 지식재산권법 7조, 산업재산권 관련한 지식재산권법 시행에 대한 상세사항과 지침을 제공하는 시행령 103/2006/CP ("시행령 103")를 개정하고 보충한 시행령 122/2010/ND-CP("시행령 122")의 23.a, 23.b and 23.c조

하기 전에 반드시 베트남에서 먼저 출원하도록 요구하고 있다. 베트남에서 특허를 출원하고 6개월 이내에 베트남 지식재산권 관청은 다른 관계 당국과 협력하여 해당 발명과 실용신안이 "비밀 발명"의 범주에 속하는지 확인할 것이다. 만일, 해당 발명과 실용신안이 비밀 발명으로 결정이 되면, 베트남 지식재산권 관청은 출원인에게 해당 사실을 통지하고 해당 발명과 실용신안은 국가의 비밀(state secret)을 보호하기 위한 규정에 따라 처리가 될 것이다. 다시 말해, 이러한 발명과 실용신안은 관계 당국의 허가를 받은 후에 비밀 발명 보호에 대한 규정을 가진 해외에서만 출원이 될 수 있다. 출원일로부터 6개월 후에 만일 발명과 실용신안이 비밀 발명으로 분류되지 않는다면, 베트남 지식재산권 관청은 어떠한 공지도 하지 않을 것이고 출원인은 자유롭게 발명과 실용신안을 해외에 출원할 수 있다.

이에 따라, 만일 베트남 영토에서 창작된, 또는 베트남 기관이나 개인에 의해 창작된 발명이나 실용신안이 베트남에서 먼저 출원이 되지 않는다면, 추후 해당 발명과 실용신안을 베트남에서 특허 출원하는 것은 불가능하다. 게다가 발명과 실용신안이 비밀 발명으로 분류되어 관계 당국으로부터 이와 같은 통지를 받은 경우, 관계 당국의 허가 없이는 발명이나 실용신안을 해외에서 특허 출원하는 것은 불가능하다.[11] 위반 시 행정제재 또는 형사 처벌에 처할 수 있다.[12]

현재까지, 비밀 발명에 대한 더 자세한 규정은 나와 있지 않다. 실무상으로는 아직까지 이 문제에 관한 선례가 없다.

---

11) 시행령 122의 23(b)(2)(b), 23(b)(1)과 23(c)(2)조
12) 2000년 12월 28일 국가비밀보호에 관해 국회 상임위원회에 의해 발행된 조례 30/2000/PL-UBTVQH10("조례 30")의 16조와 20조, 그리고 조례 30의 시행에 관한 지침을 제공하는 시행령33/2002/ND-CP의 12조와 29조

# 5. 출원자격을 갖춘 자[13]

다음의 기관과 개인은 발명과 실용신안의 특허를 출원할 수 있는 권리를 가진다.
• 자신의 노력과 비용으로 발명과 실용신안을 창조한 발명인;
• 관련인들이 다르게 합의하지 않은 이상, 업무 분장 또는 고용의 형태로 발명인에게 자금이나 중요한 시설을 제공한 기관이나 개인; 또는
• 발명이나 실용신안이 국가에 의한 전액 자금지원 및 기술적 투자에 의해 창조되었을 경우 이러한 발명의 등록권은 국가에 귀속

만일, 한 개 이상의 기관이나 한 명 이상의 개인이 공동으로 발명과 실용신안, 산업 디자인 및 레이아웃 디자인의 창조에 참여하였거나 투자하였다면, 이러한 기관과 개인은 모두의 동의에 의해서만 행사될 수 있는 등록권을 가지게 된다.

등록권은 출원 전/후 양도계약, 기증, 또는 유산에 의해 양도될 수 있다.

▶ **산업재산권 확보를 위한 출원등록 방법**

베트남 기관과 개인, 그리고 베트남에 영구적으로 거주하는 외국인과 베트남에 생산시설과 사업체를 가지고 있는 외국 기관과 개인은 직접 또는 베트남에 있는 그들의 법적 대리인을 통해 산업재산권의 획득을 위한 등록 신청을 할 수 있다.

베트남에 영구적으로 거주하지 않는 외국인이나, 베트남에 생산시설이나 사업체를 가지고 있지 않은 외국 기관이나 개인은 반드시 베트남에 있는 그들의 법적 대리인을 통해서만 산업재산권의 획득을 위한 등록 신청을 해야 한다.

---

13) 지식재산권법 86조와 89조, 시행령 103의 9조

# | 제2절 | 특허 출원/등록 신청 및 심사 절차

베트남은 파리협약("Paris Convention")과 특허협력조약("Patent Cooperation Treaty"로 약칭하여 "PCT") 모두에 가입되어 있다. 베트남에서 PCT Chapter I과 II에 의거하여 베트남 국내단계에 진입하는 PCT 출원의 기한은 31개월이며 파리협약 출원의 경우 12개월이다. 양 루트를 통한 출원의 경우 유예기간은 적용되지 않는다.

# 1. 특허 출원

### 1.1. PCT 출원 요건

다음의 문서와 정보를 출원일에 제출하는 것이 요구된다:

- PCT 출원 명세서(specification)의 베트남어 번역본
- PCT 19조 또는 34조에 의거한 보정(amendment)의 베트남어 번역본

만일, 국내단계에 진입하는 날이 PCT 출원의 공개일보다 빠른 경우, PCT 출원의 사본이 동봉되어야 한다. 이 경우, 다음의 정보 역시 요구된다: 국제특허분류("International Patent Classification"로 약칭하여 "IPC")에 따른 발명과 실용신안의 하부 그룹; 출원인의 이름과 주소; 발명인의 이름, 주소, 그리고 국적; 우선일 신청 번호; 우선권 출원일과 출원 국가

다음의 문서는 출원일 이후에 제출이 가능하다:
- 최초의 우선일 또는 우선권이 없을 경우, 국제 출원일로부터 34개월 이내: 출원인이 서명한 위임장 원본. 공증과 영사확인은 요구되지 않는다.
- 최초의 우선일 또는 우선권이 없을 경우, 국제 출원일로부터 34개월 이내: 만일 국제

단계에서 가장 최근의 출원인이 베트남 국내단계에서의 출원인과 다른 경우 당사자가 서명한 권리양도계약 원본(original deed of assignment). 공증과 영사확인은 요구되지 않는다.

- 실체심사 요청 시: 국제예비심사보고서("International Preliminary Examination Report") 부속문서의 베트남 번역본

### 1.2. 국내 출원 요건(파리협약)

다음의 문서와 정보를 출원일에 제출하는 것이 요구된다:

- 명세서의 베트남 번역본;
- 국제특허분류("IPC")에 따른 발명과 실용신안의 하부 그룹;
- 출원인의 이름과 주소;
- 발명인의 이름, 주소, 국적;
- 우선권 신청번호, 우선권 출원일과 출원국가

다음의 문서는 출원일 이후에 제출이 가능하다:

- 출원일로부터 1개월 이내: 출원인이 서명한 위임장 원본. 공증과 영사확인은 요구되지 않는다.
- 출원일로부터 3개월 이내: 각 우선권 출원서의 인증 사본 한 부
- 특정 기한이 없음: 만일 베트남 출원의 출원인과 우선권 출원에서의 출원인이 다른 경우, 권리양도 계약서 원본 또는 인증된 사본. 권리양도계약서는 우선권 출원서의 인증된 복사본과 함께 제출되어야 한다. 우선권이 없는 경우, 베트남 지식재산권 관청은 출원일로부터 1개월 이내에 권리 양도계약서의 제출을 요청할 수 있다. 공증과 영사확인은 요구되지 않는다.

## 1.3. 생명공학과 제약 관련한 발명과 실용신안 출원의 경우 추가적인 요건[14]

### 1.3.1. 생명공학 발명과 실용신안 출원의 추가적인 요건

"생물학적 물질(biological material)"이란 유전정보를 포함하고 있고 자기 재생산이 가능 하거나 생물학 시스템에서 재생산이 가능한 물질을 지칭한다.[15] 생물학적 물질은 유전자, 단백질, 질병의 매개체, 뉴클레오티드 , 미생물, 식물세포, 동물세포 등이 있다.

a. 유전자 염기서열 또는 유전자 염기서열의 일부를 위한 발명의 경우, 명세서는 세계지식재산권기구의 기준인 WIPO 표준 ST.25의 2(ii)에 따른 유전자 염기서열 목록을 포함해야만 한다. 서열 목록은 명세서 마지막 부분에 첨부하여 제출할 수 있다.

베트남 지식재산권 관청은 출원인에게 뉴클레오티드와 아미노산 염기서열 목록을 포함한 전자 정보 저장소(플로피 디스크, 광학 디스크 등)의 제출을 요청할 수 있다.

b. 생물학적 물질과 관련된 발명의(예를 들면, 미생물) 경우, 만일 생물학적 물질이 설명될 수 없거나, 생물공학 분야에 종사하는 일반인이 해당 발명을 실시할 수 있을 정도로 설명될 수 없다면, 해당 발명은 다음의 경우에만 공개요건을 충족한다:

• 설명(description)이 출원인이 얻을 수 있는 생물학적 물질의 특징에 대한 필요한 정보를 충분히 공개한다;
• 생물학적 물질의 샘플이 출원일 이전에 기탁 당국에 기탁이 된다;
• 기탁된 문서의 인증된 사본이 우선일로부터 16개월 이내 또는 출원의 조기공개 요청

14) 시행령 01의 23.8, 23.9 그리고 23.10 항목
15) 특허심사지침 5.7.2.f조

일보다 이전 일자 중 더 빠른 일자 이내에 제출되어야 한다;

• 만일 출원인이 기탁된 생물학적 물질의 신청인과 다른 사람이라면 생물학적 물질의 기탁을 신청한 사람의 이름과 주소가 신청서에 기재되어야 하며, 생물학적 물질의 합법적 사용을 확인해 주는 공인 문서가 우선일로부터 16개월 이내 또는 출원의 조기공개 요청일보다 이전일자 중 더 빠른 날짜 이내에 제출되어야 한다.

해외의 기탁 당국에 기탁된 생물학적 물질 샘플의 경우, 베트남 지식재산권 관청은 만일 청구된 대상의 성질을 명확히 할 필요가 있다고 여겨지거나, 해당 물질에 접근하길 희망하는 제3자의 요구를 맞추기 위해 출원인에게 해당 물질을 베트남에서 기탁 기능을 가지고 있는 국내 지정 당국에 추가적으로 기탁하도록 요청할 수 있다. PCT 출원의 경우, PCT 규정에 따라 국제출원을 위한 샘플 기탁과 서류제출을 해야 한다.

#### ▶ 기탁 당국(Depository authority)

생물학적 물질의 기탁 당국은 베트남 또는 해외에 소재한 과학기술부에 의해 생물학적 물질의 기탁 기능을 가지고 있다고 인정된 지정 기관이다.

특허 절차상 미생물의 기탁을 인정하는 국제조약은 부다페스트 조약("Budapest Treaty")인데, 베트남은 아직 이 조약의 가입국이 아니다. 부다페스트 조약은 특정 생물학적 자원 센터를 국제기탁당국("International Deposit Authorities"으로 약칭하여 "IDAs")으로 지정하고 해당 기관에 특허와 관련된 생물학적 물질의 샘플이 기탁되어 저장될 수 있다. 실무상, 베트남 지식재산권 관청은 이러한 조약에 의거하여 기탁을 처리한다.

### 1.3.2. 제약 발명과 실용신안 출원의 추가적인 요건

설명은 임상실험의 결과와 임상학적 효과에 대한 다음과 같은 정보를 포함해야만 한다:

• 사용된 화합물/혼합물;

• 사용된 실험방법;

- 임상 실험의 결과; 그리고
- 약의 임상실험의 결과와 임상학적 효과 그리고 실제 환자의 진단과 치료에 사용된 결과와의 연관성

# 2. 특허 출원 심사(Patent Prosecution)

## 2.1. 출원 심사 절차

발명과 실용신안의 출원에 대한 심사는 다음의 순서로 처리된다.
- 특허 출원서 접수 - 출원서 방식심사(formality examination) - 유효한 출원서 공개 - 출원서 실체심사(substantive examination) - 특허의 허여(grant) 또는 거절(refusal) - 허여 된 특허의 등록 및 공보(publication)
- 각 절차상 기간은 아래와 같다. 하지만 공개를 제외한 심사 및 등록 결정까지의 시간은 베트남 지식재산권 관청의 과도한 업무량으로 종종 지연된다.

**발명과 실용신안의 출원에 대한 심사 절차**

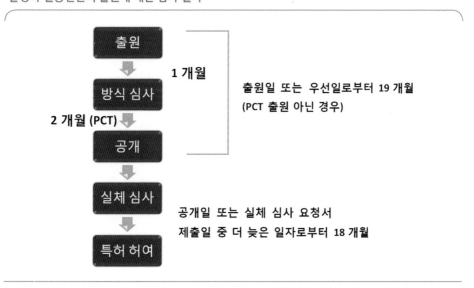

## 2.2. 방식심사(formality examination)

방식심사는 베트남 지식재산권 관청이 출원서를 받은 날로부터 1개월 이내 또는 최초 우선일로부터 32개월째 되는 달의 첫째 날(PCT 출원) 중, 더 늦은 날짜 이내에 이루어진다.

방식심사에서 아무 문제가 없다면, 베트남 지식재산권 관청은 방식심사 수락결정을 내린다. 만일, 방식 심사에서 문제가 있다면, 방식심사 의견제출통지서("Office Action"으로 약칭하여 "OA")를 발급한다. OA에 답변해야 할 기한은 통지서가 발급된 날로부터 2개월이다. 기한 이전에 서면으로 연장 신청을 하고 연장 비용을 내면 추가적인 2개월 연장이 가능하다.

### 2.2.1. 방식심사 거절 원인이 되는 흠결(defects)

- 출원서 요구 서류 관련한 흠결
- 명세서 방식(formality of specification) 관련한 흠결
    a) 발명의 명칭과 요약서; 설명의 방식(formality of description)
    b) 청구항(Claims)
- 발명의 단일성(발명들의 그룹이 하나의 일반적인 진보성을 형성하기에 서로 긴밀히 연결되어 있지 않은 경우)
- 특허 불가/금지 대상 관련한 흠결
- 대상이 지식재산권법에 의해 기술적 사상으로 간주되지 않을 경우(물건 또는 방법이 아닌 경우)
- 잘못 납부한 특허 출원비용 관련한 흠결

## 2.2.2. 의견제출통지서(OA)를 피하기 위한 청구항과 설명의 준비 요령

### a. 설명(Description):

- 설명에서 요구되는 방식은 일본 특허 출원서와 비슷하다. 특히, 설명은 다음과 같은 순서로 구성되어야 한다: 발명의 명칭, 발명의 분야, 발명의 배경, 발명의 목적, 발명의 요약(발명에 의해 해결된 기술적 문제, 발명을 구성하는 기술적 특징, 발명의 효과를 포함), 도면의 간단한 설명(만일 있다면), 발명의 자세한 설명, 예시(만일 있다면), 발명의 효과

- 베트남 지식재산권 관청의 심사관은 설명의 방식에 대한 규정을 항상 엄격하게 적용하는 것은 아니다. 하지만, 구성의 순서에 대해서는 매우 엄격한 편이다. 예를 들어, 방식심사 단계에서 심사관이 구성의 재배열을 요구한 경우가 종종 있다. 따라서, 방식심사에서 OA를 피하기 위해서는 최소한 구성의 순서는 엄격히 규정을 따를 필요가 있다.

- 설명에서의 공개: 일부 심사관은 설명 부분에서 새로운 청구항의 특징을 공개하는 것이 충분하지 않다고 여기지만, 설명 부분에서 새로운 청구항 대상의 이름을 기재할 것을 요구한다. 여기에 기반하여 일부 심사관은 보정된 청구항이 원래 청구항의 범위를 벗어났다고 간주되면 보정 청구항을 거절하기도 한다. 따라서, 출원인은 청구항을 보정할 때 가능한 거절을 피하기 위해 설명 부분에 모든 가능한 대상을 언급하여야 한다.

### b. 발명의 명칭:

발명의 명칭은 다음의 요구조건을 충족해야만 한다:
- 명칭은 청구되는 대상의 지정을 언급한다(독립항에서의 대상);
- 명칭은 예를 들면, 새로운/독창적인, 효과적인 같은 광고 용어를 포함해서는 안 된다;
- 축약된 명칭의 경우, 축약된 용어가 잘 알려져 있더라도 반드시 무엇을 축약한 것인지 명확히 밝혀야 한다.

출원 시 명칭의 교정은 무료이다. 따라서, 출원 시 명칭을 교정하는 것이 가장 좋다.

c. 청구항(Claims):

- 일부 심사관들은 청구항에서 여러 개의 대상을 지정할 경우 각각을 다른 대상으로 본다. 예를 들면, "…에 있어서 식물 또는 식물의 일부"라고 청구항을 작성하였을 때, 심사관은 청구항이 두 개의 다른 대상과 관련이 되어 있다고 보고 청구항을 거절하고 해당 청구항을 하나는 식물, 다른 하나는 식물의 일부로 분리할 것을 요구한다. 따라서, 출원인은 가능한 넓은 범위에서 청구항을 작성해야 한다. 예를 들면, 위에서 언급한 청구항의 경우, "…에 있어서 사육재료"라고 작성하였다면, 한 청구항에 여러 대상이 있다는 이유로 거절되지는 않았을 것이다.

- 일부 심사관은 청구항이 청구대상의 기능과 목적을 언급하지 않았으므로 불명확하다는 이유로 거절을 한다. 예를 들면, 청구항이 "…에 있어서 기구"라고 기재했을 때, 기구의 기능과 목적을 기재하도록 하고 있는데, "…에 있어서 녹음 기구"가 그 예이다. 기능과 목적의 추가는 청구항의 보호 범위를 일정 정도로 제한한다. 이러한 거절에 대해서 논란이 있지만 여전히 일부 심사관은 불명확함을 이유로 청구항을 거절하고 있다.

- 일부 심사관은 하나 이상의 독립항(independent claim)을 지칭하는 종속항(dependant claim)을 거절한다.

- 대상의 기능과 사용에 대한 특징은 비필수적인 기술적 특징으로 간주된다. 따라서, 예를 들면, "…방법으로 기구의 사용" 또는 "…방법으로 사용하는 기구"형식의 청구항은 받아들여지지 않는다.


d. 요약(Abstract):

- 실무에서 많은 심사관들이 요약에 주요한 청구대상(독립항에서의 대상)의 지정을 포함할 것을 요구하고 있다.

- 많은 심사관들이 요약에 예를 들면, 새로운/독창적인 같은 광고하는 내용의 단어를 포함해서는 안 된다고 요구하고 있다.

- 요약에서 축약은 해당 축약이 잘 알려져 있는 것이라 하더라도 명확히 할 것을 요구하고 있다.

## 2.3. 출원의 공개(Publication of application)

PCT 출원은 방식심사의 통과일로부터 2개월 이내에 공개되어야 한다. 하지만, 베트남 지식 재산권 관청이 PCT 출원의 방식심사를 시작하는 시간은 최초의 우선일자로부터 32개월째 달의 첫째 날이다. 만일, PCT 출원이 방식심사 시작일 이전에 베트남 국내단계에 진입한다면, 해당 출원은 시작일까지 계류가 된다. 출원인은 국제단계에서 조기공개와 국내단계에서 PCT 출원의 빠른 처리를 요청할 수 있으며, 이에 따라 국내단계 출원이 빠르게 공개될 수 있다.

파리협약 출원은 (1) 우선일 또는 우선권 주장이 없는 경우, 출원일로부터 19개월 째 달에, (2) 방식심사가 통과된 날로부터 2개월 이내에(둘 중 늦은 날) 공개가 된다.

- **조기공개**: 출원인의 서면 요청에 따라, 출원서는 요청일로부터 또는 방식심사 이후 방식심사의 통과 결정일로부터 2개월 이내에(둘 중 늦은 날) 공개가 된다.
- **공개의 연기: 베트남에서 공개의 연기는 불가하다.**

## 2.4. 실체심사의 요청

출원인 또는 제3자 누구라도 베트남 지식재산권 관청에 실체심사를 요청할 수 있다.

실체심사 요청 기한은 발명 출원의 경우, 최초의 우선일 또는 우선권 주장이 없는 경우 출원일로부터 42개월이고, 실용신안의 경우, 36개월이다. 불가항력 사건(force majeure) 또는 객관적인 장애(objective obstacle)의 상황이 있을 경우, 6개월의 유예기간이 적용된다. 출원인이 유예청구서와 해당사건을 증명하는 증거를 제출하여 베트남 지식재산권 관청의 승인을 받으면 6개월 이내의 늦은 요청은 용납이 된다. 하지만, 이러한 승인을 받는 것은 어렵기 때문에 되도록이면 기한 내 요청을 하는 것이 좋다.

## 2.5. 실체심사(Substantive examination)

특허 출원의 실체심사 기간은 (1) 실체심사 요청일 또는 (2) 공개일(둘 중 늦은 날)로부터 18개월이다. 만일, 실체심사에 문제가 있으면, 베트남 지식재산권 관청은 실체심사 의견제출 통지서(OA)를 발급할 것이다. 출원인은 OA 발급일로부터 3개월 이내에 답변서 또는 보정서를 제출해야 한다. 기한 내 연장을 서면으로 요청하고 연장 비용을 납부하면 추가적인 3개월 기한 연장이 가능 하다. 출원인의 답변 이후, 베트남 지식재산권 관청은 보호결정 통지 또는 추가 적인 의견제출통지서 또는 특허거절결정 최종 통지를 내릴 수 있다. 실무상으로는 많은 경우 추가적인 의견제출통지서가 발급이 된다.

실체심사에 있어 자주 발생하는 거절의 이유는 다음과 같다:
- 신규성과 진보성 근거
- 단일성 요건 근거
- 이중특허 근거
- 우선권 근거

베트남 지식재산권 관청 심사관은 보통 특허성(patentability)에 대한 국제예비보고서("International Preliminary Report on Patentability")와 PCT 출원의 경우, 국제검색보고서("International Search Report")를 참고한다. 또는, 유럽, 미국, 일본, 중국, 한국 같은 중요한 특허청에서의 해당 출원의 심사결과를 참고하기도 한다. 국제예비보고서는 통상적으로 첫 번째 실체심사 OA에서 사용이 된다.

**• 국제예비보고서 또는 다른 국가의 해당 출원 심사결과에 근거한 거절의 경우**
위에서도 언급했듯이, 실무상 베트남 지식재산권 관청은 종종 유럽, 미국, 일본, 중국, 한국 등의 중요한 특허청에서의 심사 결과를 참고하기 때문에, 베트남 출원서를 외국에서 허여 받은 출원서와 맞춘다면 베트남에서의 등록 결정을 더 빠르게 받을 수 있다. 따라서, 의견제출 통지서에 대응하기 위한 시간과 비용을 절약하기 위하여, 베트남 출원서를 위에서 언급한 국가에서의 출원서의 방식에 맞출 것을 권고한다. 많은 경우, 의견제출통지서에 대응하는 데 있어 거절의 근거가 유럽이나 미국 특허청에서의 거절의 근거와 동일하거나 비슷하며 유럽과 미국의 특허는 의견제출통지서에서 동일하거나 비슷한 거절을 극복한 이후에 등록이 허여 되었다는 점만 지적해도 된다. 따라서, 유럽과 미국 등의 특허 청구항에 기반하여 보정된 청구항은 동일하거나 비슷한 거절을 극복할 수 있을 것이다. 유럽이나 미국에서의 동일하거나 비슷한 거절에 대한 답변서를 영어로 번역하여 베트남 지식재산권 관청의 참고자료로 베트남 출원서에 대한 의견제출통지서의 답변서에 첨부하여 제출할 수 있다.

• 상응한 해외 특허의 방식에 맞춘 정보 또는 보정의 제출과 관련한 의견제출통지서

많은 경우, 베트남 지식재산권 관청 심사관은 출원인이 베트남 출원서 심사에 참고로 사용하기 위해 상응하는 해외특허의 명세서 전체를 베트남어 또는 영어로 번역하여 제출할 것을 요구한다. 이 경우, 의견제출통지서에 대응하기 위한 시간과 노력이 많이 필요하다. 하지만, 의견제출통지서에 대응하는 데 있어서 명세서 전체가 아닌 오직 청구항만을 베트남어 또는 영어로 번역하여 제출해도 충분하다.

또한 많은 경우, 베트남 지식재산권 관청은 (1) 출원인에게 상응하는 해외특허 명세서의 베트남어 또는 영어 번역본을 제출할 것과 (2) 출원인에게 만일 상응하는 해외특허의 보호 범위가 베트남 특허의 보호 범위보다 좁다면 베트남 출원서를 상응하는 해외특허에 맞출 것을 제안한다. 실무상, 만일 출원인이 베트남 출원서를 이러한 상응하는 해외특허에 맞추어 보정하기를 원하지 않는다면 상응하는 특허 명세서의 베트남어나 영어 번역본을 제출하지 않고 이를 원하지 않는다고 진술하는 것도 허용이 된다.

게다가 일부 의견제출통지서의 경우에는 베트남 지식재산권 관청이 특정 해외특허에 베트남 출원서를 맞추어 보정하도록 제안하기도 한다. 하지만, 만일 출원인이 이러한 제안에 동의하지 않는다면 출원인은 베트남 지식재산권 관청이 선호하는 유럽, 미국, 일본, 중국, 한국 같은 큰 특허청에 의해 허여된 상응하는 특허에 베트남 출원서를 맞추는 것을

고려해 볼 수 있다. 베트남 지식재산권 관청에 의해 제안된 특허 이외의 해외특허는 케이스별로 고려가 되어 수락이 결정된다. 실무상으로는 이러한 경우 베트남 특허는 통상적으로 허여가 되고 있다.

또한, 베트남 지식재산권 관청이 출원인에게 베트남 출원서를 특정 미국 특허에 맞추도록 제안하는 경우가 있는데, 하나의 미국 특허가 아닌 두 개의 미국 특허를 합쳐서 베트남 출원서를 보정한 경우도 특허 등록이 허여 된 경우가 있다.

### 2.6. 특허의 허여(Grant of a patent)

만일 실체심사 결과에서 아무런 문제가 없다면, 베트남 지식재산권 관청은 보호 결정을 내리고 출원인에게 설정등록비(granting fee)와 첫 번째 연차등록비(1st annuity)를 내도록 요구하고 있다. 출원인은 보호결정 통지일로부터 3개월 이내에 관련 비용을 납부하면 된다. 기한 내에 서면으로 연장을 신청하고 연장신청비를 납부할 경우 추가로 3개월 기한이 연장된다. 베트남 지식재산권 관청은 관련 비용의 납부일로부터 15일 이내에 특허를 허여 한다.

### 2.7. 특허의 공개(Publication of a patent)

허여 받은 특허의 공개는 허여일로부터 2개월 이내에 진행된다.

# 3. 신속심사(Accelerated examination)

심사 결과는 종종 베트남 지식재산권 관청의 적체로 인해 늦어진다. 베트남에서 특허 심사의 속도를 빠르게 하기 위해서 다음과 같은 방법을 고려해 볼 수 있다. 특히, 아래의 3.1에서 3.3까지는 18개월의 기한보다 빠르게 실체심사 결과를 받을 수 있는 방법이며,

3.4는 18개월 기한을 초과하지 않고 결과를 받을 수 있는 방법이다.

## 3.1. 베트남 규정에 따른 신속심사

이 절차는 18개월 기한 전에 심사 결과를 받기 위해 신속심사 요청서를 제출하도록 하고 있다. 실무상, 요청서와 더불어 출원인은 케이스별로 신속심사를 위해 담당 심사관의 승인을 받아야만 한다. 그러나, 보통은 베트남 지식재산권 관청의 적체가 심해서 이러한 신속심사는 매우 제한되어 있고, 보통은 실체심사 기간이 12개월이 된 경우에만 신속심사를 허가하고 있는 실정이다. 만일, 베트남 출원서가 유럽, 미국, 일본, 중국, 한국의 상응한 특허 출원과 맞추어져 있다면 신속심사 승인의 가능성은 더 높아진다.

## 3.2. 특허심사 하이웨이 제도("Patent Prosecution Highway"으로 약칭하여 "PPH")

### 3.1.1. 일본 특허청

베트남 지식재산권 관청과 일본 특허청 사이의 PPH: 만일 일본 특허청이 첫 번째 출원 관청이라면 일본 특허청으로부터의 특허출원 시 적용이 된다. 이 절차는 통상적인 심사 기간을 절반으로 줄여준다. 이 프로그램은 2016년 4월부터 2018년까지 3년의 시범기간 동안 그 효과를 증명하였다. 2018년도에는 단 이틀 만에 이 프로그램 하에서 허용되는 100건의 요청이 모두 마감되었다. 베트남과 일본은 이 프로그램을 2019년에 최소 100건의 요청에 한해 더 연장할 것을 논의하고 있다.

### 3.1.2. 한국 특허청

한국 특허청과 베트남 지식재산권 관청의 PPH가 2019년 6월부터 매년 최대 100건까지 2년 동안 시범적으로 운영될 계획이다. 아직 이에 대한 지침이 나오지는 않았다.

## 3.3. ASEAN 특허심사협력

ASEAN 특허심사협력은 다른 아세안 국가(브루나이, 캄보디아, 인도네시아, 라오스, 말레이시아, 필리핀, 싱가포르, 태국)에서 출원에 대한 긍정적인 의견이 있을 때 적용이 된다. 심사 기간은 6~9개월이다(보통의 경우 18개월). 하지만 아세안 국가의 특허청에 의해 등록된 특허는 베트남 지식재산권 관청의 심사관들이 선호하지는 않는다(이들은 보통 유럽, 미국, 일본, 중국, 한국에서 등록된 특허를 선호). 따라서 ASEAN 특허심사협력 제도는 PPH만큼 효과적이지는 않다. 이 프로그램의 혜택을 받기 위해서는 베트남 출원서를 유럽, 미국, 일본, 중국, 한국에서의 상응하는 출원의 청구범위에 맞출 것이 권고된다.

## 3.4. 상응하는 해외 특허에 맞추기

베트남 지식재산권 관청의 심사관은 유럽, 미국, 일본, 중국, 한국 등 큰 특허청에서 내린 심사 결과에 의존할 때가 많다. 따라서, 이 방법을 사용하기 위해서는 유럽, 미국, 일본, 중국, 한국의 상응하는 특허 출원의 긍정적인 심사결과를 제출하고 해당 해외특허에서 허가된 청구범위에 베트남 출원서의 청구범위를 맞추면 된다. 이 방법이 현재로는 지연시간을 줄일 수 있는 가장 유용한 방법이다.

# 4. 보정(Amendment)[16]

- 기한: 보정은 방식심사 결정 전, 특허 허여일/거절일 전까지 제출되어야 한다.
- 요건: 보정은 원래 명세서에서 공개된 내용의 범위를 넘어서는 안되며, 출원서에서 기술된 대상의 본질을 바꾸어서도 안 된다. 보정에 대한 설명과 지지자료가 요구된다.

---

16) 지식재산권법 115조와 시행규칙 01의 17.1.c과 27.7.a 항목

• 보호결정 후 명세서의 보정: 가능은 하지만 출원서는 특허부에 의해 재심사를 받아야 한다.

## 5. 분할출원(Divisional application)[17]

• 기한: 하나 또는 그 이상의 분할출원을 심사 기간 중 어느 때라도 제출할 수 있지만 반드시 방식심사 거절결정 이전 또는 특허 허여결정 또는 허여 거절결정 이전에는 제출하여야 한다.
• 분할출원에서 청구항과 설명에 있어 제한사항과 요건:
  a) 분할출원에서 청구되는 대상은 반드시 원출원에서 공개된 것이어야 한다.
  b) 분할출원에서 청구되는 대상은 분할 된 후에는 원출원의 대상과는 다른 것이어야 한다.
  c) 분할출원은 원명세서에서 공개된 내용의 범위를 넘어서는 안되며, 출원서에 기재된 대상의 본질을 변화시켜서는 안 된다. 분할출원에 대한 설명 및 보충 자료가 요구된다.

## 6. 출원의 변경(Conversion of application)[18]

발명을 실용신안으로 또한 실용신안을 발명으로 변경하여 출원하는 변경출원은 심사 기간 중 어느 때라도 가능하지만, 반드시 특허 허여일 또는 특허 허여 거절일 이전에 이루어져야 한다. 발명 출원이 진보성 요건을 갖추지 못했을 때, 발명에서 실용신안으로 변경

---

17) 지식재산권법 115조와 시행령 01의 17.2 항목
18) 지식재산권법 11조와 시행령 01의 17.3 항목

하는 것은 매우 유용하다. 또는 만일 이미 실용신안 출원을 하였는데 이후 출원인이 해당 실용신안이 진보성 요건을 충족한다는 것을 알게 되면 실용신안을 발명으로 변경하여 출원하는 것도 유용하다.

## 7. 양도, 라이센스, 출원인의 이름과 주소 변경의 등록

양도 등록 요청 또는 계류 중인 출원서의 출원인 이름과 주소 변경의 요청은 출원 심사 기간 동안 언제라도 가능하나, 방식심사의 거절결정 이전 또는 특허의 허여일 또는 허여 거절일 이전에는 제출되어야 한다.

계류 중인 출원의 사용허가권(license)을 주는 것은 베트남에서는 불가능하다.

합병과 인수는 출원인의 주소와 이름을 변경하는 형태로 등록이 가능하다.

## 8. 이의신청(Opposition) [19]

- 이의신청 가능한 자: 제3자 누구라도 베트남 지식재산권 관청에 서면의견서를 제출함으로써 특허 출원에 이의를 제기할 수 있다. 제3자의 의견은 특허 출원의 심사 과정에서 도움을 주는 정보로서 취급이 되어야 한다.
- 기한: 이의신청은 특허 허여 결정이 내려지기 이전에 특허 출원이 공개된 때로부터 언제라도 가능하다.
- 이의신청 법적 근거

---

19) 지식재산권법 112조와 시행령 01의 6 항목

a) 출원권

b) 우선권

c) 특허성

d) 특허의 허여/거절과 관련한 기타 다른 이슈

**이의신청 절차**

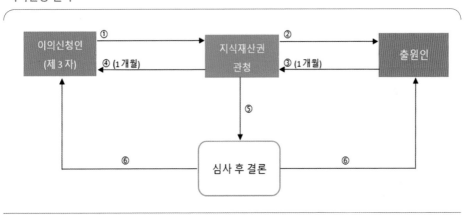

# 9. 상고(Appeal)

- 상고신청 가능한 자: 출원인, 단체, 개인으로 베트남 지식재산권 관청의 공식통지/결정과 관련 하여 직접적인 권리와 이득을 가지고 있으며, 해당 공지/결정이 불법적이고 그들의 합법적인 권리와 이득을 침해한다고 주장하는 자
- 상고가 가능한 결정/통지: 출원서 접수 거절 통지, 방식심사 통과 및 거절 결정, 보정 요청 수락

  출원, 방식심사, 실체심사를 포함한 출원 심사의 모든 단계에서의 베트남 지식재산권 관청의 통지와 결정에 대해 상고가 가능하다. 상고가 가능한 결정과 통지는, 예를 들면, 출원서 접수 거절 통지, 방식심사 통과 또는 거절 결정, 보정 및 양도 요청 수락 또는 거절 통지, 특허 허여 거절 결정 등이다.

정보를 제공하고자 하는 목적의 통지나 출원의 완료를 요구하는 통지에 대해서는 상고할 수 없는데, 예를 들면 심사 결과의 통지, 흠결의 통지, 보정과 서류 보충의 요청, 출원서 거절 의사의 통지 등이다.

- 기한:

상고 1심은 베트남 지식재산권 관청의 국장에게 제출이 된다. 상고 1심의 기한은 상고인이 베트남 지식재산권 관청의 통지나 결정을 받은 날, 또는 해당 통지와 결정을 알게 된 날로부터 90일 이내이다. 하지만 베트남 지식재산권 관청은 보통 통지나 결정을 내린 날로부터 시작하여 90일로 보고 있다.

상고 2심은 과학기술부 장관에게 제출이 된다. 상고 2심의 기한은 상고 1심의 해결기간의 만료일로부터 30일 또는 상고 1심을 통해 해결이 되지 않았다면 상고인이 상고 1심의 결정을 받았거나 알게 된 날로부터 30일 이내이다.

- 상고 절차 동안 보정은 불가하다.
- 상고 기간 동안 베트남 지식재산권 관청 또는 과학기술부는 독립적인 전문가와 고문 기관 으로부터 전문가 의견을 구할 수 있다. 독립적인 자문 전문가와 고문 기관의 참석 하에 관련인들과 직접적인 논의의 장을 가질 수도 있다.

# | 제3절 | 특허 허여 후 절차(Post-grant procedures)

## 1. 특허 연차료(Patent Annuity)

허여 받은 특허에 대해서는 연차료를 내야 하며, 계류중인 출원에 대해서는 연차료가 없다.

첫 번째 연차료: 베트남 지식재산권 관청은 보호결정의 통지 시 첫 번째 연차료를 낼 것을 요구한다. 만일, 보호결정통지서에 언급된 기한까지 설정등록료는 납부하였으나,

첫 번째 연차료를 납부하지 않는다면, 특허는 허여가 되지만 허여일에 만료가 된다. 따라서 첫 번째 연차료는 설정등록료와 함께 납부하여야 한다.

두 번째와 이후 연차료: 두 번째 연차료와 이후 연차료는 매년 특허가 허여 된 날짜에 내야 한다. 연차료를 납부하지 않으면 특허는 만료된다.

연차료를 납부하기 위해서는 위임장이 필요하다. 특허권자가 한 명 이상일 경우, 모든 특허권자로부터 위임장이 필요하다.

연차료 납부 기한에 대한 6개월의 유예기간이 있지만 늦어지는 달마다 10%의 과징금을 내야 한다. 연차료는 독립청구항의 개수에 기반하여 매년 계산이 된다.

일시 납부: 베트남 지식재산권 관청은 모든 연차료 또는 여러 건의 연차료를 일시금으로 납부하는 것을 허용한다.

# 2. 사용의무와 강제실시
## (Obligation of use and compulsory license)

특허가 허여 된 이후에 사용의 증거를 제공할 필요는 없다. 하지만 특허권자는 보호받는 상품을 생산할 의무가 있고 국가 안보, 질병 예방 및 치료, 영양공급, 또는 다른 사회적 필요를 충족하기 위하여 보호받는 상품을 생산하거나 보호받는 방법을 사용할 의무가 있다. 해당 필요 또는 요건이 존재하는데 특허권자가 이러한 의무를 수행하지 못한다면, 관계 당국은 특허권자의 허가 없이 다른 사람에게 해당 발명의 실시권(license)을 줄 수 있다. 사용의무는 실시권자에 의한 상품 수입이나 상품 생산이 있을 경우 충족된 것으로 간주된다.

강제실시는 무역관련 지식재산권에 관한 협정("Agreement on Trade Related Aspect of Intellectual Property Rights"으로 약칭은 "TRIPs Agreement")에 따라 베트남에서 허용이 된다. 강제실시가 허용되는 일반적인 상황은 (1) 종속발명, (2) 공공이익, (3) 공공 및 국가 이익을 위한 발명 사용의 실패, (4) 제3자가 합리적인 조건으로 실시권을 협상하는 데 실패, 그리고 (5) 특허권자가 경쟁법에서 금지되는 반경쟁 행위를 하기로 결정하였을 때이다. 특허권자는 강제 실시의 근거가 더 이상 존재하지 않거나 재발되지 않을 거라는 확신이 있을 때, 실시권자에게 피해가 없는 한 이러한 강제 실시의 종결을 요청할 권리가 있다.

# 3. 특허 보정(지시재산권법 97조)

특허 등록결정 이후 보정은 다음의 경우에 한해서만 가능하다:

- 특허권자의 이름과 주소의 변경 요청; 발명인의 이름과 국적 변경 요청; 특허권자의 대리인의 변경 요청

- 보호범위의 축소 요청. 베트남 지식재산권 관청은 최근 특허의 한 개 또는 그 이상의 청구항을 삭제하는 보정만이 허용이 된다는 것을 분명히 하였다.

- 특허의 오류교정 요청. 특허권자는 해당 오류가 자신의 잘못 때문이라면 교정에 대한 비용을 납부하여야 한다. 만일, 오류가 베트남 지식재산권 관청에 의해 생긴 것이라면 특허권자는 교정비를 납부할 필요가 없다. 하지만, 실제로는 분명한 오류에 대한 자세한 지침이 없기 때문에, 오류의 교정은 베트남 지식재산권 관청에 의해 케이스별로 심사 되어 받아들여진다.

## 4. 양도(assignment), 사용허가(license), 특허권자의 이름과 주소의 변경 등록

양도가 유효성을 갖기 위해서는 베트남 지식재산권 관청에 등록되어야 한다. 양도를 등록해야 하는 기한은 없다. 하지만, 베트남 지식재산권 관청이 양도 관련 서류를 검토하여 등록하기까지 시간이 상당히 걸리기 때문에 되도록 빨리 하는 것이 좋다.

사용허가는 유효함을 갖기 위해 베트남 지식재산권 관청에 등록할 필요는 없다. 하지만, 사용 허가 계약이 베트남 지식재산권 관청에 등록이 되어 있는 경우에만 제3자에 대해 법적인 효과를 갖는다.

특허권자의 이름과 주소의 변경도 베트남 지식재산권 관청에 등록이 될 수 있으며 이에 대한 기한은 없다. 인수와 합병의 경우, 특허권자의 이름과 주소 변경의 형태로 등록될 수 있다.

원특허(original patent)의 경우, 이름과 주소의 변경 및 양도를 반드시 등록해야 하지만, 사용 허가의 등록은 요구되지 않는다.


## 5. 특허 상고(Patent Appeal)

- 상고 가능한 자[20]: 출원인, 단체, 개인으로 베트남 지식재산권 관청의 공식 통지와 결정과 관련하여 직접적으로 연관된 권리와 이득을 가지고 있으며, 해당 공지나 결정이 불법적이고 그들의 합법적인 권리와 이득을 침해한다고 주장하는 자

---

20) 시행령 103의 14조와 시행규칙 16의 22 항목

- 상고 가능한 결정과 통지:

  심사 중인 출원과 마찬가지로 특허 등록결정 이후 베트남 지식재산권 관청의 결정과 통지에 대해 상고가 가능하다. 상고가 가능한 결정과 통지는, 예를 들면, 등록결정(무효를 근거로 결정에 대해 대응하는 경우에는 상고가 아닌 무효절차를 따라야 한다), 특허 등록증 또는 사본의 재교부 결정, 연차료 또는 갱신의 거절 또는 허가와 관련한 결정과 통지, 특허의 만료, 취소, 무효에 대한 거절 또는 허가와 관련한 결정과 통지가 있다.

  정보 제공 목적 또는 출원의 완료를 요구하는 공지에 대해서는 상고가 불가능한데, 예를 들면 심사 결과에 대한 공지, 흠결에 대한 공지, 보정과 서류보충 요청에 대한 공지, 그리고 요청을 거절할 의도에 대한 공지가 그것이다.
- 기한: 심사 중인 출원에 관한 상고의 기한과 동일하다.
- 상고 절차 중 보정은 불가능하다.

# 6. 특허 만료(Patent Termination)

- 법적 근거[21]: 특허는 다음을 근거로 만료될 수 있다:
  - a) 특허권자가 연차료를 납부하지 않았을 때;
  - b) 특허권자가 특허등록에 의해 부여된 권리를 포기 선언 했을 때; 그리고
  - c) 특허권자가 더 이상 존재하지 않을 때
- 기한: 특허의 보호기간 동안

---

21) 지식재산권법 95조

# 7. 특허의 무효(Patent Invalidation)

특허 무효 절차

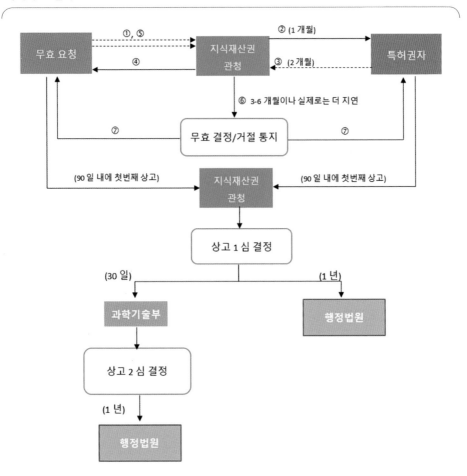

• 무효의 근거[22]: 특허는 다음을 근거로 취소되거나 무효화될 수 있다:

  a) 발명이 등록 결정 당시 특허의 요건을 갖추지 못했을 때; 또는

---

22) 지식재산권법 96.1조

b) 출원인이 출원할 자격 또는 권리를 양도할 자격이 없었을 때

특허는 등록 결정일에 특허의 일부분이 특허의 요건을 갖추지 못했을 때 부분적으로 무효화될 수 있다.

- 관계 당국: 무효 소송은 지식재산권 관청 또는 사법심사의 방식(judicial review)으로 행정 법원에서 개시할 수 있다.

▶ **베트남 지식재산권 관청에서 무효소송:**
- 기한: 특허의 보호기간 동안
- 절차: 원칙적으로 전체 절차는 6~9개월이 걸린다. 하지만 실제로 이러한 기간은 많이 지연되는 편이다. 게다가 베트남 지식재산권 관청은 특허권자의 최초 답변 이후에 바로 최종 공지나 결정을 내리지 않는다. 그보다는 최종 결정을 내리기 전에 양쪽 당사자에게 한번 더 관련 서류의 제출을 요구하고 때론 양 당사자간의 직접적인 논의의 장을 마련하기도 한다.

▶ **행정법원에서 무효소송:**
- 기한: 행정 결정(특허 등록 결정일)을 받은 날 또는 알게 된 날로부터 1년
- 소송 기간: 1심의 경우 대략 8~12개월이고 항소심의 경우 7~10개월이다. 하지만 복잡한 사건의 경우 더 오래 걸릴 수 있다.

▶ **침해 소송이 진행되는 동안 무효소송**
위에서 언급한 관계당국 이외에, 침해 소송이 진행 중인 경우에는 침해 사건을 다루고 있는 민사 법원에서 무효소송을 개시할 수 있다. 침해 사건을 다루는 민사 법원은 다음에 근거하여 무효 소송을 다룰 수 있다:
  a) 피고의 반대 소송(counter-claims); 또는
  b) 사건과 관련한 특정 결정에 대한 검토

- 기한:

  피고의 반대 소송의 경우, 피고는 민사 소송 기간 동안 증거의 제출과, 접근, 공개와 화해를 위한 의무적인 접견을 갖기 이전에 반대 소송을 제기하여야만 한다.

  특정 결정에 대한 검토의 경우, 현재로서는 제척 기간(statute of limitation)에 대한 자세한 규정이 없는 실정이다. 예전의 규정에 따르면, 특정 사건에서 관련 행정결정을 심사하는 법원에게 적용되는 제척기간은 없다. 따라서, 실제로는 특허의 존속 기간 언제라도 제기할 수 있다고 볼 수 있다. 법원이 특허의 유효성과 관련하여 베트남 지식재산권 관청의 도움을 구하는 경우도 있다.

- 소송 기간: 1심 법원은 4개월 이내에 사건을 해결해야만 한다. 하지만, 실제로는 12~18개월이 걸리고 복잡한 사건의 경우 더 걸리기도 한다. 항소심의 경우, 6~12개월 또는 복잡한 사건의 경우 더 걸리기도 한다.

# | 제4절 | 특허의 권리행사 및 보호(Patent Enforcement)

## 1. 특허 침해에 대한 대응경로

베트남 내에서 특허 침해에 대응할 수 있는 경로는 기본적으로 두 개가 있다. 행정 대응과 민사소송, 특허 침해의 경우 형사소송은 가능하지 않다.

### 1.1. 행정 대응(Administrative action)

- 집행 당국: 과학기술부("Ministry of Science and Technology"로 약칭은 "MoST") 산하 과학기술조사단; 시장관리국(산업재산권보호 관련 규정을 위반하는 특정 침해건의

경우), 관세청(이동 중이거나 수입된 상품의 경우)

- 소송기간: 과학기술부가 특허 침해 사건을 해결하는데 정해진 특정한 기한은 없다. 실제로는 8~12개월, 또는 복잡한 사건의 경우, 그 이상의 시간이 걸린다. 만일, 과학 기술부의 결정이 항소되면 과학기술부 장관이 항소를 심사할 책임이 있다. 관련 당사 자는 과학기술부의 최종 결정에 대해 행정 법원에 사법심사를 요청할 수 있다. 항소 과정은 2~3년이 더 걸릴 수 있다.

- 제척기간: 특허 침해의 종료일로부터 2년. 만일 특허 침해가 지속되고 있다면 제척 기 간은 침해가 발견된 날짜로부터 2년이다.

- 구제책[23]

  a) 주된 처벌: 경고 또는 VND 500 million(about USD 23,800) 상당의 벌금;

  b) 추가적인 처벌: 침해품과 침해품을 생산한 수단의 압수; 사업 허가권의 중지;

  c) 개선 조치: 침해 요인의 제거와 침해품과 침해품을 생산한 수단의 파괴, 강제적인 대중 사과

## 1.2. 민사 소송(Civil action)

- 집행 당국: 베트남은 지식재산권 특화 법원이 없다. 그래서, 지식재산권 관련 분쟁은 종종 인민법원의 경제부서를 통해 다루어 진다. 원고가 외국인인 경우, 관할권이 있는 1심 법원은 피고가 살고 있는 지역의 지방 법원이다. 항소심은 상급 인민법원에 의해 다루어 지는데 이는 하노이, 호치민, 다낭 세 군데의 주요 도시에 위치해 있다.

- 소송기간: 1심부터 항소심까지 전체 과정은 대략 2년이 걸린다. 복잡한 경우 더 오래 걸리기도 한다.

- 제척기간: 특허권자가 자신의 합법적 권리와 이해관계가 침해되었다는 것을 알게 된 날 로부터 2년. 지속적인 침해의 경우 기한이 정해져 있지 않다.

---

23) 지식재산권법 202조

· 구제책

  a) 침해 행위의 강제적인 종결;

  b) 강제적인 대중사과 및 교정;

  c) 강제적인 민사상 책임의 수행;

  d) 강제적인 손해배상금 지급;

  e) 침해품의 생산과 거래에 주 되게 사용된 상품, 원재료, 재료를 파괴 및 비상업적 목적 으로 분배 또는 사용, 다만, 이러한 파괴, 분배, 사용이 특허권자의 사용권에 영향을 미치지는 않아야 함; 그리고

  f) 소송의 변호사 비용 지급

## 1.3. 각 대응 경로의 장점과 단점

특허 침해에 대응하는 데 가장 효과적인 집행 수단은 각 사건의 성격과 침해자에 따라 달라진다. 모든 것에 다 잘 맞는 해결책은 없다. 보통 행정 수단은 소규모의 명백한 침해 사건을 다루는데 유용하다. 특허 침해 사건을 다루는 주요한 기관인 과학기술부 산하 조사단의 전문가들은 지식재산권 침해, 특히, 특허 침해를 다루는데 있어 경험이 많다. 하지만 행정적 수단을 통해서는 손해배상금과 변호사비를 받을 수 없다. 게다가 침해 사건이 베트남 지식재산권 관청에서 침해자에 의해 개시된 무효소송과 관련이 있다면, 과학기술부는 베트남 지식재산권 관청이 무효 소송에 대해 최종 결정을 내릴 때까지 침해 사건의 처리를 중지하려는 경향이 있다. 사실, 무효 소송도 종종 오래 지연되기도 하기 때문에 과학기술부에서의 행정 소송은 더 오래 지연될 가능성이 높다.

베트남은 지식재산권 특화 법원이 없기 때문에 판사들이 지식재산권 침해, 특히 특허침해를 다루는데 있어 경험이 많지 않다. 손해배상금을 요구하기 위해서는 침해에 의해 발생한 실제 손해액을 증명할 입증 책임이 원고에게 있다. 이러한 손해의 입증은 사실 쉽지가 않다. 그래서 좋은 증거를 확보하는 것이 민사 소송에서 이기는 데 매우 중요하다.

민사 소송은 최근 지식재산권 소유권자들에게 의해 더욱 자주 이용되고 있다. 이를 통해 영구적 금지명령(permanent injunctions)뿐만 아니라, 예비적 금지명령(preliminary injunctions)으로 침해에 더 철저히 대응할 수 있다. 법원에 의해 강제되는 대중을 대상으로 하는 공개 사과는 좋은 교육 효과를 가진다. 게다가 비록 법원에 따라 다르기는 하지만, 일부 법원의 경우, 무효소송이 베트남 지식재산관청에서 계류 중이라 하더라도 이의 종결까지 기다리지 않고 바로 침해 사건을 다루기도 한다. 이는 행정 소송에 비해 아주 큰 장점이다.

## 2. 특허 침해 대응 절차를 개시할 자격이 있는 자[24)

- 특허권자 또는 특허권자가 실시권자가 소송을 제기할 수 있는 권리를 제한하지 않았다면 실시권자가 소송을 시작할 수 있다.
- 지식재산권 침해 행위에 의해 손해를 입었거나, 소비자나 사회에 손해를 끼치는 침해 행위를 발견한 기관이나 개인은 관련 법에 의거하여 이러한 침해 행위를 처벌해 달라고 관계 당국에 요청할 권리를 가지고 있다.
- 부정경쟁 행위에 의해 손해를 입었거나 손해를 입게 될 가능성이 있는 기관이나 개인은 경쟁법에 의거하여 관계 당국에 민사구제 또는 행정구제를 요청할 권리가 있다.

---

24) 지식재산권법 198조와 203.2조, 그리고 2006년 9월 22일에 시행되고 2010년 12월 30일에 시행령 119/2010/ND-CP에 의해 개정되고 보충된 시행령 105/2006/ND-CP("시행령 105")의 24.4조

# 3. 침해의 결정

## 3.1. 특허 침해로 간주되는 행위[25]

- 특허 침해 행위는 특허권자의 허가 없이 상업적 목적으로 보호 기간 동안 보호받는 발명이나 실용신안을 사용하는 행위로 이러한 행위가 특허침해에 대한 예외사항에 적용되지 않는 경우이다. 베트남에서 발생한 행위로서 인터넷에서 발생하였지만, 베트남의 소비자 또는 정보 이용자를 목표로 발생한 행위는 베트남에서 발생한 행위로 본다. 구체적으로 다음과 같은 허가 받지 않은 행위는 특허 침해를 구성한다:

a) 특허 상품의 생산;

b) 특허 방법의 사용;

c) 특허 상품 기능의 사용 또는 특허 방법으로 생산된 상품;

d) 특허 상품 또는 특허 방법으로 생산된 상품을 유통, 홍보, 판매, 비축하는 행위; 그리고

e) 특허 상품이나 특허 방법에 의해 생산된 상품을 수입하는 행위

- 특허 등록이 결정되기 이전에 보상을 지급하지 않고 발명을 사용하는 행위도 침해이다. 특허가 허여 되기 이전에 지식재산권 소유자는 발명과 실용신안에 대해 임시적인 권리를 가진다. 구체적으로 지식재산권 소유자는 허가 없이 발명이나 실용신안을 사용하는 자에게 지식재산권 관보에 기록된 출원일과 공개일을 알려주고 해당 발명 또는 실용신안의 사용 중지를 요구하는 경고서한을 보낼 수 있다. 만일 사용자가 계속 이러한 발명과 실용신안을 사용한다면, 지식재산권의 소유자는 사용자에게 사용의 범위와 기간 내에서 실시료에 상응하는 보상금을 지급할 것을 요청할 권리를 가진다.

---

25) 지식재산권법 124.1과 126조, 그리고 시행령 105의 5조

## 3.2. 발명의 침해 요소[26)]

베트남에서는 문언침해(literal infringement)와 균등침해(doctrine of equivalents) 모두 인정이 된다. 구체적으로 다음의 경우 특허 침해가 있다고 본다:

   a) 물건과 물건의 부분이 발명의 보호 범위 내에서 특허 물건과 물건의 부분과 동일하거나 유사할 때;

   b) 방법이 발명으로 보호받는 방법과 동일하거나 유사할 때; 또는

   c) 물건이나 물건의 부분이 발명으로 보호받고 있는 방법과 동일하거나 유사한 방법에 의해 생산되었을 때

## 3.3. 전문가 의견

지식재산권에 대한 제한된 지식과 경험으로 베트남 집행 당국은 종종 특허 분쟁을 다루기 위한 지침으로 전문가 의견에 의존한다. 비록 전문가 의견이 법적으로 구속력이 있는 것은 아니지만, 베트남 지식재산권 연구원("Vietnam Intellectual Property Research Institute"으로 약칭하여 "VIRPI")과 베트남 지식재산권 관청의 전문가 의견은 특허 집행 사건에서 매우 중요한 역할을 한다.

# 4. 특허 침해의 예외(Exemption from patent infringement)

특허 받은 발명의 다음과 같은 사용은 특허 침해의 예외 사항이다:

   a) 개인적 필요 또는 비상업적 목적으로의 사용

   b) 실험적 사용과 볼라 예외(bolar exception): 이 두 가지 근거로 인한 특허권의 예외는

---

26) 시행령 105의 8조

베트남에서 적용이 된다. 구체적으로, 조사, 분석, 연구, 교육, 시험, 시범 생산, 또는 상품의 생산, 수입, 유통과 관련한 승인 절차를 밝기 위한 정보 수집의 목적으로는 특허를 받은 발명의 사용이 가능하다.

※ 베트남에서 볼라 예외가 적용되는 특허 발명의 타입과 상품에 대한 제한은 없다.

c) 권리의 소진(Exhaustion of rights): 베트남은 지식재산권의 국제권리소진 이론을 채택 하고 있다. 따라서, 특허권자는 특허권자 또는 실시권자에 의해 해외 시장을 포함한 시장에 특허 상품이 합법적으로 판매되었다면, 타인이 해당 상품을 유통, 수입, 사용하는 것을 막을 권리가 없다.

※ 베트남에서 병행수입(parallel importation)은 합법이다.

d) 이동 중이거나 베트남 영토에 일시적으로 머무는 외국 운송수단의 운영을 유지하기 위한 목적의 특허 받은 발명의 사용

e) 선사용권: 발명 출원의 출원일 또는 우선일 이전에, 만일 출원서에 기재된 발명과 동일한 발명을 사용하고 있었거나, 해당 발명의 사용을 위한 조건을 구비하고 있었다면, 특허가 허여 된 이후에도 해당인은 특허권자의 허가를 받거나 보상을 지급하지 않고도 사용 또는 사용 준비의 범위와 수량 내에서 계속하여 이러한 발명을 사용할 수 있다.

f) 사용허가 또는 강제실시하에 특허 받은 발명의 사용


# 5. 침해 행위 입증책임[27]

원고 또는 청구인은 침해 행위를 입증할 책임을 가지고 있다. 하지만 상품의 생산을 위한 공정/방법과 관련한 특허의 맥락에서는 다음과 같은 경우, 침해자는 침해자의 상품이 보호받는 공정/방법이 아닌 다른 공정/방법에 의해 침해자의 상품이 생산되었다는 것을

---

27) 지식재산권법 203조

증명해야 할 책임이 있다:

- 보호받는 공정/방법에 의해 생산된 상품이 신상품일 때; 또는
- 보호받는 공정/방법에 의해 생산된 상품이 신상품은 아니지만, 특허권자가 피고의 상품이 보호받는 공정/방법에 의해 생산되었다고 믿고 있고, 적절한 조치를 취했음에도 불구하고 피고에 의해 사용된 공정/방법을 확인하기 어려울 때

게다가, 침해 대응 소송에서 한쪽 당사자가 주장을 입증할 증거를 통제하고 있어서, 다른 당사자가 이에 대해 접근할 수 없을 때, 증거에 접근할 수 없는 당사자는 법원에 증거를 통제 하고 있는 당사자에게 해당 증거를 제공하도록 강제하는 요청을 할 수 있다.

# 6. 특허 침해에 대한 주요한 항변(defense)

특허 침해 소송을 당했을 때 가능한 항변은 다음과 같다. 비침해 항변, 취소/무효 항변, 예외 적용 항변. 아래는 특허 침해에 대응한 몇 가지 전략이다.

## 6.1. 특허권자

- 의심이 가는 침해자에 대해 조사: 침해자에 대한 충분한 정보를 얻고, 침해에 대한 필요 한 증거를 수집하여 향후 침해에 가장 잘 대응하기 위한 전략을 세우기
- 전문가 의견 받기
- 침해자에게 경고서한을 보내고 가능하다면 사용허가계약(license)을 위해 협상하기
- 베트남 집행 당국에 특허 침해에 대응하여 침해자에 대해 급습 행위를 취해 줄 것을 요구 하기(만일 침해자가 경고서한에 따른 침해중지 요구에 응하지 않았을 경우)

## 6.2. 특허 받은 발명과 실용신안을 사용하길 원하는 기관이나 개인

상품을 생산하거나, 방법을 사용하거나, 상품의 사용을 홍보하거나, 상품을 유통, 수입하기 이전에 반드시 특허권의 사용이 가능한지 실시자유분석("Freedom-to-operate"로 '특허침해분석'이라고도 함) 조사를 수행해야 한다. 만일, 상품이 보호받는 발명을 잠재적으로 침해 할 가능성이 있다면, 그들의 상품이나 방법을 수정하거나, 권리 소유자로부터 사용허가권을 받거나, 또는 침해 고소를 막을 수 있는 증거(예를 들면, 공정한 사용, 무효화 서류)를 수집해야 한다.

만일, 특허가 유효하지 않다는 증거를 발견할 수 있다면, 비침해 항변과 같은 모든 가능한 항변을 주장할 수 있다. 또한, 특허등록과 특허출원에 대해 무효 또는 이의신청을 할 수 있으며, 선행기술 무효 항변, 비선행기술 무효 항변, 즉, 원출원의 공개범위를 벗어난 추가된 대상 또는 출원인이 출원자격이 없었다 등의 항변이 있다.

적절한 항변을 제기하기 위해서는 특허권자에 의한 경고서한 또는 다른 법적 대응을 잘 살펴 보아야 한다.

# | 제5절 | 특허에 관한 최신 업데이트

시행규칙 16/2016/TT-BKHCN: 지식재산권 법에서 매우 중요한 문서로 시행규칙 01을 개정하였고 2018년 1월 15일부터 발효가 되었다. 핵심사항은 다음과 같다:

- PCT Chapter I과 II에 의거하여 PTC 출원을 베트남 국내단계에 진입해야 하는 31개월의 기한으로부터 6개월간의 유예기간이 더 이상 적용되지 않는다.
- 최초 우선일로부터 42개월 또는 36개월 내에 실체심사를 요청해야 하는 기한에 더해 허가해 주는 6개월의 유예 기간은 이제 불가항력의 사건(force majeure events) 또

는 객관적 장애물(objective obstacles)이 있을 경우에만 가능하다. 이와 같은 늦은 실체심사 요청서 제출은 베트남 지식재산권 관청의 검토와 승인이 필요하다.

- 사용 발명(use invention)과 기능적 특징(functional features): 사용 발명은 현재 베트남에서는 받아들여지지 않는다. 사용 발명의 거절은 오랜 기간 동안 논쟁이 되어 온 이슈이다. 2018년 1월 15일부터 발효가 된 시행규칙16/2016/TT-BKHCN에 따르면 대상의 기능과 사용에 대한 특징은 필수적인 기능적 특징이 아니다. 베트남 지식재산권 관청은 "필수적인 기능적 특징"을 "제한적인 특징"으로 해석한다. 따라서, 대상의 기능과 사용에 대한 특징은 제한적인 특징이 아니다. 이 새로운 조항에 근거하여, 베트남 지식재산권 관청의 심사관은 방식심사 단계 또는 실체심사 단계에서 사용 청구항의 재조정을 거절한다. 어떤 이유로도 사용청구항의 재조정은 불가능하다.

- 출원인에게 허가되는 연장된 기한:

  a) 방식심사 의견제출통지서에 답변하는 기간: 1개월에서 2개월로 연장

  b) 실체심사 의견제출통지서에 답변하는 기간: 2개월에서 3개월로 연장

  c) 등록비 납부기한: 1개월에서 3개월로 연장

- 놓친 기한 복구: 불가항력 사건과 객관적 장애가 있을 경우에만 가능하다. 베트남 지식 재산권 관청의 검토와 승인이 필요하다.

- 항소 해결: 베트남 지식재산권 관청은 독립적인 자문 전문가와 항소부의 자문위원회로부터 전문가 의견을 구할 수 있다. 이러한 독립적인 자문 전문가와 자문위원회의 기능, 자격 요건, 운영 원칙들은 상세하게 나와 있다.

- 이의: 베트남 지식재산권 관청은 심사 결과에 대해 통지와 결정내용을 제3자에게 공지 할 것이다(이전에는 오직 결과에 대해서만 공지하였다).

- 출원의 철회: 만일 출원인이 출원의 철회를 명확히 했다면, 이후 해당 출원을 회복하는 것은 불가능하다.

- 무효화의 더 분명한 기한: 무효화 요청을 받고 1개월 이내에 베트남 지식재산권 관청은 권리소유자에게 이러한 통지를 보내야만 한다.

# | 제6절 | 권고사항

- 베트남은 선출원주의를 채택하고 있기 때문에 출원인은 최대한 빠르게 특허 출원을 해야 한다.

- 베트남과 일본 특허청 간의 특허 출원 하이웨이 심사제도는 특허 심사를 가속화할 수 있는 현실적인 방법을 제공하였다. 우리는 베트남과 한국 특허청 간의 특허 출원 하이웨이 심사 제도 역시 효과적일 거라고 믿는다. 따라서, 빠르게 특허 등록 절차를 완료하고 싶은 출원인은 특허 출원 하이웨이 심사 제도를 이용할 것을 권고한다.

- 실무상, 베트남 지식재산권 관청은 일부 국가들보다 더 엄격하게 명세서의 형식을 요구하고 있으며, 명세서가 요구되는 형식을 따르지 않을 경우, 방식심사 단계에서도 종종 의견제출 통지서를 발행하기도 한다. 따라서, 방식심사 의견제출통지서를 피하기 위해서 많은 경우 출원 전에 명세서를 보정하는 것이 유용하다. 게다가, 놓친 기한을 복구할 수 있는 경우는 불가항력적 사건 또는 객관적인 장애물이 있는 경우뿐이다. 따라서, 자격을 갖춘 IP 대리인을 선임하여 방식과 관련한 불필요한 의견제출통지서를 피하고, 특허 출원뿐 아니라, 특허 등록 이후에도 기한에 맞춰 관련 대응 및 절차를 밟을 것을 권고한다.

- 특허 명세서를 베트남어로 번역하는 것은 매우 중요하다. 실무에서 우리는 단지 번역의 실수로 인해 무효화 소송이 제기되는 것을 보았다. 게다가, 일부 베트남 특허는 번역 실수로 인해 권리행사가 되지 않은 경우도 보았다. 따라서, 번역의 질을 보장하기 위하여 자격을 갖춘 IP 대리인을 선임하는 것이 매우 중요하다.

- 제약과 관련하여 베트남에서 유효한 특허를 확보하고 있는 제약회사의 경우, 마케팅 승인을 받을 때, 베트남 식약청에 그들의 특허에 대해 알리는 것이 좋다. 이 경우, 베트남 식약청은 식약청 웹사이트에 해당 특허를 공개하고 출원인에게 마케팅 승인 여부를 알릴 수 있다. 이렇게 하면 의도치 않은 특허의 침해를 막는 데 유용하다.

- 베트남 시장에 상품을 출시하기 전에, 한국 기업은 베트남에서 유효한 특허의 침해를 피하기 위해 실시자유분석 조사를 하는 것이 좋다.

# VIETNAM ECONOMIC REPORT

# 19

베트남 경제 리포트

# 베트남 무역협정
# 체결 현황 및 원산지제도

# 베트남 무역협정 체결 현황 및 원산지제도

KOTRA 호치민무역관 FTA활용지원센터 전문위원 변상현 관세사
kysar@naver.com

# 1. 베트남 무역협정 체결현황

## 1.1. 대외개방 경제외교 정책 기조 유지

1986년 도이머이(Do Moi) 정책을 수립한 이래 베트남 정부는 실리적이고 능동적인 경제외교를 통해 자국의 세계경제로의 통합과 개방·개혁 정책을 적극 지원한다는 외교 기조를 유지하고 있다. 베트남의 경제외교는 정치적 안정과 높은 경제성장을 배경으로 교역 확대, 외국인 투자 유치를 위한 실용적인 가치를 추구한다. 베트남은 '독립·주권존중·평화·다양화'라는 기본 외교이념 아래 모든 국가와의 협력을 강화해 나간다는 방침이며, 미국, 일본, EU 등과의 관계강화를 통해 교역증진, 투자 및 원조 유치를 통한 빈곤퇴치 등을 도모할 수 있는 '경제발전에 기여하는 외교'를 적극 수행하고 있다.

베트남은 AEC(아세안경제공동체), CPTPP(환태평양경제동반자협정), EU·베트남 FTA, 한·베트남 FTA 등 굵직한 무역협정을 체결했다. 베트남은 중국, 북한, 쿠바 등 현 사회주의 국가 및 러시아를 비롯한 CIS 국가들과의 전통적 우호 관계를 유지하고 있으며, 개도국과 선진국간 발전격차 심화 등 세계화의 부정적 영향에 대한 공동 대응 차원에서 개도국과의 연대를 강화하고 있다. ASEAN 상품무역협정(ATIGA)에 따라 2018년부터 일부 품목들에 관세인하 및 철폐가 적용되면서 베트남 내 자동차 산업, 과일 수출입 등에 큰 변화가 일고 있다. 일례로, 2017년 말 베트남 정부는 수입차량에 부과되는 기타 부가세를 인상하고 수입 통관 절차를 까다롭게 개정했다. 이는 ASEAN 국가에서 수입한 차량이 ATIGA 무관세

혜택을 받으면 수입차량의 최종 소비자가격이 하락하고 그 반동으로 국내 자동차 제조산업이 축소될 것을 우려한 조치다.

## 1.2. 베트남의 WTO 가입

베트남은 2006년 11월 7일 제네바에서 열린 WTO 총회에서 150번째 회원국으로 WTO 가입 승인을 받았다. 이는 WTO 가입을 추진한 지 11년 만의 성과이며 APEC 정상회의 이전에 가입 승인을 획득했다. 2006. 12월 베트남 국회의 비준에 따라 2007년 1월 11일에 정식 회원국 지위를 확보했다. 또한, 2007년 10월에는 UN 안보리 비상임이사국에 선출되기도 했다. 베트남이 WTO에 가입한 첫해, 2007년도 총 대외교역 금액은 전년 대비 31.3% 증가했다. 교역 금액은 2017년도에 4,249억 달러로 2007년 대비 4배 이상 성장한 것이다.

## 1.3. 베트남의 무역협정 체결 현황

**베트남 무역협정 현황**

| | |
|---|---|
| 발효 중(10건) | 베·한국(VKFTA), 베·일본(VJEPA), 베·칠레(VCFTA), 아세안·호주·뉴질랜드(AAAN FTA), 아세안·중국(ACFTA), 아세안·한국(AKFTA), 아세안·일본(AJCEP), 아세안·인도(AIFTA), ASEAN(ATIGA, 10개국), 베·유라시아경제연합 FTA, CPTPP(11개국) |
| 서명·타결(2건) | 베·EU FTA, 홍콩·아세안 FTA |
| 협상 중(2건) | RCEP(16개국), 베·이스라엘 FTA |

자료원: KOTRA 호치민 무역관( 2019년 1월 작성 기준)

베트남 주요 다자간 무역협정은 베트남·EU FTA(이하 EVFTA), CPTPP이다. EVFTA는 브렉시트(Brexit) 이후 현재 발효가 연기된 상태다. CPTPP는 미국이 협정의 탈퇴를 선언함에 따라 TPP에서 명칭이 변경됐으며, 2019.01.14.발효되었다.

## 베트남 참여 주요 FTA의 관세 철폐 일정

| FTA | 발효 | 관세 철폐 일정 |
|---|---|---|
| ATIGA (ASEAN 상품무역협정) | 1996-2010 | • 2015년 1월: 품목의 93% 관세 철폐<br>• 2018년 1월: 관세 완전 철폐 |
| ACFTA (중·ASEAN FTA) | 2002 | • 2015년 1월: 품목의 85% 관세 철폐<br>• 2018년 1월: 품목의 90% 관세 철폐 |
| AKFTA (한·ASEAN FTA) | 2007 | • 2013년 1월: 품목의 50% 관세 철폐<br>• 2015년 1월: 품목의 90% 관세 철폐(베트남)<br>• 2018년 1월: 품목의 90% 관세 철폐<br>  (미얀마, 라오스, 캄보디아) |
| AJCEP (일본·ASEAN FTA) | 2008 | • 2019년 3월: 품목의 62.2% 관세 철폐<br>• 2024년 3월: 품목의 87.9% 관세 철폐<br>• 2025년 3월: 품목의 88.6% 관세 철폐 |
| VJEPA (일본·베트남 EPA) | 2009 | • 2020년 3월: 품목의 84.7% 관세 철폐<br>• 2025년 3월: 품목의 89.4% 관세 철폐<br>• 2026년 3월: 품목의 92% 관세 철폐 |
| AAANFTA (아세안·호주·뉴질랜드 FTA) | 2010 | • 2017년 12월: 품목의 71% 관세 철폐<br>• 2020년 12월: 품목의 78% 관세 철폐 |
| AIFTA (인도·ASEAN FTA) | 2010 | • 2018년 1월: 품목의 85% 관세 철폐<br>• 2020년 1월: 품목의 90% 관세 철폐 |
| VCFTA (칠레·베트남) | 2011 | • 2012년 10월 1일 수입관세 공표 예정<br>• 발효 후 10년까지 품목의 83.89% 관세 철폐<br>• 발효 후 15년까지 품목의 88.55% 관세 철폐<br>• 384개 품목, 4.12%는 관세 철폐 제외대상 |
| VKFTA (한국·베트남) | 2015 | • 2018년까지 일반 품목군의 76.9% 관세 철폐<br>• 2021년까지 민감 품목군의 23.1%<br>  (초민감 품목수: 200개)를 0-5%로 인하 |
| VN·EAEU FTA (베·유라시아 FTA) | 2016 | • 2016.105~2017.12.31까지 4959개 관세 철폐<br>• 2018년도, 155개 품목 관세 철폐 |
| CPTPP 11개국 (일본, 호주, 뉴질랜드, 캐나다, 멕시코, 칠레, 페루, 싱가포르, 베트남, 말레이시아, 브루나이) | 2019 | • TPP의 상품 양허안 대부분 유지- 회원국 모든 교역 품목의 99%(일부 국가 예외)에 대한 관세 철폐 예상 |

자료원: 베트남 산업무역부, 한국 산업통상자원부

# 2. 주요 양자 간·다자간 무역협정

## 2.1. 포괄적·점진적 환태평양경제동반자협정(Comprehensive and Progressive Agreement for Trans-Pacific Partnership: CPTPP)

베트남 다자간 무역협정 현황

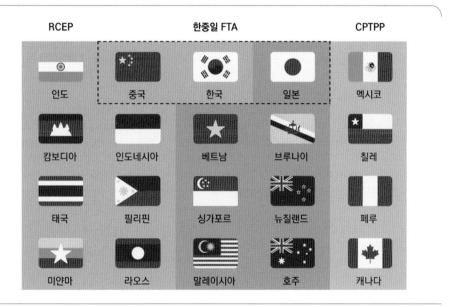

자료원: KOTRA 호치민 무역관

CPTPP는 11개국(일본, 호주, 뉴질랜드, 캐나다, 멕시코, 칠레, 페루, 싱가포르, 베트남, 말레이시아, 브루나이)이 참여하는 아시아·태평양 지역 대규모 자유무역협정(FTA)이다. CPTPP의 원래 호칭은 TPP※였으나, 2017년 1월 미국이 TPP 탈퇴하자 남은 11개 협정 국가들은 2018년 3월에 새로운 합의점을 찾아 CPTPP를 출범했다. 일본 멕시코 싱가포르 호주 뉴질랜드 캐나다 6개국이 비준하여, 2018년 12월 30일 공식 발효했다. 베트남은 보름 뒤늦은 2019년 1월 14일에 발효했다.

※ TPP는 창설 초기 그다지 영향력이 크지 않은 다자간 자유무역협정이었으나, 2008년 2월 미국의 참여의지 표명을 계기로 크게 주목 받기 시작했다. 미국의 TPP 참여

의지에 따라, 베트남 역시 대미 수출 확대방안의 일환으로 TPP에 관심을 보였고 그이듬해부터 협정을 준비하기 시작했다. 당시 베트남은 협정이 발효될 경우 미국과일본에서 섬유·의류 및 신발, 기계류 등의 관세인하로 최대 수혜를 볼 것이라 평가 받았다. 베트남의 주력 수출 품목 가운데 하나가 섬유 및 봉제 제품이고, 이 때문에 대미 평균 관세(현행 17.5%)가 철폐될 경우 수출이 증대될 것이라는 기대가 있었기때문이다.

**CPTPP 대 TPP 비교**

| | CPTPP | TPP |
|---|---|---|
| 참여국 | 11개국(일본, 호주, 뉴질랜드, 캐나다, 멕시코, 칠레, 페루, 싱가포르, 베트남, 말레이시아, 브루나이) | 12개국(미국 + CPTPP 11개국) |
| 목표 | 아시아·태평양 지역 경제통합 | 아시아·태평양 지역 경제통합 |
| 역내 GDP 규모 | 12.9% | 37.1% |
| 대외 교역 비중 | 14.9% | 25.7% |
| 인구 | 약 5억 명 | 약 8억 명 |
| 발효 요건 | GDP 비중 관계없이 6개 회원국이 비준하면 60일 이후에 즉시 발효 | GDP 합계 85% 이상의 참여국 비준이 필요 |
| 협정 항목 | 지식재산권, 투자 등 20여개 항목 시행 유예 및 수정 | - |

자료원: 산업통상자원부, KOTRA 호치민 무역관 종합

2017년 기준, 베트남과 CPTPP 회원국 간 총 교역액은 673억 달러이며, 이는 베트남의 전체 교역액 대비 15.8%의 비중을 차지한다. 이 중 일본(334억 달러, 49.4%)과의 무역규모가 가장 컸으며, 이어 말레이시아(100억 달러, 14.9%), 싱가포르(83억 달러, 12.2%), 호주(68억 달러, 10%)가 베트남의 주요 교역 대상국으로 나타났다. 또한, CPTPP 회원국 대상 베트남의 무역수지는 약 10억 달러로 베트남의 전체 무역수지 대비 34.8%의 비중을 차지한다. 특히, 베트남은 캐나다, 멕시코, 칠레에서 높은 흑자를 기록중이다.

## 2.2. 아세안경제공동체(ASEAN Economic Community: AEC)

2015년 12월 31일 출범한 아세안경제공동체(AEC)는 브루나이, 캄보디아, 인도네시아, 말레이시아, 미얀마, 라오스, 필리핀, 싱가포르, 태국, 베트남 등 아세안 10개국이 참가하는 경제공동체 비전이다.

AEC가 추진하는 비전은 '단일 경제권'으로서, 상품, 서비스, 투자, 노동력, 자본의 자유로운 이동이라는 5대 원칙을 토대로 12개 분야에 대해 협력하는 내용을 담고 있다. AEC의 경우 EU와는 달리 법적 강제성 없이 아세안 10개국 간 합의에 의한 출범을 목표로 하므로 강력한 리더십을 발휘하기 어렵고 재정과 인력 면에서 추진동력이 부족하다는 평가를 받고 있다. 따라서, AEC 출범을 경제통합을 완료한다는 의미로 해석할 것이 아니라, 아세안 국가간 단일 경제권 형성을 위한 과정으로 보는 시각이 바람직하다.

2015년 11월 22일, 말레이시아 쿠알라룸푸르에서 개최된 ASEAN 회담에서 10개 회원국 정상들은 '2016~2025년 사이 발전 방향 및 계획'을 논의하고 2025년 AEC 청사진을 채택했다. 청사진은 지역 간 무역 관세철폐 및 교역의 용이성 증대, 무역 자유화 및 투자 용이성 제고, 숙련 노동자의 이동성 향상 등 아세안 국가간 관계 개선에 주안점을 두었다.

## 2.3. EU·베트남 FTA 타결

2012년에 시작된 유럽·베트남 FTA(이하 EVFTA) 협상은 12차례의 협상을 거쳐 2015년 12월에 체결됐다. 애초에 EVFTA는 2017년 말 또는 2018년 초에 발효될 것으로 전망됐지만, 계획 시점이 다가오도록 향후 일정을 알리는 공식 발표가 없어 이해관계자들의 우려를 샀다. 2017년 9월 15일 유럽의회 국제통상위원회(INTA) 베른드 랭 회장은 공식 회견을 통해 협정문 수정 및 번역 작업과 같은 기술적인 문제로 비준이 지연됐다고 설명한 바 있다. 구체적으로, EU는 '투자보호 및 투자자-국가 간 소송제도'를 투자보호협정(IPA)

으로 분리해 EVFTA와는 따로 구분되도록 제시했다. 베트남 산업무역부 발표문에 따르면, 2018년 6월 26일 베트남과 유럽연합은 EVFTA 협정문의 법률 검토를 끝마치고 양자투자 보호협정 조항에 모두 동의했음을 알렸다.

**EVFTA 체결 진행 현황**

자료원: KOTRA 호치민 무역관

이 FTA는 EU와 베트남 양자에 큰 의의를 지닌다. 베트남과 EU 간 무역규모는 2000년 41억 달러에서 2017년 204억 달러로 성장했다. 아울러, EVFTA는 노동, 환경 등 경제 전반적으로 베트남의 구조개혁을 이끌 것으로 예상된다. 한편, EU는 베트남의 CPTPP 참여 및 AEC 출범과 맞물려 EVFTA를 향후 EU·아세안 FTA 체결을 염두에 둔 포석으로 분석된다.

## 2.4. 한국·베트남 FTA

2014년 12월 10일 한·베트남 양국 정상은 한·아세안 특별정상회의 계기로 마련된 정상회담에서 한·베트남 FTA 협상 실질타결을 공동 선언했다. 이후, 양국은 기업들에 대한 경제적 혜택 극대화 및 투자경제 협력 촉진을 위해 이례적으로 신속한 행정 처리를 기록하며 한·베 FTA를 2015년 12월 20일 발효했다.

한·베트남 FTA는 기존의 한·아세안 FTA보다 상품 자유화 수준을 제고하고 무역 촉진적인 규범을 도입한 '최초의 업그레이드형 FTA'이다. 따라서, 한·아세안 FTA의 낮은 개방도와 복잡한 원산지증명절차 문제로 인한 저조했던 FTA 활용률을 높일 수 있는 협정으로 평가된다. 한·베 FTA는 상품, 서비스, 투자, 지적재산권, 경쟁 등 17개 CHAPTER를 다룬 포괄적인 협정이었으며, 베트남은 최초로 전자상거래를 독립챕터로 FTA에 포함시켰다. 베트남은 이미 대 한국 수입의 86.2%(수입액 기준)를 양허, 1.2%는 무관세, 1.7% 3년 내, 2.9%는 10년 내, 나머지 0.1%는 15년 내 관세를 철폐하기로 했다.

## 2.5. 역내포괄적 경제동반자협정
### (RCEP: Regional Comprehensive Economic Partnership)

RCEP 현황

자료원: 한국 산업통상자원부

RCEP(역내포괄적 경제동반자협정)은 ASEAN 10개국과 한·중·일, 호주, 뉴질랜드, 인도 등 총 16개국이 참가해 아시아·태평양 지역 무역자유화를 위한 다자간 자유무역협정 (FTA)이다. 아태 지역 16개국 정상들은 2012년 11월 20일(현지시간) 캄보디아 프놈펜 평화궁전에서 열린 동아시아정상회의(EAS)에서 발표한 공동선언문에서 RCEP 협상을

2013년 개시해 2015년까지 타결한다는 데 합의했다. 그러나, 이후 일정이 지연되면서 2015년 11월 22일(현지시간) 말레이시아 쿠알라룸푸르에서 열린 회의에서 2016년까지 RCEP를 타결하는 정상 공동선언문을 채택했다.

RCEP는 중국 주도의 경제통합이다. 중국은 RCEP를 통해 아·태지역 국가 간의 경제공동체를 형성함과 동시에 미국의 아시아 전략 정책에 맞설 수 있는 네트워크 건설을 목표로 하고 있다. RCEP가 체결되면 역내 인구 34억 명, 명목 국내총생산(GDP) 21조 6,469억 달러(전 세계의 29%), 무역규모 10조 6,719억 달러(약 1경 1,043조 원)에 이르는 거대한 경제블록이 성립된다.

RCEP 첫 공식협상은 2013년 5월 9~13일까지 닷새간 브루나이 국제 회의장에서 열렸으며, 2016년 12월 6~10일까지 5일간 인도네시아 땅그랑(Tangerang)에서 제16차 공식협상이 열렸다. 2017년 세계적인 보호무역주의 확산 등 통상환경의 불확실성이 증대되고 있는 상황에서 아태지역 메가 자유무역협정(FTA)으로서 RCEP의 중요성이 부각되고 있다.

베트남에서 RCEP가 다시 주목 받게 된 것은, 미국이 TPP 탈퇴를 공식 선언한 2017년 1월부터다. TPP 좌초에 따른 반사효과로 RCEP에 관심이 쏠리는 가운데 2017년 5월 베트남 하노이에서 열린 장관회의에서는 연내 타결을 목표로 하는 공동성명이 채택됐다. 하지만, 각국 간 좁히기 어려운 이견으로 별다른 협상 진전을 보지 못하는 것으로 관측돼 타결 시점 예측이 어려운 상황이다.

## 2.6. 아세안(ASEAN) 가입에 따른 ATIGA

1994년 7월 22~23일간 방콕에서 개최된 제27차 ASEAN 외상회담에서 1995년 아세안 정상 회담 시 베트남, 라오스의 ASEAN 가입을 추진키로 합의해 1994년 10월 17일 베트남은 ASEAN 가입신청서를 정식 제출했고, 약 9개월 후인 1995년 7월 28일 브루나

이에서 개최된 제28차 아세안 외상회의에서 7번째 회원국으로 ASEAN에 공식 가입했다.

베트남을 포함한 ASEAN 회원국간 1996년부터 실시된 ATIGA(ASEAN 상품무역 협정)를 바탕으로 9,386개 품목에 대해 역내 관세를 지속적으로 철폐하기로 양허했다. 협정을 통해 아세안 공동관세율(CEPT)을 적용하고 있으며, 베트남은 2014년까지 6,859개의 품목에 대해 0%의 관세 적용을 했다. 2015년 1월 1일부터 베트남은 1,720개 품목에 대해 0%의 관세 적용과 더불어 나머지 687개의 품목은 2018년부터 무관세가 적용되기 시작했는데, 민감 품목은 자동차, 오토바이, 자동차 오토바이 부품, 냉장고, 과자, 사료 등과 석유 품목을 포함한다.

## 2.7. 미·베트남 항구적 정상무역관계(PNTR) 수립

베트남의 국제경제 체제로의 편입을 위한 마무리 단계는 미국으로부터 항구적 정상무역관계(PNTR; Permanent Normal Trade Relations) 지위를 획득하는 것이었다. 항구적 정상무역관계 지위 획득은 국제 경제체제 편입 완료라는 정치적인 목적의 달성뿐만 아니라, 관세 인하, 관세의 일관적 적용 등 수출품에 대한 안정적 거래관계를 통해 미국으로의 수출을 확대할 수 있는 유리한 여건을 마련할 수 있게 했다. WTO 가입에 이어 2006년 12월 미국 의회로부터 승인을 얻어 완전히 국제 경제체제로 편입했다.

## 2.8. 중국·ASEAN FTA(ACFTA)

ASEAN과 중국은 2002년 11월 4일 포괄적 경제협력에 관한 기본 협정(The Framework Agreement on Comprehensive Economic Cooperation between ASEAN and China)을 체결한 뒤, 2004년 11월 29일 상품무역협정(The Agreement on ASEAN-China Trade in Goods)에 서명함으로써 관세 인하 및 철폐를 향후 10년 내에 수행하기로 합의했다.

사실상 2004년 이후 5년간 베트남 측의 관세 인하가 다소 더디게 진행됐으나, 2010~15년 동안 관세 인하가 활발히 이뤄지고 범위가 더욱 넓어졌다. 뿐만 아니라, 베트남은 중국·ASEAN FTA를 통해 농작물에 대한 관세를 철폐하는 등 대 중국 상품시장 개방에 각별히 적극적인 자세를 보이고 있다.

2012년에는 베트남의 대 중국 수입 200개 품목에 대한 관세가 철폐됐다. 최대 10%의 관세가 인하된 중국산 수입 품목은 식기류, 부엌용품, 화장실 용기, 도자기류, 진공청소기, 소형 트럭·오토바이 등이고, 15%에서 10%로 인하된 품목은 쌀, 채소류, 기름, 광천수, 음료수, 화장품과 일부 목제품(이쑤시개 등), 철강, 금속제품(자물쇠, 집게 등), 전자레인지, 보일러 등이다.

## 2.9. 일본·베트남(VJEPA)

베트남과 일본은 2007년 1월부터 9차례의 실무자 협의를 통해 양국 간 경제동반자협정에 대한 상호 의견 조율에 합의. 2008년 12월 양국은 정식 서명해 2009년 10월에 최종 발효됐다. 이 협정은 WTO(세계무역기구)의 원칙에 부합하는 양자 간 경제협력조약으로 무역교류, 자본과 인적 교류의 자유화를 포함해 양국 간 농업, 관광, 환경, 교통 등 전 분야에 걸친 포괄적 경제자유무역협정의 일환으로 추진됐다.

베트남이 일본과 체결한 양자 FTA인 VJEPA를 통해 베트남은 수입품의 88%를 2025년까지 관세철폐를, 일본은 수입품의 95%를 2025년까지 관세철폐하기로 협정을 맺었다. 이에 따라 일본과 베트남 양국 수출 기업은 VJEPA 혹은 ASEAN·일본 FTA 협정 관세율 가운데 해당 품목에 대해 유리한 관세율을 선택해 적용 받을 수 있다.

## 2.10. 칠레·베트남(VCFTA)

2008년 1월, 베트남과 칠레는 FTA 협상 개시를 선언했고 총 7번에 걸친 협상을 거쳐

2011년 11월 APEC 회의 기간 중 하와이에서 베트남·칠레 양자 간 FTA를 체결했지만, 2014년 1월 협정 체결에 대해 공식적으로 발효됐다. 베트남은 87.8%의 품목에 대해 15년에 걸쳐 관세를 철폐하기로 했으며, 칠레는 99.62%의 품목에 대해 10년에 걸쳐 철폐를 하기로 했다. 이 품목 중 83.54% 관세가 협정 후 바로 철폐됐다.

# 3. 베트남 특혜 원산지제도 및 FTA 활용

베트남의 특혜 원산지제도는 베트남이 서명이나 가입한 국제협약과 관련 법률에 따라 수출입 물품의 원산지를 확인하고 원산지에 따라 세금에 대한 우대 및 비관세를 우선 적용하는 제도이다.

베트남은 다자간 협정으로 AFTA, 아세안 협정, CPTPP가 있으며, 국가 간 협정으로 일본 EPA, 칠레 FTA 그리고 한국 FTA가 있다.

## 3.1. 원산지 증명서의 발급

베트남의 원산지증명서 발급은 베트남 산업무역부 또는 산업무역부 지정기관에서 발급한다. 전산 발급절차는 ① 물품 출항 후 선하증권(B/L)을 발급 ② 베트남 통관시스템에 운송서류(B/L, AWB)과 원산지 증명서 발급을 위한 서류를 업로드(통관시스템은 산업무역부의 경우 ECOSSYS, 베트남 상공회의소의 경우 COVCCI) ③ 해당 발급기관에 서류를 직접 제출 ④ 1~2일 후 원산지 증명서 발급

## 3.2. 원산지 증명서 발급 준비 서류

• 원산지 증명서 신청 서류
• 상업송장(Commercial Invoice)

- 운송서류(B/L, AWB)
- 수출 신고서(Export Customs Declaration)
- 수입 물품 세관 관련 자료 또는 원자재 부가가치세 관련 서류(Import Customs Sheet or VAT Invoice of Materials)

베트남 FTA 협정별 원산지 증명서 종류

| TA | 발효일 | FTA협정국 | 원산지 증명서 |
|---|---|---|---|
| ATIGA/AEC(ASEAN Trade in Goods Agreement/ASEAN Economic Community) | 1996.1.1 | 브루나이, 캄보디아, 인도네시아, 라오스, 말레이시아, 미얀마, 필리핀, 싱가포르, 태국 | Form D |
| 아세안·중국 FTA | 2006.1.1 | 아세안, 중국 | Form E |
| 아세안·한국 FTA | 2007.6.29 | 아세안, 한국 | Form AK |
| 아세안·일본 CEP | 2008.12.1 | 아세안, 일본 | Form AJ |
| 베트남·일본 EPA | 2009.10.1 | 일본 | Form VJ |
| 아세안·인도 FTA | 2010.1.1 | 아세안, 인도 | Form AI |
| AANZ FTA | 2010.1.1 | 아세안, 호주, 뉴질랜드 | Form AANZ |
| 베트남·칠레 FTA | 2014.1.1 | 칠레 | Form VC |
| 베트남·한국 FTA | 2015.12.20 | 한국 | Form KV |
| 베트남·EAEU FTA | 2016.10.5 | 러시아, 벨라루스, 카자흐스탄, 아르메니아, 키르키스탄 | Form EAV |
| CPTPP | 2019.1.14 | 일본, 호주, 뉴질랜드, 캐나다, 멕시코, 칠레, 페루, 싱가포르, 베트남, 말레이시아, 브루나이 | Form CPTPP |

# 4. 비특혜 원산지제도

베트남 비특혜 원산지제도(Non-Preferential rules of origin)는 특혜 목적으로 수입되지 않는 수입물품의 원산지를 결정하는 것이 주목적이다.

관련 법령은 상법상 물품 원산지에 대한 조항의 시행령(31/2018/ND-CP, ON GUIDELINES FOR THE LAW ON FOREIGN TRADE MANAGEMENT IN TERMS OF ORIGIN OF GOODS)을 2018년 3월 8일 개정하고, 시행규칙(05/2018/TT-BCT, ON ORIGIN OF GOODS)을 신설하여 비특혜 원산지 증명서의 명확한 기준과 절차를 규정했다.

수출물품 원산지관련 시행규칙(39/2018/TT-BCT, PRESCRIBING INSPECTION AND VERIFICATION OF ORIGIN OF EXPORTED GOODS)을 신설했다.

### 4.1. 비특혜 원산지 기준

베트남 비특혜 원산지제도의 기준은 완전생산기준(WO)과 품목별 원산지 결정기준(PSR)으로 구성된다.

다음 중 하나를 만족하는 물품은 완전생산기준을 충족하는 물품으로서 그 물품은 하나의 국가 또는 지역의 원산지로 본다.
① 해당 국가나 지역에서 재배·수확된 식물이나 식물 생산물
② 해당 국가나 지역에서 출생·사육된 동물
③ 상기 동물로부터 획득한 부산물
④ 해당 국가나 지역에서 사냥, 포획, 어로, 재배, 채집된 획득물

해당국가나 지역에서 전부 획득되거나 생산되지 않은 경우, 품목별 원산지 기준(31/2018/ND-CP Appendix)에 충족하여야 한다. 품목별 원산지 결정기준(PSR: Product Specific Rules)은 베트남 산업무역부가 공표한다.

동 시행령은 원산지 결정기준의 보충적기준(미소기준, 불인정 공정기준, 포장재, 부속품, 예비품, 공구, 간접재료 기준)을 규정한다.

**베트남 비특혜 원산지 결정기준**

| 일반적 기준 | 완전생산기준 | | |
| --- | --- | --- | --- |
| | 실질적변형기준 | 세번변경기준 | 시행령 39/2018/TT-BCT Appendix 규정 |
| | | 부가가치기준 | |
| | | 특정공정기준 | |
| 보충적 기준 | 미소기준 | 시행령 39/2018/TT-BCT 제11조 | |
| | 불인정공정기준 | 시행령 39/2018/TT-BCT 제9조 | |
| | 포장재, 부속품, 공구 | 시행령 39/2018/TT-BCT 제10조 | |
| | 간접재료 | 시행령 39/2018/TT-BCT 제12조 | |

## 4.2. 비특혜 원산지 증명서 종류

베트남에서 발행하는 비특혜 원산지 증명서의 종류는 일반 원산지 증명서와 커피 원산지 증명서가 있다.

일반 원산지 증명서(B Form C/O)는 베트남에 특혜 우대가 없는 원산지 규칙을 만족시키는 모든 나라에 수출되는 물품에 발급된다. 일반 원산지 증명서 중 터키 원산지 증명서(Turkey Form C/O), 남아프리카 원산지 증명서(DA59 Form C/O), 그리고 페루 원산지 증명서(Peru Form C/O)는 특정 상대국에서 원산지 증명서를 요구하므로 별도 서식하에 발급한다.

커피 원산지 증명서(ICO Form C/O)는 국제커피기구 규정 및 현행 베트남 원산지 규칙에 따라 각국에 수출되는 모든 커피 상품에 발급한다. 커피 원산지 증명서는 필요에 따라 일반특혜관세 원산지 증명서(GSP A Form C/O, B Form C/O) 형태로도 발급 가능하다.

# 5. 일반특혜 원산지 증명서

베트남은 유엔무역개발회의에서 정한 개발도상국에 해당되어, 베트남을 원산지로 하는 물품을 선진국에 수출 시 일반특혜관세(Generalized System of Preferences, GSP)를 적용 받을 수 있다.

일반특혜관세(GSP)란 선진국이 개발도상국으로부터 수입하는 물품에 대해 일방적으로 관세를 면제하거나, 최혜국세율보다도 저율의 관세를 부과함으로써 특혜대우를 하는 제도다. 개발도상국의 수출 확대와 공업화 촉진을 목적으로 도입되었다.

2019년 현재 개발도상국에 일반특혜관세(GSP)의 혜택을 부여하는 국가(수입국)는 총 37개국으로, 이 중 베트남에게 공여하는 국가는 다음 35개국으로 EU 27개국과 일본, 노르웨이, 스위스, 터키, 뉴질랜드, 캐나다, 러시아, 벨라루스이다. 미국과 호주는 베트남에게 일반특혜관세(GSP)를 공여하지 않는다.

▶ **일반특혜 원산지 증명서 발급**
베트남을 원산지로 하는 물품으로서 일반특혜관세(GSP)를 적용 받으려면, 일반특혜관세 원산지 증명서(GSP A Form C/O)를 베트남 상공회의소(VCCI)에서 발급받아야 한다.

GSP 수혜국가로부터 수출된 물품은 다음의 수입국별 특혜 원산지 규정에 충족하여야 한다.

• The European Union(EU) Common Effective Preferential Tariff(GSP) Rules of Origin include Turkey(TNK merged with the EU from January 1, 2014)
• Generalized System of Preferences(GSP) of Norway
• Switzerland's Generalized Approferences(GSP) rules of origin

- Generalized System of Preferences(GSP) of Japan
- Canada's Generalized System of Preferences(GSP) Rules of Origin
- New Zealand's Generalized Preferential Tariff(GSP) Rules of Origin
- Australia's Generalized Appropriations(GSP) rules of origin
- Generalized System of Preferences(GSP) of Russia, Belarus, Kazakhstan

# 6. 베트남 세관의 원산지 확인

## 6.1. 수출물품 원산지 확인

세관은 세관 신고인의 신고 내용을 검사하고 통관서류와 물품의 실물검사 결과를 기초로 수출물품의 원산지를 확정한다. 만약, 세관에서 수출물품 원산지에 의심이 있는 경우, 원산지와 관련된 서류 제출 요구 및 물품 제조공장 현장검증을 수행할 수 있다. 물품의 원산지 검사 후 검증을 기다리는 동안, 수출물품은 관세법에 규정된 통관 절차가 완료되면 통관을 진행할 수 있다.

2018년 12월 14일 발효된 시행규칙 39/2018/TT-BCT은 수입국 원산지 규정 및 원산지 자율발급에 따른 베트남 수출물품 원산지의 검사·검증에 대해 규정한다. 동 시행규칙에도 불구하고 ① 베트남이 가입한 국제 조약, ② 일반특혜관세제도의 특혜 원산지 규정, ③ 수입국이 일방적으로 베트남에 부여한 특혜제도에 원산지규정 원산지 검사·검증 규정이 우선 적용된다.

## 6.2. 수입물품의 원산지 확인

세관은 세관 신고인의 신고내용, 원산지 증명 입증서류, 통관서류 그리고 물품 실물검사 결과를 기초로 수입물품의 원산지를 확인한다. 원산지 증명 입증서류는 수출국의 권한

있는 기관, 제조자나 수출자 그리고 국제협약에 따른 자율 증명 수입자가 발행하는 수입
물품의 원산지 증명서류이다.

세관당국은 수입물품 원산지에 의심이 있는 경우, 국제협약에 따라 물품 원산지국에서
물품의 원산지 검사를 진행하고 검증한다. 원산지 및 관련정보의 신뢰도에 대한 의심이
있는 경우, 세관은 검사 요청 및 원산지 증명서를 상대국 발급기관에 송부할 수 있다. 상
대국 발급기관에 원산지 증명서 검사를 요청할 때에는 검사 사유, 원산지 증명서 및 해당
화물 원산지 의심 사유를 통보해야 한다. 검사 업무는 수입자가 서류를 제출한 날로부터
150일 초과하지 않아야 한다.

해당 수입물품이 원산지 검증 결과를 기다리는 동안, 수입물품은 베트남 관세법 규정에
따라 통관을 진행할 수 있다. 하지만, 특혜세율은 적용되지 아니한다.